B1+

Kon**text**
Deutsch als Fremdsprache

Übungsbuch
mit Audios

Ute Koithan
Helen Schmitz
Tanja Sieber
Ralf Sonntag

Ernst Klett Sprachen
Stuttgart

Autoren Ute Koithan, Helen Schmitz, Tanja Sieber, Ralf Sonntag
Beratung und Gutachten Beate Lex (Jena)
Projektleitung Angela Kilimann
Redaktion Angela Kilimann, Annette Kretschmer
Herstellung Carolyn Brendel
Layoutkonzeption Marion Köster und Katrin Kleinschrot, Stuttgart
Gestaltung und Satz Marion Köster, Stuttgart
Illustrationen Sylvia Neuner, München
Auftragsfotos Dieter Mayr, München
Cover Ulrike Steffen, Karlsruhe

Audios
Aufnahme und Postproduktion Plan 1, München
Regie Plan 1, Angela Kilimann, Annette Kretschmer

Online- und Augmented-Übungen
Anna Grigorieva, Annette Kretschmer und Sabine Hoppe

Lösungen, Transkripte u.v.m. zum Download unter:
www.klett-sprachen.de/kontext

Audio- und Videodateien zum Download unter
www.klett-sprachen.de/kontext/medienB1plus
Code: Audios zu Kapitel 1–6: kont1uby@52
Audios zu Kapitel 7–12: kont1ubw@53

Kontext B1+	
Kursbuch mit Audios und Videos	605334
Übungsbuch mit Audios	605335
Unterrichtshandbuch	605337
Intensivtrainer	605338
Testheft mit Audios	605339
Digitales Unterrichtspaket	NP00860533701
Audiopaket (6 CDs zu KB + ÜB)	605360
Video-DVD	605372
Kontext B1+ express	
Kontext B1+ express (KB / ÜB)	605336
Unterrichtshandbuch express	605355
Intensivtrainer express	605356
Testheft express mit Audios	NP00860533901
Kontext B1+ (zweibändig)	
Kurs- und Übungsbuch B1.1+ mit Audios und Videos	605332
Kurs- und Übungsbuch B1.2+ mit Audios und Videos	605333

Zu diesem Buch gibt es Audios und Online-Übungen, die mit der Klett-Augmented-App geladen und abgespielt werden können.

Klett-Augmented-App kostenlos downloaden und öffnen

Seiten mit Audios oder Übungen scannen

Audios oder Übungen laden, direkt nutzen oder speichern

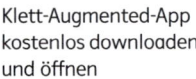 Scannen Sie diese Seite für weitere Komponenten zu diesem Titel.

Apple und das Apple-Logo sind Marken der Apple Inc., die in den USA und weiteren Ländern eingetragen sind. App Store ist eine Dienstleistungsmarke der Apple Inc. | Google Play und das Google Play-Logo sind Marken der Google Inc.

1. Auflage 1 ^{3} 2 1 | 2023 22 21

© Ernst Klett Sprachen GmbH, Rotebühlstraße 77, 70178 Stuttgart, 2021
Alle Rechte vorbehalten.
www.klett-sprachen.de

Das Werk und seine Teile sind urheberrechtlich geschützt. Jede Nutzung in anderen als den gesetzlich zugelassenen Fällen bedarf der vorherigen schriftlichen Einwilligung des Verlags.

Druck und Bindung: Elanders GmbH, Waiblingen

ISBN 978-3-12-605335-8

DAS ÜBUNGSBUCH – KAPITELAUFBAU

SYMBOLE

1.05 🔊 Hörtext Track 5 zu B1+ Teil 1

🗝 Lösungen zu dieser Übung im Internet

👥 Partneraufgabe

Online Ü2 Online-Übung im Internet und über Klett Augmented

📱 zusätzliche Übung über Klett Augmented

Alle Lesetexte auch zum Hören über Klett Augmented oder als Download.

LEKTION 1
MIT DER ZEIT

EINSTIEG NACHTMENSCH ODER TAGMENSCH? — 8
Wortschatzübungen zum Thema *Zeit*
Tipp: Zeitadverb *gerade*

MODUL 1 ZEIT – FRÜHER UND HEUTE — 10
Erweiterte Lernziele: eine Kurzbiografie schreiben
Tipps: Partizip II • Präteritum • Verben im Präteritum

MODUL 2 TAG FÜR TAG — 13
Erweiterte Lernziele: einen Beitrag für ein Online-Gästebuch schreiben

MODUL 3 WIE DIE ZEIT VERGEHT ... — 14
Erweiterte Lernziele: eine Zusammenfassung vervollständigen
Tipps: Position der Ergänzungen • Lernen mit Beispielsätzen

MODUL 4 REINE ZEITVERSCHWENDUNG? — 16
Erweiterte Lernziele: eine Mail zum Thema *Handy im Alltag* verstehen

SPRECHEN SCHREIBEN AUSSPRACHE — 18
Richtig sprechen: Dialoge zum Thema *Termine* hören und sprechen
Richtig schreiben: Sätze erweitern
Aussprache: Informationen im Satz betonen

SELBSTEVALUATION — 19
Das kann ich nach Kapitel 1

WORTSCHATZ — 20
wichtige Wörter und Wendungen

LEKTION 2
ALLES KOPFSACHE?

EINSTIEG GEDÄCHTNISTEST — 22
Wortschatzübungen zum Thema *Lernen*

MODUL 1 MAN LERNT NIE AUS ... — 24
Erweiterte Lernziele: Tipps zum Lernen geben • eine Entschuldigung per Mail schreiben
Tipps: Position von *zu* • Verben und Ausdrücke mit Infinitiv + *zu*

MODUL 2 WISSEN ODER GOOGELN? — 27
Erweiterte Lernziele: die eigene Meinung äußern

MODUL 3 ÜBUNG MACHT DEN MEISTER? — 28
Erweiterte Lernziele: Regeln schriftlich und mündlich formulieren

MODUL 4 AUS FEHLERN LERNT MAN — 30
Erweiterte Lernziele: einen Blogeintrag über Fehler verstehen • eine lustige Geschichte schreiben

SPRECHEN SCHREIBEN AUSSPRACHE — 32
Richtig sprechen: Informationen höflich erfragen • Auskunft geben
Richtig schreiben: Groß- und Kleinschreibung
Aussprache: *-e, -er, -en* am Wortende

SELBSTEVALUATION — 33
Das kann ich nach Kapitel 2

WORTSCHATZ — 34
wichtige Wörter und Wendungen

LEKTION 3
UNTERWEGS

EINSTIEG LIEBLINGSORTE — 36
Wortschatzübungen zum Thema *Reisen*

MODUL 1 SCHON IMMER AUF REISEN ... — 38
Erweiterte Lernziele: Reiseangebote verstehen und Freunden darüber schreiben

MODUL 2 AB IN DEN URLAUB ... — 40
Erweiterte Lernziele: in einem Kommentar Meinungen zustimmen oder widersprechen

MODUL 3 IMMER UNTERWEGS — 42
Erweiterte Lernziele: ein Gespräch über einen Auslandsaufenthalt verstehen
Tipp: sich Regeln mit Sprüchen merken

MODUL 4 WOHIN SOLL´S GEHEN? — 44
Erweiterte Lernziele: von einem (Fantasie-)Urlaub berichten

SPRECHEN SCHREIBEN AUSSPRACHE — 46
Richtig sprechen: Nachfragen zu einer Durchsage stellen und Auskunft geben
Richtig schreiben: Meinungen formulieren
Aussprache: Wortakzent bei trennbaren und untrennbaren Verben
Tipp: Präfix *unter-*

SELBSTEVALUATION — 47
Das kann ich nach Kapitel 3

WORTSCHATZ — 48
wichtige Wörter und Wendungen

INHALT

LEKTION 4
WIE WIR WOHNEN …

EINSTIEG NEUE WOHNUNG – NEUES GLÜCK — 50
Wortschatzübungen zum Thema *Umziehen* und *Wohnen*

MODUL 1 ORDNUNG IST DAS HALBE LEBEN — 52
Erweiterte Lernziele: eine kurze Geschichte schreiben

MODUL 2 HEREINSPAZIERT! — 54
Erweiterte Lernziele: ein Gespräch zwischen Freunden verstehen • eine Hausordnung verstehen • einen Text über Regeln beim Wohnen schreiben

MODUL 3 WENN ALLE SCHLAFEN … — 56
Erweiterte Lernziele: eine Mail über ein besonderes Ereignis verstehen

MODUL 4 AUF DEM LAND — 58
Erweiterte Lernziele: eine Präsentation vorbereiten und halten

SPRECHEN SCHREIBEN AUSSPRACHE — 60
Richtig sprechen: ein Gespräch über ein Wohnungsanbot führen
Richtig schreiben: Kommas in Texten setzen
Aussprache: Sprechpausen

SELBSTEVALUATION — 61
Das kann ich nach Kapitel 4

WORTSCHATZ — 62
wichtige Wörter und Wendungen

LEKTION 5
RUND UM DIE ARBEIT

EINSTIEG CARTOONS AUS DER ARBEITSWELT — 64
Wortschatzübungen zum Thema *Arbeit* und *Beruf*

MODUL 1 WAS MACHEN SIE SO BERUFLICH? — 66
Erweiterte Lernziele: einen Podcast zum Thema *Berufswahl* verstehen
Tipps: Genitiv -s oder -es? • Präposition *dank* • Adjektive vor Nomen im Genitiv

MODUL 2 EIN NEUER JOB — 68
Erweiterte Lernziele: passende Stellenanzeigen für Bekannte finden

MODUL 3 NIE WIEDER ARBEIT?! — 70
Erweiterte Lernziele: Informationen in einer E-Mail schriftlich weitergeben

MODUL 4 WIE SAG ICH´S NUR? — 72
Erweiterte Lernziele: Dialoge höflich formulieren und vorspielen

SPRECHEN SCHREIBEN AUSSPRACHE — 74
Richtig sprechen: beim Small Talk höflich und freundlich sprechen
Richtig schreiben: Partnerdiktat zum Thema *Bewerbungsschreiben*
Aussprache: freundlich sprechen

SELBSTEVALUATION — 75
Das kann ich nach Kapitel 5

WORTSCHATZ — 76
wichtige Wörter und Wendungen

LEKTION 6
VOM GLÜCK

EINSTIEG WELCHER GLÜCKSTYP SIND SIE? — 78
Wortschatzübungen zum Thema *Glück* und *Pech*

MODUL 1 UNTER FREUNDEN — 80
Erweiterte Lernziele: Tipps verstehen und geben, um Freunde zu finden

MODUL 2 GLÜCKSPILZ ODER PECHVOGEL? — 82
Erweiterte Lernziele: einen Artikel zum Thema *Glück als Schulfach* verstehen

MODUL 3 BESSER DRAUF … — 84
Erweiterte Lernziele: eine längere Sprachnachricht verstehen
Tipps: Ordinalzahlen: *erstbeste, zweitgrößter* • besondere Formen Komparativ / Superlativ

MODUL 4 WAS FÜR EIN TAG … — 87
Erweiterte Lernziele: Informationen aus einer Grafik für andere mündlich beschreiben (Mediation) • Aussagen verschiedener Personen in einer Umfrage verstehen

SPRECHEN SCHREIBEN AUSSPRACHE — 88
Richtig sprechen: auf Ärgerliches freundlich reagieren
Richtig schreiben: Kettengeschichten schreiben
Aussprache: Emotionen betonen

SELBSTEVALUATION — 89
Das kann ich nach Kapitel 6

WORTSCHATZ — 90
wichtige Wörter und Wendungen

LEKTION 7
WAS WIR BRAUCHEN …

EINSTIEG WERBUNG	92
Wortschatzübungen zum Thema *Kaufen, Geld und Konsum*	

MODUL 1 MEINS IST DEINS	94
Erweiterte Lernziele: einen Bericht verstehen • eine Zusammenfassung über ein Projekt schreiben	

MODUL 2 HEUTE EIN MUSS – MORGEN VERGESSEN?	97
Erweiterte Lernziele: eine Grafikbeschreibung ergänzen	

MODUL 3 WENIGER IST MEHR	98
Erweiterte Lernziele: Meldungen über Konsumtrends verstehen	
Tipp: auf Terminvorschläge reagieren	

MODUL 4 KENNEN SIE DIESE MARKE?	100
Erweiterte Lernziele: Ansagen und Durchsagen verstehen	

SCHREIBEN AUSSPRACHE	102
Richtig schreiben: eine Reklamation schreiben	
Tipp: Reklamation und Beschwerdeschreiben	
Aussprache: lange Wörter sprechen	

SELBSTEVALUATION	103
Das kann ich nach Kapitel 7	

WORTSCHATZ	104
wichtige Wörter und Wendungen	

LEKTION 8
BIST DU FIT?

EINSTIEG FIT UND GESUND – WAS MACHEN DIE LEUTE?	106
Wortschatzübungen zum Thema *Körper und Gesundheit*	

MODUL 1 ESSEN – ABER WIE?	108
Erweiterte Lernziele: berichten, was man tut, um gesund zu leben	
Tipp: Modalverben in Sätzen mit *damit* und *um … zu*	

MODUL 2 GESUND UND MUNTER?	110
Erweiterte Lernziele: auf eine Nachricht antworten und Informationen aus Texten weitergeben • Nachrichten und Ankündigungen verstehen	

MODUL 3 MACH MIT!	112
Erweiterte Lernziele: eine Textzusammenfassung vervollständigen	

MODUL 4 LACHEN IST GESUND	114
Erweiterte Lernziele: die eigene Meinung zum Thema *So bleiben Sie gesund* ausdrücken	
Tipp: Verben rund um *lachen* und ihre Bedeutung	

SPRECHEN SCHREIBEN AUSSPRACHE	116
Richtig sprechen: ein Gespräch in der Apotheke führen	
Richtig schreiben: *s, ss* oder *ß*	
Tipp: Rechtschreibung mitlernen	
Aussprache: s-Laute	

SELBSTEVALUATION	117
Das kann ich nach Kapitel 8	

WORTSCHATZ	118
wichtige Wörter und Wendungen	

LEKTION 9
ENTSCHEIDE DICH!

EINSTIEG ENTSCHEIDUNGSBÄUME	120
Wortschatzübungen zum Thema *Entscheidungen*	
Tipp: Wortschatz erweitern	

MODUL 1 EINFACH MACHEN!	122
Erweiterte Lernziele: ein Sprachrätsel lösen	
Tipp: Vermutungen ausdrücken	

MODUL 2 STUDIEREN IN DEUTSCHLAND	124
Erweiterte Lernziele: den Beginn einer Bibliotheksführung verstehen	
Tipps: Motivationsschreiben gliedern • Personen gleichberechtigt ansprechen	

MODUL 3 WER DIE WAHL HAT, HAT DIE QUAL	126
Erweiterte Lernziele: gemeinsam ein Fest planen	

MODUL 4 DIE ENTSCHEIDUNG	128
Erweiterte Lernziele: eine Kurzgeschichte schreiben	

SPRECHEN SCHREIBEN AUSSPRACHE	130
Richtig sprechen: ein Gespräch mit der Studienberatung führen	
Richtig schreiben: die wörtliche Rede	
Aussprache: Wortakzent bei Fremdwörtern	

SELBSTEVALUATION	131
Das kann ich nach Kapitel 9	

WORTSCHATZ	132
wichtige Wörter und Wendungen	

LEKTION 10
ALLE ZUSAMMEN

EINSTIEG ZUSAMMEN SIND WIR STARK – EINE FOTOGESCHICHTE — 134
Wortschatzübungen zum Thema *zusammen leben*

MODUL 1 DAS FINDE ICH WICHTIG — 136
Erweiterte Lernziele: einen Pressetext über ein inklusives WG-Projekt verstehen
Tipp: Position Relativsatz

MODUL 2 AM ENDE DER WELT — 139
Erweiterte Lernziele: eine informelle Mail über einen Sprachkurs im Ausland schreiben

MODUL 3 NEU HIER?! — 140
Erweiterte Lernziele: Forumsbeiträge zum Arbeiten im Ausland verstehen
Tipp: *wenn* und *als*

MODUL 4 ANDERS ALS GEDACHT — 142
Erweiterte Lernziele: ein Radiointerview über einen multikulturellen Verein verstehen

SPRECHEN SCHREIBEN AUSSPRACHE — 144
Richtig sprechen: einen Begriff be-/umschreiben
Richtig schreiben: Fehlerkorrektur
Aussprache: Nachfragen stellen

SELBSTEVALUATION — 145
Das kann ich nach Kapitel 10

WORTSCHATZ — 146
wichtige Wörter und Wendungen

LEKTION 11
NATÜRLICH!

EINSTIEG WAS IST UMWELTFREUNDLICH(ER)? – EIN VERGLEICH — 148
Wortschatzübungen zu *Umwelt und Natur*

MODUL 1 KLIMAWANDEL — 150
Erweiterte Lernziele: Tipps und Vorschläge formulieren • einen Text über Umweltprobleme schreiben
Tipp: weitere Relativpronomen

MODUL 2 WAS ZIEHE ICH AN? — 152
Erweiterte Lernziele: auf Aussagen (kritisch) reagieren

MODUL 3 GUTE NACHT! — 153
Erweiterte Lernziele: in verschiedenen Kommentaren die Meinungen der Personen zu einem Thema erkennen

MODUL 4 UMWELTBÜCHER — 156
Erweiterte Lernziele: ein Radiogespräch über Naturerlebnisse verstehen • auf eine Mail eines Freundes/einer Freundin reagieren

SCHREIBEN AUSSPRACHE — 158
Richtig schreiben: einen Text abwechslungsreich formulieren
Aussprache: Umlaute *ö* und *ü*

SELBSTEVALUATION — 159
Das kann ich nach Kapitel 11

WORTSCHATZ — 160
wichtige Wörter und Wendungen

LEKTION 12
ZUKUNFTSMUSIK

EINSTIEG EINE GESCHICHTE AUS DER ZUKUNFT — 162
Wortschatzübungen zum Thema *Zukunft und Technik*

MODUL 1 DER GROSSE TRAUM DER MENSCHHEIT — 164
Erweiterte Lernziele: Aussagen zu einem Thema verstehen und sie Kommentaren zuordnen

MODUL 2 ALLES SO SMART! — 166
Erweiterte Lernziele: einen Gegenstand beschreiben • einen Text über smarte Produkte verstehen

MODUL 3 VON DER NATUR LERNEN — 168
Erweiterte Lernziele: Begriffe umschreiben

MODUL 4 VOLL INTELLIGENT — 170
Erweiterte Lernziele: einen kurzen Text zum Thema *Auto der Zukunft* schreiben • ein Interview zum Thema *Künstliche Intelligenz* verstehen
Tipp: zusammengesetzte Wörter

SPRECHEN SCHREIBEN AUSSPRACHE — 172
Richtig sprechen: Technik-Dialoge führen
Richtig schreiben: Wörter zusammenziehen
Aussprache: zweiteilige Konnektoren

SELBSTEVALUATION — 173
Das kann ich nach Kapitel 12

WORTSCHATZ — 174
wichtige Wörter und Wendungen

ANHANG — 176

1 MIT DER ZEIT

WORTSCHATZ WIEDERHOLEN UND ERARBEITEN

1 a Notieren Sie zu den Wörtern das Adjektiv oder das Nomen mit Artikel.

1. die Woche – *wöchentlich*
2. der Tag – ....
3. das Jahr – ....
4. .... – monatlich
5. .... – zukünftig
6. .... – gegenwärtig

b Ergänzen Sie die Sätze mit einem Adjektiv aus 1a.

1. Der .... Bericht erscheint im Januar.
2. Nehmen Sie die Tabletten zweimal ...., immer morgens und abends.
3. Yoga findet einmal .... statt.
4. Die Gehaltsabrechnung erfolgt ....

2 a Notieren Sie die Zeitadverbien in der Übersicht.

~~heute~~ • gestern • morgen • früher • jetzt • übermorgen • vorgestern • bald • gerade • damals • neulich • heutzutage

Vergangenheit	Gegenwart	Zukunft
	heute, ...	

TIPP

Zeitadverb *gerade*
a) = jetzt (mit Verb im Präsens)
   Ich habe gerade keine Zeit.
b) = vor sehr kurzer Zeit
   (mit Verb im Perfekt/Präteritum)
   Ich habe gerade mit ihm gesprochen.

b Ergänzen Sie das passende Zeitadverb: bald, früher, neulich, damals, gerade.

1. • Nur noch zwei Wochen Schule.
   ○ Stimmt, ... sind Ferien.
2. • Hast du den Chef heute schon gesehen?
   ○ Ja, er ist .... gekommen.
3. • Als ich Kind war, gab es noch kein Internet.
   ○ Echt? .... gab es kein Internet?
4. • Wir waren letztes Wochenende in Berlin. Das war toll.
   ○ Ach, ich war schon lange nicht mehr dort, aber .... war ich sehr oft in Berlin.
5. • Rate mal, wen ich .... getroffen habe.
   ○ Keine Ahnung, wen denn?

C Zwei Rätsel – Können Sie sie lösen?

A Übermorgen ist der vierte Tag nach Sonntag. Welcher Tag war gestern?

B Welcher Tag ist heute, wenn der Tag nach übermorgen zwei Tage vor Sonntag liegt?

3 Klick-Klack – Sprechen Sie zu zweit. Person A beginnt (Klick), Person B reagiert (Klack). Dann wechseln Sie. oder **Hören Sie (Klick) und reagieren Sie (Klack).**

Klick
1. Wann ist denn bei euch die Hauptreisezeit?
2. Ich habe vergessen, Brot zu kaufen! Haben die Geschäfte noch offen?
3. Musst du auch nachts arbeiten?
4. Darf ich dich im Krankenhaus besuchen?
5. Was machst du eigentlich so in deiner Freizeit?
6. Wann sind in Deutschland denn Schulferien?

Klack
A Manchmal, meine Arbeitszeiten sind immer unterschiedlich.
B Ja, sehr gerne. Die Besuchszeiten sind täglich von 15:00 bis 18:00 Uhr.
C Im Sommer. Da fahren fast alle weg.
D Das ist unterschiedlich, weil die Ferienzeiten in jedem Bundesland anders sind.
E Der Supermarkt an der Ecke hat jetzt längere Öffnungszeiten.
F Ich mache viel Sport: Schwimmen und Klettern.

4 a Welches Verb passt? Unterstreichen Sie.

A
● Kommst du am Mittwoch zu unserem Treffen?
○ Ich weiß es nicht. Ich habe noch so viel zu tun. Die Zeit (1) reicht | vergeht einfach nicht.
● Es wäre wirklich toll, wenn du diesmal kommst.
○ Ja, wenn ich Zeit (2) bekomme | habe, dann bin ich da. Ich sage dir noch Bescheid.

B
● Wegen des blöden Computerproblems habe ich viel Zeit (3) verloren | verbracht. Jetzt werde ich nicht rechtzeitig mit der Liste fertig!
○ Komm, ich helfe dir. Dann (4) erhältst | gewinnst du ein bisschen Zeit.
● Das ist echt toll. Vielen Dank!

C
● Wie soll ich das Referat bloß schaffen? Ich muss noch so viel dafür lesen.
○ Du kannst nicht alle Bücher lesen. Das (5) kostet | nimmt zu viel Zeit. Lies nur die wichtigsten.
● Ja, du hast recht. Vielleicht kann ich dadurch irgendwie Zeit (6) sammeln | sparen.

D
● Entschuldige bitte, die U-Bahn kommt nicht ... Ich (7) brauche | gebe noch zwanzig Minuten, bis ich bei dir bin.
○ Kein Problem, ich warte auf dich. Ich werde mir die Zeit schon irgendwie (8) vertreiben | anhalten.

b Wo passt welches Verb aus 4a? Ergänzen Sie.

1. Der Termin wurde um eine Stunde verschoben. Jetzt muss ich mir hier irgendwie die Zeit ....
2. Mir ist so langweilig und niemand .... Zeit für mich.
3. Könntest du bitte die Post verteilen? Dann .... ich ein bisschen Zeit.
4. Das Projekt ist immer noch nicht genehmigt. Das .... total viel Zeit, die wir nicht haben.
5. Ich .... noch eine halbe Stunde, dann können wir deine Ideen besprechen.

Online Ü1 **C Schreiben Sie vier weitere Sätze mit den Ausdrücken aus 4a.**

MODUL 1

ZEIT – FRÜHER UND HEUTE

1 a So ein Stress! – Was passt zusammen?

achten • ~~sein~~ • bleiben • unterbrechen • beantworten • pflegen

1. auf Geschäftsreise *sein*
2. Freundschaften ....
3. die Arbeit ....
4. Mails ....
5. auf dem Laufenden ....
6. auf viele Dinge ....

b Wählen Sie fünf Ausdrücke aus 1a und schreiben Sie je einen Satz.

2 a Erinnern Sie sich? – Präsens und Perfekt: Ergänzen Sie die Verbformen in der 3. Person Singular und hören Sie zur Kontrolle.

1.02

Infinitiv	Präsens	Perfekt
träumen		hat ...
arbeiten		
aufmachen		
verdienen		
studieren		
werden	wird	ist geworden
sehen		
sitzen		
ankommen		
bekommen		
sich bewerben		

> **TIPP**
>
> **Partizip II: regelmäßig**
> ohne Präfix: sagen – **ge**sag**t**
> trennbares Verb:
> aufräumen – auf**ge**räum**t**
> untrennbares Verb:
> erzählen – erzähl**t**
> Verben auf -ieren:
> probieren – probier**t**
>
> **unregelmäßig**
> ohne Präfix: gehen – **ge**gang**en**
> trennbares Verb:
> aufgeben – auf**ge**geb**en**
> untrennbares Verb:
> beginnen – begonn**en**
>
> ACHTUNG
> kennen – hat **ge**ka**nnt**
> denken – hat **ge**da**cht**
> wissen – hat **ge**wuss**t**
> bringen – hat **ge**brach**t**

b Eine andere Karriere – Wo passt welches Partizip II aus 2a? Ergänzen Sie.

Online Ü2

„ Ich habe Wirtschaft (1) .... und von einer großen Karriere (2) .... Nach dem Studium habe ich mich bei einer bekannten Firma (3) .... und schnell eine gute Stelle (4) .... Ich habe wahnsinnig viel (5) .... und auch an den Wochenenden am Computer (6) .... Meine Freunde und Familie habe ich kaum (7) ...., aber ich habe viel Geld (8) .... Aber dann ist mir klar (9) ...., dass ich so nicht weitermachen wollte und hatte eine Idee: Ich habe einen kleinen Laden mit biologischen Produkten aus der Region (10) .... Der Laden läuft gut und endlich an ich bei meinem beruflichen und privaten Ziel (11) .... Ich arbeite immer noch sehr viel, aber meine Freunde und Familie sehe ich wieder viel öfter.

MODUL 1

3 a Wie war dein Tag? – Ergänzen Sie die Dialoge und schreiben Sie die Sätze in Klammern im Perfekt.

1. ● Hallo Tine, wie geht's?
   ○ Na ja, ich hatte heute einen doofen Tag: (Am Morgen / ich / verschlafen / .) (Dann / ich / kommen / zu spät zur Arbeit / .)
   ● Oh nein, (das / passieren / mir / auch schon zwei Mal / .)
2. ○ Und, wie war dein Tag?
   ● Super. (Ich / besuchen / heute / eine Fortbildung / und / lernen / viel / .) (In der Mittagspause / alle Teilnehmenden / essen / zusammen / .) (Dabei / wir / diskutieren / weiter / .)
3. ● Hast du am Wochenende eigentlich schon was vor?
   ○ Ja, wir gehen auf eine Lesung. Du kennst doch Daniel Kehlmann, oder? (Er / schreiben / ein Buch / über das Thema Zeit / .)
   ● Oh toll. Meinst du „Mahlers Zeit"? (Das / ich / lesen / auch / .) (Es / gefallen / mir / sehr gut / .)

1. Am Morgen habe ich verschlafen. Dann …

b Sprechen Sie die Dialoge zu zweit.

4 Lesen Sie die Kurzbiografie von Daniel Kehlmann. Ergänzen Sie die passenden Verben im Präteritum.

studieren • erscheinen • erhalten • ziehen • kommen • befassen • schreiben

Daniel Kehlmann (1) _____ 1975
in München auf die Welt. 1981 (2) _____ seine Familie nach Wien, wo er dann an der Universität Philosophie und Germanistik (3) _____.
Sein erster Roman „Beerholms Vorstellung"
(4) _____ 1997. In seinem zweiten Roman „Mahlers Zeit" (5) _____ er sich mit dem Thema Zeit: Die Hauptperson, der junge Wissenschaftler David Mahler, findet eine Formel, mit der er die Zeit verändern kann. Kehlmann (6) _____ noch zahlreiche weitere Romane, Dramen und Kurzgeschichten. Sein Roman „Die Vermessung der Welt" aus dem Jahr 2005 zählt zu den erfolgreichsten Büchern der zeitgenössischen deutschen Literatur. Kehlmann (7) _____ bereits viele Preise und Auszeichnungen und lebt als freier Schriftsteller in Berlin und New York.

> **TIPP**
>
> **Präteritum: regelmäßig**
> sagen – sagte
> aufräumen – räumte auf
>
> **unregelmäßig**
> gehen – ging
> geben – gab
>
> **ACHTUNG**
> kennen – kannte
> denken – dachte
> bringen – brachte
> wissen – wusste
> mögen – mochte

5 a Hören Sie, was Irina über ihr Leben erzählt. Bringen Sie die Ereignisse in die richtige Reihenfolge.

- ☐ Kinder bekommen
- ☐ Weltreise machen
- ☐ zur Schule gehen
- ☐ in … aufwachsen
- ☐ Erfolg haben
- ☐ Mann kennenlernen
- ☐ studieren
- ☐ als … jobben
- ☐ Drehbücher schreiben
- ☐ Abitur machen
- ☐ heiraten
- 1 geboren werden

b Schreiben Sie eine Kurzbiografie über Irina im Präteritum. Gehen Sie auf die folgenden Punkte ein.

Name • Ort • Ausbildung/Beruf • Karriere • Familie

MODUL 1

6 a Ergänzen Sie die Sätze im Plusquamperfekt.

1. Felix wartete schon lange auf eine Antwort von der Firma, bei der er (sich bewerben).
2. Endlich konnte er mit dem neuen Job beginnen, auf den er sich so (freuen).
3. Er war sehr erleichtert, nachdem er mit den neuen Kolleginnen und Kollegen (reden).
4. Am zweiten Tag brachte er einen Kuchen mit, den er selbst (backen).
5. Bald traf er sich auch privat mit Kollegen, die er auf dem Firmenfest besser (kennenlernen).

1. ..., *bei der er sich beworben hatte.*

b Was war vorher passiert? – Ergänzen Sie Sätze im Plusquamperfekt.

1. Miriam lachte glücklich. *Sie hatte endlich die Prüfung bestanden.*
2. Lukas war total gestresst. ....
3. Aaron kam zu spät. ....
4. Lara rief im Büro an. ....
5. Alle Mitarbeiter und Mitarbeiterinnen waren zufrieden. ....

7 Ein Großvater erzählt – Ergänzen Sie die Verben in der angegebenen Zeitform.

Meine Eltern (1) .... (haben, Präteritum) damals eine kleine Bäckerei bei uns im Dorf. Dort (2) .... (ich schon arbeiten, Perfekt), als ich noch in der Schule (3) .... (sein, Präteritum). Damals (4) .... (ich nicht denken, Präteritum), dass ich das lange machen würde. Aber dann (5) .... (ich die Ausbildung zum Bäcker machen, Perfekt). Meine Frau und ich, wir (6) .... (kennenlernen uns schon in der Schule, Plusquamperfekt). Nachdem (7) .... (wir heiraten, Plusquamperfekt), (8) .... (ich übernehmen, Präteritum) die Bäckerei.

Heute (9) .... (sein, Präsens) unsere Kinder schon erwachsen. Und die Bäckerei (10) .... (geben, Präsens) es immer noch. Mittlerweile (11) .... (meine Tochter das Geschäft übernehmen, Perfekt) und sie (12) .... (das Konzept ändert, Perfekt): Sie (13) .... (verkaufen, Präsens) nur noch Bio-Backwaren.

> **TIPP**
> Die Verben *denken, wissen, kommen, gehen* und *sehen* verwendet man auch in der gesprochenen Sprache oft im Präteritum. *Ich wusste, dass du das schaffst.*

TAG FÜR TAG

1 a Welche Umschreibung passt zu den Wendungen aus dem Lied *Liegen ist Frieden*? Ordnen Sie zu.

1. eine Stimme im Kopf haben
2. sich einen richtigen Job besorgen
3. ein Loch im Bauch haben
4. den Tag nutzen
5. Temperament an anderen auslassen
6. jemandem einen Gefallen tun
7. tot umfallen
8. vor die Hunde gehen
9. liegen an (+ Dat.)

A kaputtgehen
B etwas Sinnvolles tun
C etwas tun, das andere freut / für andere gut ist
D das Gewissen sagt einem etwas
E unfreundlich sein, weil man schlechte Laune hat
F hungrig sein
G schuld sein / der Grund für etwas sein
H eine feste Stelle suchen
I sterben

b Ergänzen Sie die Dialoge mit den Wendungen aus 1a.

1. ● Sollen wir morgen wirklich in die Berge fahren?
   ○ Klar, an mir soll es nicht _____. Ich will den Tag auf jeden Fall _____.
   ● Okay. Aber bitte tu mir einen _____: Lass uns nicht wieder so eine lange Tour machen, sonst _____ ich _____!
   ○ Wir machen eine leichte und kurze Tour, versprochen!

2. ● Was ist denn mit dir los?
   ○ Ach, ich bin schlecht gelaunt, weil ich mir einen richtigen _____ _____ muss – aber ich finde nichts!
   ● Na komm, lass uns erst mal was essen, dann helfe ich dir.
   ○ Ja, gute Idee. Ich habe sowieso ein _____ im Bauch.

2 a Wie heißen die Aussagen richtig? Schreiben Sie die Sätze.

1. finden / Leute / es / Viele / wichtig / , immer aktiv zu sein.
2. uns / Bei / normal / es / ist / , dass man am Wochenende auch mal nichts tut.
3. Leute / Die / erwarten / meisten / , dass alle immer früh aufstehen und produktiv sind.
4. ein / Leute / ist / viele / Ziel / wichtiges / Für / , beruflich erfolgreich zu sein.
5. Leute / Manche / glauben / , dass man viel arbeiten muss, um erfolgreich zu sein.

1. Viele Leute finden ...

b Schreiben Sie einen Beitrag für ein Online-Gästebuch.

Sie haben im Fernsehen eine Diskussion zum Thema *Richtig entspannen* gesehen. Im Online-Gästebuch der Sendung finden Sie folgende Meinung:

Schreiben Sie nun Ihre Meinung zum Thema (circa 80 Wörter).

> **Carla:** Ich finde es schlimm, wenn man den ganzen Tag im Schlafanzug verbringt. So kann ich mich gar nicht erholen! Ich muss etwas unternehmen, das entspannt mich. Mich nervt es, wenn meine Freunde den ganzen Sonntag nur rumhängen und nichts machen wollen!

MODUL 3

WIE DIE ZEIT VERGEHT ...

1 Lesen Sie noch einmal die Texte in Aufgabe 2b im Kursbuch. Ergänzen Sie dann die Zusammenfassung.

Zeitempfinden • Zeittypen (Pl.) • schneller • Gehirn • Vorgänge (Pl.) • subjektiv • anders • wahrnehmen • innere Uhr • Experte • Zeit

Prof. Rolf Ulrich ist ein (1) .... für Chronobiologie und untersucht, wie wir Menschen Zeit (2) .... Während es für Riechen, Tasten, Schmecken, Hören und Sehen ein Sinnesorgan gibt, fehlt dieses für das (3) .... Alle Lebewesen verfügen aber über eine (4) .... , die auch alle (5) .... in unserem Körper reguliert. Allerdings tickt sie bei jedem (6) .... Aus diesem Grund gibt es unterschiedliche (7) .... , z. B. Frühaufsteher oder Nachtmenschen. Ob die (8) .... für uns langsam oder schnell vergeht, ist je nach Situation sehr unterschiedlich und das Empfinden von Zeit ist (9) .... Entscheidend für die gefühlte Zeitspanne ist, wie viele neue Informationen unser (10) .... in einer bestimmten Zeit verarbeiten muss. Je mehr Informationen es sind, desto (11) .... vergeht für uns die Zeit.

2 a Wichtige Verben mit Dativ oder Akkusativ – Markieren Sie die Wortgrenze und ordnen Sie die Verben in die Tabelle.

HELFEN|ANRUFENBESUCHENDANKENGEFALLENBEZAHLENBRAUCHENGEHÖRENGRATULIERENESSEN
GELINGENFINDENKENNENPROBIERENZUHÖRENKENNENLERNENSCHADENVERSTEHENVERGESSEN
SCHWERFALLENZUSTIMMEN

Verben mit Dativ	Verben mit Akkusativ
helfen, ...	

b Dativ oder Akkusativ? – Ergänzen Sie in den Sätzen das Artikelwort.

1. ○ Hast du d............ neuen Dozenten schon kennengelernt?
   ● Nein, ich hatte noch keine Zeit. Wie heißt er noch mal? Ich habe sein............ Namen vergessen.
2. ○ Hast du kurz Zeit? Ich verstehe dies............ Bestellung von dir bei der Firma Müller nicht.
   ● Zeig mal. Oh ja, das ist ja viel zu viel.
   ○ Oh je, das wird d............ Firma nicht gefallen. Sie haben schon alles geliefert.
3. ○ Hallo Anne, weißt du, wo die Chefin ist? Sie wollte doch d............ Firma Meyer anrufen.
   ● Keine Ahnung, sie brauchte ein............ neuen Bildschirm und wollte ins Lager gehen.
4. ○ Hast du unser............ Kollegin schon gratuliert? Sie hat heute Geburtstag.
   ● Na klar. Ich habe sogar schon ein............ Stück von ihrem Geburtstagskuchen probiert.

MODUL 3

3 Verben mit Dativ und Akkusativ – Schreiben Sie Regeln für eine effektive Zusammenarbeit in Teams.

1. Sie / die Aufgaben / den Mitarbeitern / zuteilen
2. jeder / seine Tagesziele / den Kollegen / erklären sollen
3. ein guter Zeitplan / die Arbeit / allen Teammitgliedern / erleichtern
4. am Nachmittag / alle / ihre Ergebnisse / dem Team / präsentieren
5. jeder / dem Team / seine Arbeitsschritte / mitteilen

> **TIPP**
> **Position der Ergänzungen**
> 1. **Dativ** vor Akkusativ
>   Hast du **dem Chef** eine Mail geschrieben?
>   Hast du **ihm** eine Mail geschrieben?
> 2. Akkusativpronomen vor **Dativ**
>   Hast du sie **dem Chef** geschrieben?
>   Hast du sie **ihm** geschrieben?

1. Teilen Sie den Mitarbeitern die Aufgaben zu.

4 a Deklination der Personalpronomen – Ergänzen Sie die Tabelle.

Nominativ	ich	du	er	es	sie	wir	ihr	sie / Sie
Akkusativ					sie	uns		
Dativ		dir			ihr			ihnen

b Schon erledigt! – Schreiben Sie Antworten mit zwei Pronomen.

1. Sag mal, Frau Steger hat doch Urlaub beantragt, oder? (genehmigen / die Chefin)
2. Sag mal, hat die Firma Wagner die Rechnung schon erhalten? (schicken / ich)
3. Sag mal, weiß die Chefin von dem Termin heute Nachmittag? (sagen / ich)
4. Sag mal, hast du dem neuen Kollegen schon die Maschinen gezeigt? (erklären / ich)
5. Sag mal, hast du dem Chef die Projekttermine geschickt? (mitteilen / ich)

1. Ja, die Chefin hat ihn ihr genehmigt.

5 a Verben mit Präpositionen – Ordnen Sie zu.

1. Viele Frühaufsteher hoffen auf
2. Viele Menschen gehören zu
3. Langschläfer freuen sich auf
4. Manche finden es interessant, sich mit
5. Viele Menschen verlassen sich auf
6. Wie unterscheidet sich Ihr Zeitempfinden im Urlaub von

A ihre innere Uhr.
B Besprechungstermine am Morgen.
C Ihrem Zeitgefühl während der Arbeit?
D den Normaltypen.
E den Zeittypen zu befassen.
F Spätschichten in der Arbeit.

b Ergänzen Sie die Präpositionen.

Online Ü 5

1. Langschläfer ärgern sich .... einen frühen Arbeitsbeginn.
2. Sie beginnen .... ihrer Arbeit lieber spät.
3. Früh morgens können sie sich nicht gut .... ihre Aufgaben konzentrieren.
4. Deshalb bitten sie die Vorgesetzten häufig .... Spät- oder Nachtschichten.
5. Viele Berufstätige freuen sich schon montags .... das Wochenende.

> **TIPP**
> Verben mit Präpositionen kann man sich mit Beispielsätzen besser merken: Ich warte **auf** den **Auf**zug. Er freut sich **über** die **Über**raschung.

REINE ZEITVERSCHWENDUNG?

1 a Wie können Sie es noch sagen? Ordnen Sie zu.

47 % 58 % 27 % 31 % 98 % 5 % 75 %

A drei Viertel
B fast alle
C gut ein Viertel
D knapp die Hälfte
E sehr wenige
F weniger als ein Drittel
G mehr als die Hälfte

b Lesen Sie die Aussagen. Stimmen sie mit der Grafik im Kursbuch überein? Kreuzen Sie an.

	richtig	falsch
1. Das Smartphone wird am Tag durchschnittlich mehr als vier Stunden genutzt.	☐	☐
2. Fast 80 Prozent der 18- bis 29-Jährigen nutzen beim Warten ihr Handy.	☐	☐
3. Die Hälfte der Smartphone-Nutzer beantwortet Nachrichten innerhalb von fünf Minuten.	☐	☐
4. Mehr als die Hälfte der 18- bis 29-Jährigen nutzen beim Fernsehen ihr Smartphone als zweiten Bildschirm.	☐	☐
5. Knapp 50 Prozent der 30- bis 49-Jährigen nutzen das Handy zur Unterhaltung.	☐	☐
6. Für fast drei Viertel der 18- bis 29-Jährigen ist das Smartphone der Mittelpunkt des digitalen Alltags.	☐	☐

2 a Ergänzen Sie die Reaktionen auf die Grafik.

finde ich • mich • für mich • aufgefallen • war neu

1. Mir ist ...., dass die durchschnittliche Nutzungszeit des Smartphones nicht so hoch ist, wie ich gedacht habe.

2. Interessant ist ...., dass die Hälfte aller Nutzer sehr schnell reagiert.

3. .... überrascht, dass insgesamt mehr als die Hälfte der Nutzer/innen das Smartphone als „Second-Screen" nutzt.

4. Erstaunlich ...., dass die Informationen der Grafik nur Leute bis zu 49 Jahren erfassen.

5. Für mich ...., dass ein Viertel der unter 30-Jährigen ihr Handy mehr als vier Stunden täglich nutzt.

b Welchen Aussagen in 2a stimmen Sie zu? Welche haben Sie (nicht) überrascht? Kommentieren Sie jede Aussage mit 1 bis 2 Sätzen.

Aussage eins hat mich nicht überrascht. Ich dachte, dass ...

MODUL 4

3 a Lesen Sie die Redemittel. Was passt zusammen?

1. Du solltest früher ins Bett gehen. An deiner Stelle würde ich
2. Wenn du mich fragst, empfehle ich im Urlaub
3. In Besprechungen wäre es gut,
4. Du zahlst über 50 Euro im Monat für deinen Handyvertrag? Ich würde dir empfehlen,
5. Wir alle sollten überlegen,

A wenn alle ihr Handy stumm stellen würden.
B wie wir unser Nutzungsverhalten ändern können.
C das Handy auszulassen oder nur alle zwei Tage kurz anzumachen.
D deinen Vertrag zu ändern.
E das Handy um 23:00 Uhr ausmachen.

b Flüssig sprechen – Hören Sie die Wünsche und geben Sie Ratschläge und Tipps wie im Beispiel.

Ich möchte
… mir ein neues Handy kaufen.
… einen neuen Handyvertrag abschließen.
… mir eine zweite Sim-Karte kaufen.
… mir ein Tablet zulegen.
… meine Daten in einer Cloud speichern.
… mit meinem Handy im Geschäft bezahlen.

An deiner Stelle würde ich …
Wenn du mich fragst, (dann) würde ich …
Ich würde dir empfehlen, …

Ich möchte mir ein neues Handy kaufen.

An deiner Stelle würde ich mir kein neues Handy kaufen.

4 Lesen Sie den Text und schließen Sie die Lücken 1–10. Benutzen Sie die Wörter a–o. Jedes Wort passt nur einmal.

Liebes Radio-Team,

ich habe (1) .... Sendung zum Thema *Handy im Alltag* gehört und fand sie wirklich interessant. Was mir allerdings ein bisschen gefehlt hat, war die Tatsache, (2) .... Handys manchmal auch stören können. Das ist mir neulich (3) .... passiert. Eigentlich fahre ich (4) .... mit dem Auto zur Arbeit, aber letzte Woche musste ich mit der Bahn fahren. Ich habe (5) .... einem Tisch mit drei weiteren Personen gesessen. Dann hat plötzlich mein Handy geklingelt. Ich habe mir überhaupt (6) .... dabei gedacht und bin rangegangen. Irgendwann während des Gesprächs hat die Frau, (7) .... mir gegenübersaß, auf ein Schild gezeigt: Handyfreie Zone. Ich war total (8) ...., dass es solche Zonen im Zug gibt. Die Situation war mir wirklich sehr peinlich. Wenn ich wieder einmal mit dem Zug fahre, achte ich natürlich (9) ...., wo ich mich hinsetze. Ich (10) .... es wirklich gut, dass es diese Ruhebereiche gibt, und denke, dass wir vielmehr Rücksicht aufeinander nehmen sollten.

Liebe Grüße,

Björn

a. AN
b. ANRUFEN
c. DARAUF
d. DASS
e. DAMIT
f. DIE
g. ERST
h. IHRE
i. FINDE
j. HALTE
k. IMMER
l. MEINE
m. NICHTS
n. ÜBERRASCHT
o. ZU

SPRECHEN · SCHREIBEN · AUSSPRACHE

1

a [RICHTIG SPRECHEN] Hören Sie das Gespräch. Was ist richtig? Kreuzen Sie an.

Teil 1
- a Der Mann stört.
- b Die Frau hat gerade Zeit.
- c Der Mann kommt später wieder.

Teil 2
- a Der Mann möchte das Sommerfest planen.
- b Die Frau schlägt zwei neue Termine vor.
- c Die beiden finden keinen neuen Termin.

b Beides richtig! Aber welche Variante hören Sie? Kreuzen Sie an.

Teil 1
- ● Hallo Luisa, ☐ hättest ☐ hast du gerade Zeit, oder ☐ muss ☐ soll ich einen Termin ausmachen?
- ○ Hi Marvin, ich ☐ will ☐ muss noch schnell was fertig machen. ☐ Kannst ☐ Könntest du in fünf Minuten wiederkommen?
- ● Ja, klar, dann hole ich mir schnell einen Kaffee. ☐ Kann ☐ Soll ich dir einen mitbringen?
- ○ Oh ja, gerne!

Teil 2
- ● ☐ Könnten ☐ Können wir den Termin für die Planung vom Sommerfest verschieben? Meine Tante feiert da ihren Geburtstag.
- ○ Ja, warte, ich schaue mal in meinen Kalender. Wie ☐ wäre ☐ ist es denn am 7. oder 8. Juni?
- ● Der 8. Juni ☐ geht ☐ passt bei mir.
- ○ Alles klar, dann ☐ treffen ☐ sehen wir uns am 8. Juni um 17:00 Uhr.

c Sprechen Sie die Dialoge zu zweit und achten Sie auf die Artikulation und Intonation. Üben Sie mit allen angegebenen Varianten.

2

[RICHTIG SCHREIBEN] Korrigieren Sie die Ratschläge und ordnen Sie die passende Fortsetzung zu. Schreiben Sie dann die kompletten Antworten.

1. ○ Wissen alle, dass der Termin am Mittwoch um 11:00 Uhr ist?
   ● An deiner *lteleS* .... würde ich …
2. ○ Ich gehe morgen zur Studienberatung.
   ● Ich würde dir *phelmfnee* .... , …
3. ○ Ich habe so viel Stress: Arbeit, Zahnarzt, … Ich weiß nicht, wie ich alles schaffen soll!
   ● Wenn du mich *garfst* .... , dann solltest du …
4. ○ Ich kann nicht zur Feier kommen. Ich habe ein wichtiges Treffen mit Kollegen.
   ● Was? Es *äwre* .... wirklich gut, …

A den Arzttermin verschieben
B rechtzeitig einen Termin ausmachen
C das Treffen absagen
D den Termin noch einmal bestätigen

> **TIPP**
> **Sätze weiterführen**
> Überlegen Sie:
> · Folgt ein Nebensatz oder geht der Satz noch weiter.
> · bei Nebensätzen: Welche Konjunktion passt (*wenn, dass, ob …*)?
> · Steht der Ausdruck mit Infinitiv + *zu*?

1. An deiner Stelle würde ich den Termin …

3

a [AUSSPRACHE] Informationen betonen – Hören Sie. Ist dem Sprecher eine Information besonders wichtig? Wenn ja, markieren Sie sie. Sprechen Sie dann nach.

1. Ich kann heute leider nicht kommen.
2. Ich kann heute leider nicht kommen.
3. Ich kann heute leider nicht kommen.
4. Ich kann heute leider nicht kommen.

b Reaktionen – Arbeiten Sie zu zweit. A sagt den Satz aus 3a und betont eine Information. B wählt eine passende Reaktion. Wiederholen Sie so oft, bis man die Betonung gut hört.

Das ist aber wirklich sehr schade.   Kann Tom heute kommen?   Schade, kannst du morgen kommen?

SELBSTEVALUATION

DAS KANN ICH NACH KAPITEL 1

😊 🙂 😐 ☹️   KB   ÜB

✏️ **eine Kurzbiografie schreiben**   M1   5b
Schreiben Sie eine Kurzbiografie über sich oder eine Person, die Sie gut kennen.

Ich bin 1997 ...

💬 **über meinen Alltag sprechen**   M2   1
Erzählen Sie einem Partner / einer Partnerin, was Sie jeden Wochentag immer wieder machen.

[M] **Informationen zusammenfassen und weitergeben**   M3   2c
Lesen Sie die Informationen und fassen Sie sie für einen Freund / eine Freundin zusammen.

> Viele Menschen sehen abends gerne in den Sternenhimmel und versuchen, Sternbilder und Planeten zu erkennen. Und es gibt Spannendes zu entdecken und zu erfahren. Auf dem Planeten Merkur zum Beispiel sind die Tage viel länger als auf der Erde. Ein Tag dauert dort 58 Erd-Tage, 15 Stunden und 30 Minuten. Es wird also im Vergleich zur Erde sehr lange nicht dunkel. Das ist so, weil der Merkur sich viel langsamer dreht als die Erde. Aber ein „Merkurjahr" ist wesentlich kürzer als ein Jahr auf unserer Erde: Es dauert nur 88 Tage. Der Merkur ist näher an der Sonne und braucht daher nicht so lang, sie zu umkreisen.

UND ICH KANN ...

😊 🙂 😐 ☹️   KB   ÜB

		KB	ÜB
💬	über das Thema *Zeit früher und heute* sprechen.	M1	1a
📖	einen Text zum Thema *Stress früher und heute* verstehen.		1b-c
💬	darüber sprechen, in welcher Zeit ich gerne leben würde.		1d
💬	über mein Leben vor einigen Jahren / über das Leben meiner Eltern sprechen.		4
🔊	ein Lied verstehen.	M2	2a-b
💬	über ein Lied sprechen und meine Meinung dazu sagen.		2c
[M]	über Werte und Haltungen sprechen.		2d
[M]	ein Lied aus meinem Land vorstellen.		3
✏️	einen Beitrag für ein Online-Gästebuch schreiben.		2b
💬	sagen, was ein Cartoon bedeutet und wie ich ihn finde.	M3	1a
💬	über das Thema *Zeit* sprechen.		1b
✏️	Begriffe erklären und Beispiele nennen.		2a
📖	Texte zum Thema *Zeitempfinden* verstehen.		2b
📖	eine Zusammenfassung zu Texten zum Thema *Zeitwahrnehmung* vervollständigen.		1
💬	wichtige Informationen und Auffälliges aus einer Grafik nennen.	M4 1	1-2
🔊	einen Radiobeitrag über *Handynutzung und Zeitempfinden* verstehen.		2
📖	einen Forumsbeitrag über *digitale Auszeit* verstehen.		3a
✏️	einen Beitrag für ein Form verfassen.		3c-d 3
📖	eine Mail zum Thema *Handy im Alltag* verstehen.		4
💬	Termine vereinbaren, verschieben und/oder absagen.	K 1-2	1

1

MODUL 1 — ZEIT – FRÜHER UND HEUTE

der Alltag (Sg.)

der Wahnsinn (Sg.) (ugs.) *(der ganz normale Wahnsinn)*

ohne Ende (ugs.) (= sehr viel) *(Ich habe Stress ohne Ende.)*

die Geschäftsreise, -n

gießen (gießt, goss, hat gegossen)

ein/räumen

die Sauerei, -en (ugs.)

sterben (stirbt, starb, ist gestorben)

an/bauen *(Gemüse anbauen)*

ernten

nähen

die Spülmaschine, -n

der Staubsauger, -

höchstwahrscheinlich

pflegen *(Freundschaften pflegen)*

auf dem Laufenden sein/bleiben

übersichtlich

MODUL 2 — TAG FÜR TAG

das Kissen, -

die Stimme, -n

sich etwas besorgen *(sich einen Job besorgen)*

das Loch, "-er *(ein Loch im Bauch haben = Hunger haben)*

an/stehen (steht an, stand an, hat angestanden)

drauf/gehen (geht drauf, ging drauf, ist draufgegangen) (ugs.) (= sterben)

aus/lassen (lässt aus, ließ aus, hat ausgelassen) *(etwas auslassen an)*

der Gefallen, - *(jemandem einen Gefallen tun)*

die Gefahr, -en

tot um/fallen (= sterben)

MODUL 3 — WIE DIE ZEIT VERGEHT …

das Sinnesorgan, -e

empfinden (empfindet, empfand, hat empfunden) *(Zeit empfinden)*

die Lehre (= die Wissenschaft)

enorm *(enorm helfen)*

regulieren

das Zeitempfinden (Sg.)

die innere Uhr

ticken *(Die innere Uhr tickt.)*

WORTSCHATZ

topfit ....

verkraften (etwas schlecht verkraften) ....

hellwach ....

sich an/passen ....

vergehen (vergeht, verging, ist vergangen) (Die Zeit vergeht schnell.) ....

unternehmen (unternimmt, unternahm, hat unternommen) ....

das Gehirn, -e ....

verarbeiten (Informationen im Gehirn verarbeiten) ....

die Verbindung, -en ....

der Effekt, -e ....

erleben ....

der Widerspruch, "-e ....

MODUL 4 REINE ZEITVERSCHWENDUNG?

die Vielzahl (Sg.) (eine Vielzahl an Funktionen) ....

unverzichtbar ....

die Faszination (Sg.) ....

die Interaktion, -en (die soziale Interaktion) ....

die App, -s ....

die Individualität (Sg.) ....

der Rückzugsort, -e ....

die Panik (Sg.) (in Panik geraten) ....

starren (auf sein Handy starren) ....

die Erfahrung, -en (Erfahrungen machen) ....

die Auszeit, -en (eine Auszeit brauchen) ....

die Benachrichtigung, -en ....

unterdrücken ....

die Phase, -n ....

Weitere Wörter, die für mich wichtig sind

....

....

Notieren Sie zu jedem Buchstaben ein passendes Wort zum Thema *Zeit*. Wählen Sie dann selbst ein langes Wort aus dem Kapitel und notieren Sie andere Wörter zum Thema.

```
                        H
      Z E I T E M P F I N D E N
                        U
                        T
                        E
```

2 ALLES KOPFSACHE?

WORTSCHATZ WIEDERHOLEN UND ERARBEITEN

1 a Ordnen Sie die Ausdrücke den Fotos zu. Manchmal gibt es mehrere Möglichkeiten.

_1_ Deutsch an der Volkshochschule lernen
___ ein Handwerk lernen
___ ein Seminar besuchen
___ seine Computerkenntnisse vertiefen
___ sehr geschickt sein
___ sich auf die Führerscheinprüfung vorbereiten
___ die Aussprache am Computer üben

___ einen Kurs besuchen
___ an einem Online-Kurs teilnehmen
___ sich die Vokabeln gegenseitig abfragen
___ sich die Zeit gut einteilen
___ die Regeln verstehen
___ Dialoge üben
___ den Lernstoff regelmäßig wiederholen

1

2

3

4

5

6

b Ergänzen Sie die Sätze mit den Ausdrücken aus 1a.

Foto 1:

a. Zurzeit _lerne ich Deutsch an der Volkshochschule_____, weil ich mein Deutsch verbessern will.

b. Ich _____, der zwölf Teilnehmer hat.

c. Mir gefällt im Kurs besonders, dass _____ .

Foto 2:

d. Ich nutze beim Deutschlernen meinen Laptop, weil ich _____ .

e. Ich kann auch _____ .

f. Außerdem finde ich gut, dass _____ kann.

2 Klick-Klack – Sprechen Sie zu zweit. Person A beginnt (Klick), Person B reagiert (Klack). Dann wechseln Sie. oder Hören Sie (Klick) und reagieren Sie (Klack).

Klick
1. Besuchst du auch einen Deutschkurs?
2. Weißt du, wo der Kursraum 305 ist?
3. Wer ist denn die Frau da drüben?
4. Lernst du auch lieber allein?
5. Kann ich dir helfen?
6. Was für ein Wörterbuch benutzt du?

Klack
A Nein, das ist langweilig. Ich mag Gruppenarbeit.
B Das ist Frau Bauer, unsere neue Deutschlehrerin.
C Ein einsprachiges. Alle Worterklärungen sind auf Deutsch.
D Ja, klar, immer vormittags in einer Sprachschule.
E Ja, bitte. Ich verstehe die Prüfungsaufgabe nicht.
F Ich glaube, im dritten Stock ganz hinten links.

3 a Im Sprachkurs – Ergänzen Sie die Nomen.

Gespräch • Test • Zeugnis • Fehler (Pl.) • Fragen (Pl.) • Referat • ~~Hausaufgaben~~ (Pl.)

1. _Hausaufgaben_ machen
2. einen schweren _____ bestehen
3. ein kurzes _____ halten
4. ein gutes _____ bekommen
5. auf die _____ des Lehrers antworten
6. ein kurzes _____ mit anderen Kursteilnehmenden führen
7. im Diktat _____ machen

b Was haben Sie letzte Woche im Kurs gemacht? Schreiben Sie mit vier Ausdrücken aus 3a je einen Satz.

4 a Vier Lerntypen – Welche Wörter passen? Unterstreichen Sie.

DER AUDITIVE LERNTYP kann besonders gut Informationen (1) aufnehmen | bekommen, die er hört. Man erkennt ihn daran, dass er beim Lernen die Lippen bewegt oder (2) den Lernstoff | das Thema laut vor sich hin spricht. Er kann mündliche Erklärungen besser (3) verstehen | erkennen als schriftliche. Zu einem Tafelbild braucht der auditive Typ fast immer eine mündliche (4) Sprache | Erklärung.

DER VISUELLE LERNTYP lernt am besten, wenn er Informationen liest oder Bilder ansieht. Inhalte kann er sehr leicht behalten, wenn er sie sich mithilfe von Bildern (5) merkt | lernt. Tafelbilder oder auch komplizierte Grafiken zu verstehen ist für ihn kein Problem. Man erkennt visuelle Lerntypen daran, dass sie sich häufig (6) Sätze | Notizen machen oder Skizzen anfertigen.

DER MOTORISCHE LERNTYP ist praktisch orientiert und bewegt sich gern. Man erkennt diesen Lerntyp oft daran, dass er beim Erzählen mit Händen und Füßen spricht. Er versteht bestimmte Prozesse am besten, wenn er sie selbst (7) veranstaltet | ausführt. Er muss sich also am Lernprozess direkt (8) beteiligen | teilnehmen.

DER KOMMUNIKATIVE LERNTYP lernt am besten durch Diskussionen und Gespräche. Erst im Dialog (9) entstehen | verstehen für ihn Zusammenhänge und Bedeutungen. Oft kann er nicht allein lernen. Er braucht meistens jemanden, der seiner (10) Meinung | Mitteilung widerspricht oder sie teilt. Für kommunikative Lerntypen ist es wichtig, sowohl Fragen zu stellen, als auch Fragen zu beantworten.

b Lesen Sie noch einmal die Texte in 4a und markieren Sie Informationen, die zu Ihrem Lernen passen.

c Welcher Lerntyp sind Sie? Passt nur ein Lerntyp zu Ihnen oder sind Sie wie die meisten Menschen ein Mischtyp? Welche Arten zu lernen sind für Sie wichtig? Schreiben Sie einen kurzen Text.

MODUL 1

MAN LERNT NIE AUS …

1 a Wege zum Lernen – Hören Sie den Podcast zum Thema *Lebenslanges Lernen*. Wie heißen die acht Wege zum Lernen? Notieren Sie.

1.08 Lernen durch …

1. ....
2. ....
3. Beobachten
4. ....
5. ....
6. .... / Scheitern
7. Überwinden
8. ....

b Hören Sie noch einmal den Anfang des Podcasts. Warum lernen wir ein Leben lang? Notieren Sie
1.09 die drei Gründe, die genannt werden.

2 Infinitiv mit *zu* – Welches Verb passt? Ergänzen Sie die Sätze.

Online Ü2

erlaubt • versprochen • geachtet • geplant • vergessen • helfen • versuchen

● Kannst du mir (1) ...., meine Englischprüfung vorzubereiten?

○ Klar, gerne. Wann hast du denn (2) ...., mit dem Lernen anzufangen?

● Morgen, am Nachmittag.

○ Oh, da kann ich nicht. Ich habe meiner Mutter (3) ...., sie zu besuchen.

● Dann lieber am Vormittag?

○ Das ist besser. Ich kann (4) ...., gegen 10 Uhr bei dir vorbeizukommen.
 Und soll ich etwas mitbringen? Wörterbuch, Grammatik, …?

● Ich weiß gar nicht, ob man uns (5) ...., ein Wörterbuch zu benutzen.

○ Echt? Hat euer Lehrer (6) ...., euch das zu sagen?

● Nein, er hat sehr darauf (7) ...., uns genau zu informieren.
 Ich muss nachsehen.

3 Etwas Neues lernen – Was muss man dabei beachten? Bilden Sie Sätze.

Es ist wichtig,	sich über verschiedene Angebote informieren
Versuchen Sie,	etwas Neues ausprobieren
Vergessen Sie nicht,	mit Spaß lernen
Nutzen Sie die Chance,	sich lange über Fehler ärgern
Nutzen Sie die Zeit,	sich genug Zeit nehmen
Oft ist es sinnvoll,	Zeit zum Üben haben
Bitte vermeiden Sie,	mit anderen zusammen lernen
Fangen Sie gleich an,	zu viel auf einmal machen

Oft ist es sinnvoll, mit anderen zusammen zu lernen.

> **TIPP**
> Der Infinitiv mit *zu* steht immer am Ende des Satzes. Bei trennbaren Verben steht *zu* nach dem Präfix (ein**zu**kaufen, an**zu**rufen, …).

MODUL 1

4 a Was ist neu für diese Personen? Was müssen sie lernen? Sammeln Sie je zwei weitere Aktivitäten.

Baby, 8 Monate | Azubi, 16 Jahre | Studentin, 22 Jahre

allein essen | *pünktlich sein* | *Alltag organisieren*
aufstehen | *zuhören* | *Essen kochen*

b Wählen Sie sechs Aktivitäten aus 4a und schreiben Sie Sätze. Die Satzanfänge helfen.

… lernt, … • Für … ist es wichtig, … • Als … kann es sinnvoll sein, … •
Es ist für … empfehlenswert, … • … fängt jetzt an, … • … probiert immer wieder, …

Das Baby lernt, allein aufzustehen.

5 a Mit oder ohne *zu*? – Ergänzen Sie die Verben und, wo nötig, *zu*.

- Ich wollte schon immer einmal ausprobieren, Tango (1) .... (tanzen).
- Oh nein. Ich werde aber sicher keinen Tanzkurs (2) .... (machen).
- Ich habe heute Abend Zeit und möchte gerne ins Kino (3) .... (gehen).
- Kino? Ich finde es besser, zu Hause einen Film (4) .... (sehen).
- Ich liebe es, im Sommer in den Süden (5) .... (fahren).
- Echt? Lass uns doch lieber mal etwas Neues (6) .... (ausprobieren).
- Was hältst du davon, wenn wir in das neue mexikanische Restaurant (7) .... (gehen)?
- Ich mag kein scharfes Essen. Wir könnten doch hier was Schönes (8) .... (kochen).
- Es ist nicht nett von dir, alle meine Vorschläge (9) .... (ablehnen).
- Oh, das wollte ich nicht. Ich habe doch Lust, etwas mit dir zusammen (10) .... (unternehmen).

b Spielen Sie den Dialog aus 5a zu zweit. Achten Sie auf Artikulation und Intonation in den Sätzen.

> **TIPP**
> Nach bestimmten Verben und Ausdrücken verwendet man Infinitiv + *zu*:
> anfangen, wichtig sein, Spaß haben, …
> Nach Modalverben, *lassen* und *werden* steht der Infinitiv immer ohne *zu*.

2
MODUL 1

6 Flüssig sprechen – Arbeiten Sie zu zweit. Ergänzen Sie die Satzanfänge und sprechen Sie wie im Beispiel.

1.10
- Ich habe vor, …
- Ich finde es gut, …
- Ich versuche, …
- Für mich ist es wichtig, …
- Ich habe heute keine Lust, …
- Es ist wirklich schön, …

TO-DO:
- Jede Woche Sport machen!
- Mehr Deutsch lernen!
- Im Ausland studieren!
- Ins Theater gehen!
- Viele Länder kennenlernen!
- Den Führerschein machen!
- Einen neuen Job suchen!
- …

> Ich versuche, jede Woche Sport zu machen.

> Du versuchst, jede Woche Sport zu machen? Gut!

> Ich finde es …

TIPP

positiv reagieren
Aha! – So so! – Oh! – Toll!
Gut! – Super! – Klingt gut!
Wow! – Klasse!

7 a Lesen Sie die Aufgabe. Markieren Sie, an wen Sie schreiben sollen und warum.

Die Leiterin der Deutschabteilung, Frau Sonja Rose, hat Sie zu einem persönlichen Gespräch über Ihre letzten Testergebnisse eingeladen. Zu dem Termin können Sie aber nicht kommen.

Schreiben Sie an Frau Rose. Entschuldigen Sie sich *höflich* und berichten Sie, warum Sie nicht kommen können.
- Schreiben Sie eine E-Mail (circa 40 Wörter).
- Vergessen Sie nicht die Anrede und den Gruß am Schluss.

b Welche Anrede und welcher Gruß passen zur Situation in 7a? Kreuzen Sie an. Es gibt mehrere Möglichkeiten.

☐ Sehr geehrte Frau Sonja Rose,
☐ Sehr geehrte Frau Rose,
☐ Liebe Sonja,
☐ Liebe Frau Rose,

☐ Tschüs
☐ Mit freundlichen Grüßen
☐ Viele Grüße
☐ Liebe Grüße

c Lesen Sie die Sätze. Kreuzen Sie die Redemittel an, die besonders höflich sind.

1. a ☐ Ich teile Ihnen mit, dass …
   b ☒ Bedauerlicherweise muss ich Ihnen mitteilen, dass …

2. a Leider kann ich nicht zu dem Termin kommen.
   b Ich komme nicht zu dem Termin.

3. a Informieren Sie mich über einen neuen Termin.
   b Vielleicht könnten Sie mir einen neuen Termin geben.

4. a Ich warte auf eine schnelle Antwort.
   b Ich würde mich sehr freuen, wenn Sie mir schnell Bescheid geben könnten.

5. a Vielen Dank im Voraus.
   b Danke und bis bald.

d Schreiben Sie die E-Mail aus 7a.

WISSEN ODER GOOGELN?

1 Was passt wo? Ergänzen Sie.

Datenflut • hinterfragt • gebildet • Wissen vermittelt

Wenn man viel über unterschiedliche Themenbereiche weiß, ist man (1) .... So wie mein Nachbar, der weiß wirklich viel. Luis M., 21

Ich finde es wichtig, dass man Informationen aus dem Internet kritisch betrachtet und (2) .... , also nicht immer einfach so akzeptiert. Maja K., 42

In der Schule wird viel (5) .... Aber den Schülern ist nicht immer klar, wozu sie dieses Wissen brauchen. Kai L., 34

Wir bekommen täglich eine große Menge an Informationen und mit dieser .... umzugehen, ist nicht immer einfach. Clara T., 28

2 Wie heißen die Verben? Schreiben Sie.

Online Ü3

1. Informationen im Netz ERCHIERCHEREN ....
2. Zusammenhänge STEHVEREN ....
3. über Wissen GENVERFÜ ....
4. eine Suchmaschine BZENENUT ....
5. wichtige und unwichtige Informationen UNSCHEITERDEN ....

3 a Flüssig sprechen – Die eigene Meinung äußern. Arbeiten Sie zu zweit und sprechen Sie wie im Beispiel.
oder Hören Sie die Sätze und reagieren Sie wie im Beispiel.

1.11

1. Daten und Zahlen muss man (nicht) auswendig lernen.
2. Im Internet findet man (nicht) nur wahre Informationen.
3. Man kann (nicht) alle wichtigen Informationen im Netz finden.
4. Für journalistische Artikel und Berichte im Netz sollte man etwas / nichts bezahlen.
5. Allgemeinbildung ist heute (nicht) wichtiger als früher.
6. Kinder sollten (nicht) schon in der Grundschule den Umgang mit dem Internet lernen.

Ich bin der Meinung, dass …
Meiner Meinung nach …
Ich bin der Ansicht, dass …
Meiner Ansicht nach …
Ich bin davon überzeugt, dass …
Ich glaube / denke / meine, dass …

> Daten und Zahlen muss man auswendig lernen.

> Meiner Meinung nach muss man Daten und Zahlen nicht auswendig lernen.

b Schreiben Sie drei eigene Aussagen und lesen Sie sie Ihrem Partner / Ihrer Partnerin vor. Er / Sie reagiert wie in 3a.

MODUL 3

ÜBUNG MACHT DEN MEISTER?

1 Bilden Sie Nomen.

1. talentiert — das *Talent*
2. sich interessieren — das ....
3. fähig — die ....
4. üben — die ....
5. fleißig — der ....
6. sich begeistern — die ....
7. begabt — die ....
8. motivieren — die ....
9. fachlich — das ....
10. vorbereitet — die ....

2 Verben mit gleicher oder ähnlicher Bedeutung – Ersetzen Sie die unterstrichenen Ausdrücke. Formulieren Sie die Sätze dann neu.

erreichen (+ Akk.) • beherrschen (+ Akk.) • gelten • ausbilden (+ Akk.) • verpflichtet sein • ~~aufgeben (+ Akk.)~~

1. Viele <u>hören</u> aus Zeitgründen mit ihrem Hobby <u>auf</u>.
2. Sie <u>kennt sich in</u> ihrem Fachgebiet gut <u>aus</u>.
3. Hier <u>sind</u> andere Gesetze <u>gültig</u>.
4. Jeder kann in seinem Leben viel <u>schaffen</u>.
5. Azubis werden in Betrieben von Meistern <u>unterrichtet</u>.
6. Profisportler <u>müssen</u> regelmäßig trainieren.

1. *Viele geben aus Zeitgründen ihr Hobby auf.*

3 Modalverben – Ergänzen Sie die Modalverben in der richtigen Form. Manchmal gibt es zwei Möglichkeiten.

1. Ich habe noch gar nicht gelernt. 😠
   Ich .... letzte Woche so viel arbeiten.

   Das macht doch nichts! Der Test ist erst am Montag. Da .... wir noch ganz viel lernen.

2. Was .... du machen, wenn dieser Kurs zu Ende ist?

   Da habe ich schon Pläne. Ich .... unbedingt eine Ausbildung machen.

3. Wir gehen noch ins Café Bohne. .... du mitkommen?

   Ich .... leider nicht.
   Ich .... noch Bücher aus der Bibliothek holen.

4. .... wir eigentlich in der Prüfung ein Grammatikbuch benutzen?

   Nee, aber wir .... unbekannte Wörter im Wörterbuch nachschlagen, glaube ich.

5. Frau Maier, ich .... Ihnen von Ahmed ausrichten, dass er krank ist und heute nicht zum Kurs kommen ....

6. Guten Morgen Markus, stehe im Stau und .... das Protokoll für unsere Teamsitzung nicht mehr kopieren. Machst du das, bitte? Oder .... du lieber Kaffee kochen 😉? Danke und bis gleich! Jannik

MODUL 3

4 Formulieren Sie die Sätze einfacher mit Modalverben.

1. <u>Es ist verboten</u>, während der Prüfung mit seinem Nachbarn oder seiner Nachbarin zu sprechen.
2. <u>Ist es möglich</u>, dass wir die Prüfung verschieben?
3. <u>Sind Sie in der Lage</u>, heute an der Prüfung teilzunehmen?
4. <u>Es ist notwendig</u>, dass Sie die Prüfungsgebühr rechtzeitig überweisen.
5. Jeder <u>hat die Möglichkeit</u>, sich gut auf die Prüfung vorzubereiten.

1. Man darf während der Prüfung nicht mit seinem Nachbarn oder seiner Nachbarin sprechen.

5 Im Fitnessstudio – Schreiben Sie die Regeln neu. Nutzen Sie Umschreibungen ohne Modalverb.

es ist erlaubt • es ist erforderlich • es ist notwendig •
es wird erwartet • es ist verboten • es ist möglich

Man muss sich zuerst aufwärmen.

1. Man muss sich zuerst aufwärmen.
2. Man darf alle Geräte ausprobieren.
3. Zuerst muss man sich mit den Geräten vertraut machen.
4. Man kann Hilfe von einem Trainer bekommen.
5. Man darf Geräte nicht ständig blockieren.
6. Man muss das Gerät nach der Benutzung reinigen.

1. Es ist notwendig, sich zuerst aufzuwärmen.

6 Schreiben Sie die Sätze zu Ende.

1. Jeder hat die Möglichkeit, ...
2. Nicht jeder kann ....
3. Es ist nicht überall erlaubt, ...
4. Alle Menschen haben das Recht, ...
5. Ich habe die Absicht, ...
6. Nicht alle im Kurs wollen ....

7 a Was wir alles *können, dürfen, sollen* … – Schreiben Sie Sätze ohne Modalverb.

1   2   3   4   5   6   7

1. Hier ist es möglich, Sport zu treiben.

b Flüssig sprechen – Hören Sie die Fragen mit Modalverb und antworten Sie mit der Umschreibung wie im Beispiel.

Kann man hier Sport treiben?

Ja, hier ist es möglich, Sport zu treiben.

2
MODUL 4

AUS FEHLERN LERNT MAN

1 Welche Verben passen? Kreuzen Sie an.

1. Ich möchte mich für meinen Fehler — verzeihen. / entschuldigen.
2. Er hat einen Fehler — getan. / gemacht. / begangen.
3. Man sollte seine Fehler — eingeben. / zugeben.
4. Nach der Prüfung haben wir alle Fehler — korrigiert. / umgeformt. / verbessert.
5. Die Aufgabe hast du — fehlerfrei / fließend / gelöst.
6. Das war wirklich ein — schwerer / großer / harter — Fehler.

2 a Sich entschuldigen und auf Entschuldigungen reagieren – Was passt? Ordnen Sie zu.

1. Entschuldige bitte, das
2. Das macht
3. Vergessen
4. Ist ja
5. Ich habe
6. Ich wollte
7. Kein
8. Tut mir

A wirklich leid.
B mich bei Ihnen entschuldigen.
C Problem.
D einen Fehler gemacht.
E wir das einfach.
F nichts passiert.
G wusste ich nicht.
H nichts.

b Hören Sie zur Kontrolle und sprechen Sie nach.

c Oh nein …! – Ergänzen Sie die Sprechblasen. Es gibt mehrere Möglichkeiten.

1. Hey, passen Sie doch auf!
2. Entschuldige, das tut mir leid!
3. Ich wollte mich bei dir entschuldigen.

3 Lesen Sie die Ankündigung zum Podcast und ergänzen Sie.

analysieren • helfen • lernen • machen • passieren • umgehen • vermeiden

Hurra, ein Fehler! – Aus Fehlern (1) ....

„Hoffentlich (2) .... ich jetzt keinen Fehler, sonst bekomme ich Ärger mit der Chefin." Aber muss das wirklich so sein? Wir wissen doch alle, dass Fehler (3) .... , und dass wir Fehler nicht ganz (4) .... können. Aber wie sollen wir mit Fehlern (5) .... ? Und warum ist es wichtig, dass wir Fehler (6) .... ? Warum und wie (7) .... uns Fehler beim Lernen? All das hören Sie in unserem Podcast.

MODUL 4

4 a Lesen Sie den Text und die Aufgaben 1 bis 6 dazu. Wählen Sie: Sind die Aussagen richtig oder falsch?

LUSTIGE GESCHICHTEN VON LOUIS

Das ist ja wieder typisch!!! Wir machen alle Fehler, aber ihr glaubt nicht, was mir gestern passiert ist! Im Moment habe ich echt viel zu tun. In der Arbeit ist total viel los und ich muss mich auch noch um die Wohnung von meinen Eltern kümmern. Blumen gießen und so. Sie sind für drei Wochen bei meiner Tante in Bern und helfen ihr, weil sie einen Unfall hatte und Hilfe braucht. Also, gestern musste ich ausnahmsweise erst um 10:00 Uhr im Büro sein, und da wollte ich auf dem Weg noch schnell ein paar Sachen erledigen. Ich bin früh aufgestanden und habe bei meinen Eltern die Blumen gegossen und den Briefkasten geleert. Danach bin ich einkaufen gegangen und noch schnell zur Post, einen wichtigen Brief abschicken. Leider war die Schlange total lang und als ich endlich dran war, habe ich den Brief in meiner Tasche nicht mehr gefunden. Das war vielleicht peinlich. Ich bin zur Seite gegangen und habe noch mal die ganze Tasche mit den Einkäufen ausgeräumt, aber der Brief war nicht da. Ich war total genervt, denn der Brief war eine Kündigung für den Sportverein – die akzeptieren das nur per Brief! Ich bin zurück zum Supermarkt und habe an der Kasse nachgefragt, ob jemand den Brief abgegeben hat. Aber ich hatte kein Glück. Ich bin in die Wohnung von meinen Eltern zurückgefahren. Das war auch umsonst. Ins Büro bin ich erst um zwanzig nach zehn gekommen. Meine Kolleginnen und Kollegen waren ziemlich sauer, weil wir ein Meeting hatten und ich zu spät war. Und ich hatte vor lauter Ärger vergessen anzurufen. Aber was sollte ich machen? Zu Hause war ich dann natürlich an dem Tag auch erst um halb neun und habe zuerst in den Briefkasten geschaut. Und jetzt ratet mal, was da zwischen der Werbung lag! Ich habe wohl vor lauter Stress am Morgen den Brief in meinen eigenen Briefkasten geworfen. So was Blödes!! Na ja, was lerne ich daraus? Ich sollte mir einfach weniger Stress machen und mir nicht immer so viel vornehmen.
Und, was waren eure lustigsten Fehler? Schreibt mir.

Bis bald
euer Louis

	richtig	falsch
0. Louis hat im Moment Stress.	~~richtig~~	falsch
1. Seine Eltern machen in Bern Urlaub.	richtig	falsch
2. Er musste gestern später als sonst im Büro sein.	richtig	falsch
3. Bei der Post musste Louis lange warten.	richtig	falsch
4. Er hat den Brief im Supermarkt verloren.	richtig	falsch
5. Er hat das Treffen im Büro verschoben.	richtig	falsch
6. Louis will in Zukunft entspannter sein.	richtig	falsch

b Korrigieren Sie die falschen Aussagen in 4a.

c Schreiben Sie eine lustige Geschichte. Wählen Sie eine Situation. *oder* Schreiben Sie frei.

> Sie sind im Supermarkt an der Kasse und merken, dass Sie Ihr Portemonnaie vergessen haben.

> Sie sind in einen falschen Zug eingestiegen und bemerken es erst 30 Minuten nach der Abfahrt.

> Sie kommen zu spät zu einer Besprechung, alle sehen Sie an. Nach 5 Minuten merken Sie, dass Sie in der falschen Besprechung sind.

SPRECHEN · SCHREIBEN · AUSSPRACHE

1 a [RICHTIG SPRECHEN] Im Fitnessstudio – Ergänzen Sie den Dialog und hören Sie zur Kontrolle.

Ich interessiere mich auch für … • Gern geschehen. • Entschuldigung, könnte ich Sie kurz etwas fragen? • Also, das ist folgendermaßen: • Können Sie mir sagen … • Vielen Dank für Ihre Hilfe.

● (1) ....

  ○ Natürlich. Was kann ich für Sie tun?

● Ich würde mich gern hier anmelden. (2) .... ,

  wie viel das Fitnesstraining im Monat kostet?

  ○ (3) .... Studierende und Auszubildende zahlen 25 Euro

    im Monat, alle anderen 40 Euro.

● (4) .... die Kurse mit Trainern. Kann ich die auch alle besuchen?

  ○ Selbstverständlich. Bei dem Preis ist alles inbegriffen.

● Wunderbar. (5) ....

  ○ (6) ....

b Lesen Sie den Dialog laut. Sprechen Sie freundlich, klar und deutlich. Lernen Sie dann den Dialog auswendig.

c Spielen Sie den Dialog zu zweit und achten Sie auf die Artikulation und Intonation. Üben Sie so lange, bis Sie den Dialog flüssig und natürlich sprechen können.

2 [RICHTIG SCHREIBEN] Schreiben Sie den Text richtig und beachten Sie die Groß- und Kleinschreibung.

höflichkeit
derhöflicheumgangmitdenmitmenschenistwichtig.dasguteist,
dassmannureinpaareinfacheregelnbeachtenmuss:
1. sehensieihremgesprächspartnerindieaugen.
2. vergessensienichtdiekleinen,aberwichtigenwörterwie
   dankeundbitte.
3. kauensiewährendeinesgesprächsnichtkaugummi.
4. lassensiedieanderepersonausreden.

TIPP

Welche Wörter schreibt man groß?
- das Wort am Satzanfang
- alle Nomen
- Pronomen der höflichen Anrede *(Sie, Ihnen, Ihre, …)*
- Verben als Nomen *(das Einkaufen)*
- Adjektive als Nomen *(das Lustige)*
- das erste Wort nach einem Doppelpunkt, wenn ein kompletter Satz folgt

3 a [AUSSPRACHE] -e, -er, -en am Wortende – Hören Sie und sprechen Sie nach.

1. die Hilfe   4. der Lerner   7. lernen
2. die Umfrage   5. der Fehler   8. anmelden
3. die Pause   6. wichtiger   9. fragen

TIPP

Das -e am Wortende ist unbetont [ə].
-er am Wortende wird fast wie „a" in *kann* oder *lassen* ausgesprochen [ɐ].
Bei -en am Wortende hört man das unbetonte -e fast gar nicht.

b Hören Sie und sprechen Sie die Sätze nach.

1. Mein**er** Meinung nach ist ein klein**er** Fehl**er** kein**e** Katastroph**e**.
2. Ich hab**e** mir vorgenomm**en**, regelmäßig**er** zu lern**en** und zu wiederhol**en**.
3. Viel**e** Information**en** sind heute viel leicht**er** zugänglich als früh**er**.

SELBSTEVALUATION

DAS KANN ICH NACH KAPITEL 2

😊 😐 😕 ☹   KB   ÜB

💬 **über das eigene Lernen sprechen**   M1   1a, 4
Ergänzen Sie die Sätze und sprechen Sie zu zweit.

> Vor einem Jahr habe ich gelernt, …   Wir lernen das ganze Leben, zum Beispiel …

💬 **Ausdrücke erklären**   M2   1b
Was bedeuten die Ausdrücke? Ergänzen Sie.

1. Unter *gebildet sein*, versteht man ……………………
2. *Wissen vermitteln* bedeutet ……………………
3. Eine *Suchmaschine* ist ……………………

✏️ **einen Kommentar in einem Forum schreiben**   M2   3c
Lesen Sie die Aussage und schreiben Sie einen Kommentar mit den Satzanfängen 1–3.

„Im Internet findet man zu einem Thema zu viele Informationen. Das hilft mir nicht weiter."

1. Ich glaube, dass …
2. Als Beispiel kann man Folgendes nennen: …
3. Darum bin ich der Meinung, dass …

UND ICH KANN …

😊 😐 😕 ☹   KB   ÜB

		KB	ÜB
🔊	eine Straßenumfrage und einen Podcast verstehen.	M1 1c–e	1
✏️	Tipps geben, worauf man beim Lernen achten sollte.		3
✏️	eine Entschuldigung per Mail schreiben.		7
📖	verschiedene Meinungen und Aspekte in Beiträgen zum Thema *Wissen oder googeln* verstehen.	M2 2	1
[M]	aus kurzen Texten wichtige Aspekte und Beispiele in Notizen zusammenfassen und weitergeben.		2a–b
💬	eigene Meinungen zu einem Thema formulieren.	3b	3
💬	über die Bedeutung und Inhalte eines Cartoons sprechen.	M3 1	
📖	Forumsbeiträge zum Thema *Talent* verstehen.		2a–b
💬	über eigene Erfahrungen berichten.		2c
✏️	Regeln schriftlich und mündlich formulieren.		5, 7
🔊	Dialoge zu Fehlern verstehen und sie Situationen zuordnen.	M4 1b	
💬	mich für Fehler entschuldigen und auf Entschuldigungen reagieren.	1c–d	2
🔊	einen Podcast zum Thema *Fehler* verstehen.		2a–b
💬	erzählen, wie in meinem Land mit Fehlern umgegangen wird.		2c
[M]	Informationen zum Thema *Fehler* zusammenfassen und an eine andere Person weitergeben.		3
📖	einen Blogbeitrag über Fehler verstehen.		4a–b
✏️	eine lustige Geschichte schreiben.		4c
💬	ein höfliches Informationsgespräch führen.	K 1–2	1

2

MODUL 1 — MAN LERNT NIE AUS …

- sich trauen *(sich trauen, neue Wege zu gehen)* ....
- unterwegs sein *(in der Stadt unterwegs sein)* ....
- Angst haben vor (+ Dat.) ....
- verlieren *(verliert, verlor, hat verloren)* *(den Arbeitsplatz verlieren)* ....
- auf/machen *(= neu eröffnen)* *(einen eigenen Laden aufmachen)* ....
- die Fähigkeit, -en ....
- regelmäßig ....
- vor/haben *(hat vor, hatte vor, hat vorgehabt)* *(vorhaben, ein Geschäft zu eröffnen)* ....
- die Möglichkeit, -en *(Ich hatte noch keine Möglichkeit, zu planen.)* ....
- fest/legen *(einen Termin festlegen)* ....
- das Angebot, -e ....

MODUL 2 — WISSEN ODER GOOGELN?

- die Macht (Sg.) ....
- die Allgemeinbildung (Sg.) ....
- auswendig lernen ....
- recherchieren ....
- der Zusammenhang, ¨-e *(Zusammenhänge verstehen)* ....
- vermitteln *(Wissen vermitteln)* ....
- betrachten *(etwas kritisch betrachten)* ....
- filtern *(Informationen filtern)* ....
- verknüpfen *(Informationen verknüpfen)* ....
- die Datenflut (Sg.) ....
- verfügen über (+ Akk.) *(über Wissen verfügen)* ....
- enthalten *(enthält, enthielt, hat enthalten)* ....
- notwendig ....
- ständig ....
- gesellschaftlich *(gesellschaftliche Themen)* ....
- das Ziel, -e ....
- benutzen ....
- reichen *(Das reicht nicht.)* ....
- in der Lage sein *(= etwas können)* ....
- unterscheiden *(unterscheidet, unterschied, hat unterschieden)* ....
- um/gehen mit (+ Dat.) *(geht um, ging um, ist umgegangen)* ....
- herstellen *(Zusammenhänge herstellen)* ....

WORTSCHATZ

MODUL 3 ÜBUNG MACHT DEN MEISTER?

außergewöhnlich	heraus/finden (findet heraus, fand heraus, hat herausgefunden)
begabt	
das Genie, -s	das Talent, -e *(Talent für etwas haben)*
bestehen (besteht, bestand, hat bestanden) *(einen Test bestehen)*	die Übung, -en *(jahrelange Übung)*
	das Können (Sg.)
die Lerntechnik, -en	erreichen
der Erfolg, -e	unabhängig von (+ Dat.)
beherrschen *(ein Instrument beherrschen)*	das Durchhaltevermögen (Sg.)
hart arbeiten	die Begeisterung (Sg.)

MODUL 4 AUS FEHLERN LERNT MAN

begehen (begeht, beging, hat begangen) *(einen Fehler begehen)*	der Umgang (Sg.) *(den Umgang mit Fehlern lernen)*
zu/geben (gibt zu, gab zu, hat zugegeben) *(einen Fehler zugeben)*	peinlich *(Das war mir so peinlich.)*
ein schwerer Fehler	verstecken *(Man sollte Fehler nicht verstecken.)*
lernen aus (+ Dat.) *(aus Fehlern lernen)*	vermeiden (vermeidet, vermied, hat vermieden) *(Fehler vermeiden)*
die Müdigkeit (Sg.)	
die Gewohnheit, -en	verbessern *(Dinge verbessern)*

Weitere Wörter, die für mich wichtig sind

_____

_____

**Neues lernen – Welche Wörter aus Kapitel 2 passen dazu?
Erstellen Sie eine Mindmap.**

Neues lernen

3 UNTERWEGS

WORTSCHATZ WIEDERHOLEN UND ERARBEITEN

1 a Sehen Sie das Bild an und sammeln Sie zehn Wörter dazu. Vergleichen Sie dann mit einem Partner / einer Partnerin. Haben Sie die gleichen oder unterschiedliche Wörter notiert?

b Welches Wort passt nicht? Streichen Sie durch.

1. die Stadt • der Ort • das Dorf • die Umgebung
2. der See • der Wald • das Meer • der Fluss
3. der Strand • der Sand • die Düne • die Wiese
4. das Gepäck • die Fahrt • der Weg • der Flug
5. die Jugendherberge • die Ferienwohnung • die Buchung • die Pension
6. das Heimweh • die Sehnsucht • das Fernweh • das Erlebnis
7. die Natur • das Abenteuer • die Umwelt • die Landschaft
8. die Zeit • das Klima • das Wetter • die Temperatur
9. das Denkmal • der Reiseführer • die Sehenswürdigkeit • das Museum
10. sich entspannen • sich anstrengen • sich erholen • sich ausruhen

2 Klick-Klack – Sprechen Sie zu zweit. Person A beginnt *(Klick)*, Person B reagiert *(Klack)*. Dann wechseln Sie. **oder** Hören Sie *(Klick)* und reagieren Sie *(Klack)*.

Klick
1. Wo übernachtet ihr eigentlich im Urlaub?
2. Habt ihr denn in Salzburg auch alle berühmten Sehenswürdigkeiten besichtigt?
3. Mit wem verbringst du im Urlaub gern Zeit?
4. Ich möchte im Urlaub einfach faulenzen.
5. Wir waren in der Schweiz und das Essen war so gut dort!
6. Können wir in Dänemark mit Euro zahlen?
7. Ich möchte viel sehen, wenn wir in Berlin sind.
8. Hast du schon eine Reise für den Sommer gebucht?
9. Vergiss deine Regenjacke nicht, wenn du packst.
10. Ich muss noch einen neuen Pass beantragen.

Klack
A Ich glaube, dieses Jahr bleibe ich zu Hause.
B Wir haben eine Ferienwohnung gemietet.
C Dann lass uns doch an einer Stadtführung teilnehmen.
D Ein Personalausweis reicht für diese Reise.
E Schon im Koffer!
F Ja, toll, wenn man im Urlaub neue Gerichte probieren kann, oder?
G Klar, das war total interessant! Aber auch anstrengend.
H Nein, wir müssen dort gleich Geld wechseln.
I Das ist doch langweilig! Ich will was erleben!
J Natürlich mit meiner Familie, ist doch klar!

3 Was passt wo? Ergänzen Sie die Wörter.

zelten • Verspätung • Halbpension • Strecke • unterwegs • Rundfahrt • verpasst • Unterkunft • Bahnsteig • Ermäßigung • Dauert • entdeckt

Liebe Mama, hier ein Selfie aus Hamburg! Die Stadt ist super! Unsere (1) .... ist auch schön, mitten im Zentrum und nicht teuer und um die Ecke haben wir ein total nettes Café (2) .... Gestern haben wir eine (3) .... durch die Stadt gemacht. Wir haben auch schon ganz viel besichtigt, zum Glück gibt es fast überall (4) .... für Studierende 😀. Bis nächste Woche!

Hey, bist du schon (5) ....? Ich komme eine halbe Stunde später, meine U-Bahn hatte 10 Minuten (6) .... und jetzt habe ich den Zug nach Köln (7) .... Sorry! Aber rate mal, wen ich hier gerade am (8) .... getroffen habe! 🙂

Wo bist du? (9) .... es noch lange? Ich sitze schon im Café. Ich bin die ganze (10) .... zu Fuß gegangen und total kaputt. Ich bestelle schon mal eine Limo.

Sag mal, was sollen wir denn im Sommer machen? Flo möchte ein Hotel mit (11) .... buchen. Ich würde lieber (12) .... An der Nordsee gibt es echt tolle Campingplätze! Was meinst du? Sollen wir uns heute Abend treffen und alles besprechen?

4

a Wie heißen die Nomen? Schreiben Sie.

1. abfahren – die ....
2. ankommen – die ....
3. anbieten – das ....
4. empfehlen – die ....
5. sich erholen – die ....
6. erleben – das ....
7. planen – der ....
8. reservieren – die ....
9. spazieren gehen – der ....
10. übernachten – die ....

b Was passt? Ergänzen Sie Nomen aus 4a.

UNSERE (1) *Empfehlung* : URLAUB IN DER JUGENDHERBERGE

Den Stress vergessen – Hier beginnt die (2) .... gleich nach der (3) .... Viele Jugendherbergen liegen in einer wunderbaren Umgebung und laden zu einem langen (4) .... oder einer Wanderung durch die Natur ein. Aber auch sonst gibt es in den Herbergen ein großes (5) .... an sportlichen oder kreativen Aktivitäten. (6) .... in modernen Zimmern: ab 28 Euro. (7) .... unter: www.jugendherberge.de

3
MODUL 1

SCHON IMMER AUF REISEN …

1 Lesen Sie den Text im Kursbuch zu Aufgabe 2b noch einmal. Wo steht das im Text? Notieren Sie die passenden Zeilen.

Online Ü 2

1. Die Gründe für das Reisen haben sich im Lauf der Zeit sehr verändert. Z. _5–6_
2. Damals musste man auf Reisen sehr vorsichtig sein und konnte sich leicht verirren. Z. ……
3. Schon im 18. Jahrhundert interessierten sich die Menschen für andere Kulturen in Europa. Z. ……
4. Wer genug Geld hatte, konnte Zug- oder Schiffsreisen zu fernen Zielen unternehmen. Z. ……
5. Einen Urlaub an deutschen Küsten konnten sich zuerst nur wenige Menschen leisten. Z. ……
6. Viele Bürgerinnen und Bürger der BRD fuhren im Urlaub in den Süden Europas. Z. ……
7. Bis zur Wende konnten die Bürger der DDR nur in bestimmte Länder reisen. Z. ……
8. Beim Reisen kann man zwischen zahlreichen Möglichkeiten auswählen. Z. ……

2 Ferien am Meer – Welche Nomen passen zu welcher Gruppe? Ordnen Sie zu und ergänzen Sie den Plural.

~~das Apartment~~ • der Tourist • der Strand • die Sehenswürdigkeit • der Kellner • das Schwimmbad • die Feier • der Bikini • die Hoteldirektorin • das Kind • das Essen • das Hotelzimmer • der Gast • das Picknick • die Sonnencreme • die Postkarte • das Ferienhaus • der Ausflug • das Souvenir • der Markt

1. Wo man wohnt / sich aufhält

Singular	Plural
das Apartment	_die Apartments_

2. Wen man sieht / trifft

Singular	Plural

3. Was man kauft

Singular	Plural

4. Was man macht / besucht

Singular	Plural

MODUL 1

3 a Lesen Sie die Reiseangebote. Welches gefällt Ihnen besser? Wählen Sie aus und notieren Sie Gründe für Ihre Wahl.

Wiener Silvesterpfad – ein absolutes Highlight!

Von 14 Uhr nachmittags bis 2 Uhr nachts garantiert der Silvesterpfad rund um die Häuser der Wiener Innenstadt ein wunderbares Programm. Dutzende Kneipen und Restaurants bieten warme Getränke und kulinarische Spezialitäten an. Es warten zahlreiche Stationen auf Sie, zum Beispiel am Rathausplatz oder am Prater mit Shows, Walzer, Operette, Rock, Pop und DJs. Mit Musik und guter Laune ins neue Jahr! 2 Nächte im 3-Sterne-Hotel; Frühstück, Fitnessstudio inklusive.

KLEIN, ABER FEIN

Entdecken Sie mit uns das Reiseziel Liechtenstein. Das kleine Land grenzt an Österreich und die Schweiz, ist maximal 25 km lang und 12,5 km breit. Geografisch ist Liechtenstein klein, aber es ist eine starke Wirtschafts- und Finanzmetropole mitten in der herrlichen Landschaft der Alpen. Wir zeigen Ihnen die Hauptstadt Vaduz und ihre Kunstszene. Und wir wandern gemeinsam auf einsamen Wegen in einer sensationellen Natur. An einem Abend besuchen wir ein Konzert mit Orchester der jährlichen Veranstaltung »Vaduz Classic«, die weit über die Landesgrenzen bekannt ist. Übernachtung in gemütlicher Pension; Wanderausflug, Stadtführung und Konzertticket.

b Markieren Sie in 3a alle Nomen in „Ihrem" Reiseangebot. Erstellen Sie eine Liste im Heft. Bilden Sie den Plural oder Singular und sortieren Sie die Wörter in die Tabelle. Das Wörterbuch hilft.

(¨)	-(e)n	(¨)-e	(¨)-er	-s	Weitere (kein Plural/Singular)

c Schreiben Sie eine E-Mail an einen Freund / eine Freundin, an welchen Ort in 3a Sie gerne fahren würden und warum.

Liebe/r ...,
ich habe ein paar Tage Urlaub und möchte eine Reise machen. Ich habe ein Angebot gefunden ...

d Arbeiten Sie zu zweit und lesen Sie Ihre Texte. Wer fährt wohin? Vergleichen Sie die Gründe für die Wahl.

4 a Plural oder nicht? – Markieren Sie die Wortgrenze. Bilden Sie dann den Plural. Wenn kein Plural möglich ist, notieren Sie ein x.

AUTOBAHN|WOCHENENDEVERKEHRSTAUHITZEÄRGERSTUNDEKILOMETERHUNGERDURSTVATERFAMILIE GLÜCKWASSERSAFTBROTEIS

die Autobahn – die Autobahnen

b Schreiben Sie mit den Nomen aus 4a eine kurze Geschichte.

3 MODUL 2

AB IN DEN URLAUB …

1 a Reisen und Klima – Frau Ritter reist nicht mehr. Ergänzen Sie die Lücken mit den passenden Nomen. Hören Sie dann zur Kontrolle.

1.18

Abgase (Pl.) • Energie • Flug • Freiheit • Klima • Koffer (Pl.) • Reisebüro • Spaß • Temperaturen (Pl.) • Umwelt • Umweltschutz • Vorwürfe (Pl.)

Reisen? Nee, reisen macht keinen (1) _____ mehr. Früher habe ich mich auf meinen Urlaub gefreut. Mein Mann und ich sind ins (2) _____ gegangen und haben uns einen (3) _____ in ein exotisches Land gebucht. Wir hatten die (4) _____, irgendwohin zu fliegen. Wir haben einfach unsere (5) _____ gepackt und schon ging's los. Aber heute? Da geht das nicht mehr. Alle reden darüber, dass sich unser (6) _____ ändert und dass die (7) _____ steigen. Und wir sind schuld mit den Reisen und den Flügen. Weil wir zu viel (8) _____ verbrauchen und unsere (9) _____ die Luft verschmutzen und, und, und. Jetzt sollen wir alle die (10) _____ schützen. Mach ich doch! Ich fahre ganz oft mit dem Bus. Also, mir kann niemand (11) _____ machen, dass ich nichts für den (12) _____ tun würde. Und jetzt bleiben wir zu Hause und fahren gar nicht weg.

b Wählen Sie vier Nomen aus 1a und schreiben Sie jeweils einen eigenen Satz.

Der Umweltschutz ist weltweit eine große Herausforderung.

2 Über neue Informationen sprechen – Was passt zusammen? Ordnen Sie zu.

1. Ich hätte nicht gedacht,
2. Dass … fast so viel CO_2 verbraucht wie …,
3. Beim Thema Energieverbrauch habe ich bisher nur an die An- und Abreise gedacht,
4. Die großen Unterschiede zwischen … und …

A waren eine Überraschung/Neuigkeit für mich.
B aber nicht an … Das war neu für mich.
C dass … so viel Energie verbraucht.
D hat mich überrascht.

3 Machen Sie den Reise-Test. Die Auswertung finden Sie auf Seite 176.

1 Bei Reiseangeboten ist mir wichtig, dass
 a ich viel für mein Geld bekomme.
 b ich viel Neues erlebe.
 c sie umweltfreundlich sind.

2 Wenn ich von zu Hause starte,
 a ist überall das Licht aus.
 b stehen alle Geräte auf Stand-by.
 c ist die Heizung aus.

3 Für 1000 km Reisestrecke nehme ich
 a das Auto.
 b das Flugzeug.
 c den Zug.
 d den Bus.

4 Am Urlaubsort
 a liege ich meistens am Strand.
 b will ich viele Orte ansehen.
 c suche ich Kontakt zu Land und Leuten.

5 Wenn ich im Urlaub essen gehe,
 a soll es günstig sein.
 b soll es schnell gehen.
 c will ich viel aus der Region probieren.

6 Am liebsten übernachte ich
 a im Hotel.
 b im Apartment.
 c im Zelt.
 d bei Freunden.

MODUL 2

4 Eine Diskussion zum Thema *Haben Flugreisen noch eine Zukunft?* – Lesen Sie 1 bis 4 und unterstreichen Sie Schlüsselwörter. Hören Sie dann die Aussagen und kreuzen Sie die richtige Bedeutung an.

1. Herr Wegener sagt, dass die Anbieter von Flugreisen
    a an der Diskussion zum Thema *Umwelt und Natur* sehr interessiert waren.
    b mit großem Interesse das Thema *Umwelt und Natur* diskutiert haben.

2. Der Moderator fragt, ob
    a es Konsequenzen aus der Diskussion gibt.
    b weitere Diskussionen zum Thema folgen.

3. Herr Wegener stellt fest, dass mit der Flugsteuer für viele Menschen
    a Flugreisen zu teuer sind.
    b Flugreisen weiter bezahlbar sind.

4. Der Moderator fasst zusammen, dass wir das Problem verstanden haben, aber
    a es noch nicht aktiv lösen können.
    b es im Moment noch nicht lösen wollen.

5 a Lesen Sie die Forumsbeiträge zum Thema *Reisen und Klima*. Markieren Sie die Argumente.

> **Loni:** Ich verstehe die ganze Diskussion zum Thema *Reisen und Klima* gar nicht. Es ist doch so, dass es teilweise billiger ist, mit dem Flugzeug statt mit dem Zug zu reisen. Das ist doch verrückt! Wenn die Preise in Zukunft deutlich höher sind, dann werden die Menschen sehr schnell auf das Fliegen verzichten und die Diskussion ist zu Ende.
>
> **Chris:** So einfach finde ich das nicht. Viele Menschen müssen auch aus beruflichen Gründen häufig fliegen. Das bezahlt dann die Firma. Und für die ist vor allem wichtig, dass die Reise schnell geht.
>
> **Jaqueline:** Der Ansicht, dass Fliegen teurer werden muss, kann ich nicht zustimmen. Ich finde es gut, wenn man sich einmal im Jahr einen schönen Urlaub in einem exotischen Land leisten kann. Immer nur Nord- und Ostsee ist doch langweilig.

b Zustimmen (z) oder widersprechen (w)? – Notieren Sie die passende Bedeutung.

w Der Meinung bin ich nicht, denn …   Ich glaube auch, dass …
    Das finde ich nicht, weil …   Der Ansicht, dass …, kann ich zustimmen.
    Das sehe ich genauso.   Da bin ich ganz anderer Meinung. Ich …
    Ja, es ist richtig, dass …   Das sehe ich ganz anders.

c Schreiben Sie einen kurzen Kommentar zu einem der Beiträge. Stimmen Sie zu oder nicht? Nennen Sie mindestens zwei Argumente. Die Strategie aus dem Kursbuch Kapitel 2, Modul 2 hilft.

6 a Schreiben Sie vier Meinungen zum Thema *Mobilität und Klima* auf Karten wie im Beispiel.

> *Mit Kindern braucht man im Urlaub ein Auto.*

b Flüssig sprechen – Arbeiten Sie zu zweit und mischen Sie alle Karten. A zieht eine Karte und liest die Meinung vor, B stimmt zu oder lehnt ab. Verwenden Sie die Redemittel aus 5b. Dann zieht B eine Karte.

(Mit Kindern braucht man im Urlaub ein Auto.)   (Ich glaube auch, dass man mit Kindern im Urlaub ein Auto braucht.)

MODUL 3

IMMER UNTERWEGS

1 Sie hören nun ein Gespräch. Sie hören das Gespräch einmal. Dazu lösen Sie sieben Aufgaben. Wählen Sie: Sind die Aussagen richtig oder falsch? Lesen Sie jetzt die Aufgaben 1 bis 7. Dazu haben Sie 60 Sekunden Zeit.

1.20

Sie sitzen im Bus und hören, wie sich ein Mann und eine Frau über einen Auslandsaufenthalt unterhalten.

1. Pia und Nils arbeiten in der gleichen Firma.	richtig	falsch
2. Nils ist am Wochenende nach Hause gekommen.	richtig	falsch
3. Er war mit seiner Familie im Ausland.	richtig	falsch
4. Während seines Auslandsaufenthaltes hat er im Hotel übernachtet.	richtig	falsch
5. Das Essen hat ihm geschmeckt.	richtig	falsch
6. Im Sprachkurs hat er viel gelernt.	richtig	falsch
7. Pia war auch schon beruflich im Ausland.	richtig	falsch

2 Was passt zusammen? Ordnen Sie zu.

1. einen Studienplatz
2. an einer Vorlesung
3. sich eine Auszeit
4. eine Reise
5. vielen Menschen
6. in einem internationalen Umfeld
7. etwas als Belastung
8. ein abwechslungsreiches Leben

A empfinden
B führen
C abbrechen
D begegnen
E bekommen
F nehmen
G teilnehmen
H arbeiten

3 a Trennbar oder untrennbar? – Markieren Sie die trennbaren Verben und unterstreichen Sie das Präfix.

<u>ab</u>holen • empfehlen • aufstehen • verzichten • ausschlafen • herstellen • beginnen • verbringen • herausfinden • entstehen • losfahren • missverstehen • nachdenken • vorschlagen • ankommen • gefallen • entspannen • zerbrechen • erleben • herumlaufen

b Laura erzählt – Ergänzen Sie passende Verben aus 3a im Partizip II.
Lesen Sie den Text anschließend laut vor.

Online Ü 4

Das Wochenende habe ich bei meinen Eltern (1) .... Endlich habe ich mal wieder (2) .... und bin erst um 12 Uhr mittags (3) .... Ich bin am Freitag erst um 23 Uhr (4) .... und mein Vater hat mich am Bahnhof (5) .... Am Samstag habe ich mich den ganzen Tag im Garten (6) .... Am Sonntag bin ich in der Stadt (7) .... und habe viel über meine Situation (8) .... Ich will nicht mehr länger im Zug wohnen! Am Anfang hat es mir ja irgendwie auch (9) .... , ich habe so viele interessante Menschen getroffen und lustige Situationen (10) .... Aber jetzt muss ich ein Zimmer in München finden. Ich habe jetzt schon so lange auf viele Dinge (11) .... , die zu einem normalen Alltag gehören.

TIPP

Mit Sprüchen kann man sich Regeln besser merken: *miss-, emp-, be- und ge-* trennen, das tut weh, *ver-, zer-, er- und ent-* werden nie getrennt.

MODUL 3

c Bilden Sie Nebensätze und notieren Sie.

1. Laura hat gesagt, dass … (Sie zieht vielleicht bald in eine WG ein.)
2. Bens Familie hofft, dass … (Er kommt bald zurück.)
3. Ben hat geschrieben, dass … (Er ruft heute seine Familie an.)
4. Eliza hat ihren Kindern versprochen, dass … (Sie bringt ihnen etwas mit.)

d Schreiben Sie Sätze. Achten Sie auf den Infinitiv mit *zu*.

Im Alltag habe ich oft wenig Zeit, …
Ich habe echt Lust, …
Ich stelle es mir spannend vor, …
Meine Freundin und ich haben vor, …
Es ist sicher schön, …

sich ausruhen
andere Städte und Orte entdecken
ganz lange verreisen
eine Zeit lang über nichts nachdenken
im Sommer einfach mal losfahren

e Imperativ in der Du-Form – Ergänzen Sie.

1. anrufen • besuchen

………………… mich mal wieder! Hast du heute Zeit? ………………… mich am besten ………………… !

2. vergessen • mitbringen

………………… nicht, einzukaufen. Und ………………… auch Getränke für die Fahrt ………………… !

3. beeilen • abholen

Wo bist du? Ich warte am Bahnhof auf dich. ………………… mich bitte …………………! Und ………………… dich!

f Ergänzen Sie die Verben in der richtigen Form.

Bens ReiseBlog

Hey Leute, bitte (1) ………………… (entschuldigen), dass ich mich länger nicht gemeldet habe. Ich war ein bisschen krank, aber jetzt habe ich mich ganz gut (2) ………………… (erholen). Ich bin jetzt seit zwei Monaten auf Koh Samui in Thailand und habe mich immer noch nicht (3) ………………… (entscheiden), wann ich (4) ………………… (weiterfahren). Im Moment habe ich gar keine Lust, wieder alles (5) ………………… (einpacken) und wieder (6) ………………… (losfahren). Ich habe hier auch total nette Leute (7) ………………… (kennenlernen), mit denen ich viel Zeit (8) ………………… (verbringen) habe. Außerdem habe ich viel darüber (9) ………………… (nachdenken), was eigentlich nach dem Reisen kommt und ob ich nach Deutschland (10) ………………… (zurückkehren) oder nicht. Aber so richtig bin ich da noch nicht (11) ………………… (weiterkommen) …

B1.1+ › 129

MODUL 4

WOHIN SOLL'S GEHEN?

1 **Was passt wo? – Ergänzen Sie.**

genießen • kümmern • erfahren • faulenzen • sparen • schleppen • abschalten

1. ○ Am besten kann ich ...., wenn ich in der Natur bin.

   Beim Kanu fahren zum Beispiel denke ich wirklich überhaupt nicht mehr an meinen Job.

   ● Das geht mir auch so.

2. ○ Wie wäre es, wenn wir eine lange Wanderung machen? Wir nehmen unsere Rucksäcke mit und

   übernachten in einer Hütte.

   ● Ach nee, ich habe keine Lust, so viel Zeug zu ....

3. ○ Ab Mittwoch habe ich Urlaub. Endlich! Und ich habe nichts geplant, ich will einfach nur

   ....

   ● Cool.

4. ○ Ich finde Urlaub im Hotel super. Dort muss man sich um nichts ....

   ● Das stimmt. Aber mir ist so ein Hotelurlaub zu teuer. Außerdem .... man da ja

   immer nur wenig über Land und Leute.

5. ○ Komm, lass uns in den Park gehen und das schöne Wetter ....

   ● Ich kann nicht, ich muss noch so viel für die Uni tun.

6. ○ Was machst du in den Ferien?

   ● Ich bleibe zu Hause und jobbe. Ich will Geld für ein Auto ....

2 **a** **Sich einigen – Wie heißen die Redemittel? Schreiben Sie die Wörter richtig.**

1. Ich würde HLNVORAGESC ...., dass …
2. Was HÄTTLS .... du davon, wenn …
3. Ich hätte noch eine andere EIDE ....: …
4. Wir könnten doch SENTTDEATSS .... …
5. Kannst du noch mal genauer ENEKLÄRR ...., warum …?
6. Was VEEHSTRST .... du unter …?
7. Wir finden sicher eine LUNGÖS .... Wir könnten zum Beispiel …
8. Wie wäre es mit einem KOMISOMPRS ....?

b **Arbeiten Sie zu zweit. Sie möchten am Wochenende etwas zusammen unternehmen. Schreiben Sie einen Chat. Machen Sie Vorschläge und Gegenvorschläge und einigen Sie sich am Ende. Verwenden Sie auch die Redemittel aus 2a.**

> Was machen wir am Wochenende? Ich würde vorschlagen, dass wir …
>
> Ach, ich weiß nicht. Wir könnten doch stattdessen …

MODUL 4

3 a Lesen Sie den Text und schließen Sie die Lücken 1–10. Welche Lösung (a, b oder c) ist jeweils richtig? Kreuzen Sie an.

Hallo David,

wie geht's? Wie waren deine Ferien? Ich war mit Mona und Tarik in Kroatien unterwegs. ….1…. haben wir ein Ferienhaus gemietet. Das war klein, aber gemütlich und überhaupt nicht teuer. Das Haus, wo wir eine Woche ….2…. haben, war in einem kleinen Dorf und wir waren jeden Tag schwimmen. Wir haben immer ….3…. dem Markt eingekauft und abends zusammen gekocht. Dann kam der ….4…. Teil der Reise: Wir sind fast zwei Wochen mit Rucksack und Zelt ….5…. das Land gereist. Wir sind viel gewandert und weitere Strecken mit dem Bus gefahren. Wir waren eigentlich ….6…. Tag an einem anderen Ort. ….7…. das Wetter nicht immer schön war, hatten wir eine tolle Zeit und haben viel erlebt. Wir haben auch viele Leute kennengelernt und wirklich alle Menschen, mit ….8…. wir uns unterhalten haben, waren total nett. Und das Meer und die Landschaft sind so toll dort, es hat ….9…. richtig gut gefallen. ….10…. wir wieder zu Hause waren, musste ich dann aber gleich wieder anfangen, für die Uni zu lernen. Na ja, und das mache ich jetzt immer noch. Schreib doch mal, was du so gemacht hast!

Liebe Grüße

Lanh

1. A Erstens
   B Vorher
   C Zuerst

2. A verbringen
   B verbracht
   C verbrachten

3. A bei
   B an
   C auf

4. A anstrengend
   B anstrengende
   C anstrengender

5. A durch
   B in
   C nach

6. A jede
   B jeden
   C jeder

7. A Obwohl
   B Trotz
   C Trotzdem

8. A den
   B denen
   C dem

9. A ich
   B mich
   C mir

10. A Als
    B Wann
    C Wenn

b Antworten Sie auf Lanhs Mail und berichten Sie von einem Fantasie-Urlaub. **oder** Schreiben Sie von Ihrem letzten Urlaub.

Lieber Lanh,
danke für deine Mail. Wir sind auch wieder zu Hause. Leider … ☺, denn unser Urlaub war soooo toll! Wir sind …

SPRECHEN · SCHREIBEN · AUSSPRACHE

1 a [RICHTIG SPRECHEN] Eine Durchsage – Hören Sie zu. Was sagt der Busfahrer? Kreuzen Sie die richtigen Informationen an.

1. a Der Bus fährt heute bis zum Rathaus.
   b Der Bus fährt heute bis zum Marktplatz.
2. a Alle Busse enden am Theater.
   b Man kann in die Busse 10 und 12 umsteigen.

b Ein Fahrgast fragt nach – Ordnen Sie die Antworten von Person B zu. Hören Sie dann zur Kontrolle. **oder** Hören Sie erst den Dialog und ordnen Sie die Antworten dann zu.

Person A
- Entschuldigung, ich habe die Durchsage nicht verstanden. Fährt der Bus heute nicht bis zum Rathaus?
- Und wie komme ich jetzt zum Rathaus?
- Und dann?
- Am Theater? Das ist gut. Dann gehe ich den Rest zu Fuß.
- Vielen Dank für Ihre Hilfe.

Person B
1. ○ Am besten fahren Sie mit diesem Bus bis zum Marktplatz.
2. ○ Dann steigen Sie in den Bus 10 oder 12 um. Am Theater steigen Sie wieder aus.
3. ○ Keine Ursache.
4. ○ Genau, das ist ja nicht weit.
5. ○ Richtig. Wegen der Baustelle am Rathaus kann er nur bis zum Marktplatz fahren.

Baustelle! Beachten Sie den geänderten Fahrplan!

c Sprechen Sie den Dialog zu zweit und achten Sie auf die Artikulation und Intonation. Üben Sie, bis Sie den Dialog flüssig und in normalem Tempo sprechen können.

2 a [RICHTIG SCHREIBEN] Meine Meinung – Wie heißen die Sätze richtig? Schreiben Sie.

> Wer keinen Stress hat, braucht keinen Urlaub.

1. ich / ganz anderer Meinung / bin /,
   ist / denn / Urlaub / wichtig / für die Gesundheit /.
2. richtig / ist / es /,
   dass / ohne Stress / braucht / man / weniger Urlaub /.
3. nicht / diese Aussage / ist / richtig /,
   weil / braucht / jeder Mensch / für sich und seine Familie / freie Zeit /.

1. Ich bin ganz anderer Meinung, …

TIPP

Achten Sie auf die Satzposition. Wo steht das Subjekt? Wo steht das Verb?

b Schreiben Sie je eine weitere Meinung für und gegen die Aussage in 2a.

3 a [AUSSPRACHE] Trennbare und untrennbare Verben – Hören Sie die Wortpaare. Wo ist der Wortakzent? Markieren Sie.

1. abholen – erholen
2. verreisen – abreisen
3. bekommen – ankommen
4. gefallen – auffallen
5. mitnehmen – unternehmen
6. einkaufen – verkaufen

TIPP

Das Präfix *unter* ist oft untrennbar.

b Hören Sie noch einmal und sprechen Sie nach. Achten Sie auf den Wortakzent.

c Hören Sie die Sätze und sprechen Sie nach. Achten Sie auf die Verben am Satzende.

SELBSTEVALUATION

DAS KANN ICH NACH KAPITEL 3

		KB	ÜB
💬 **Überraschendes oder Neues nennen** Sehen Sie die Grafiken an und nennen Sie zwei Informationen, die neu oder überraschend sind.  		M2 1d	2
💬 **zustimmen, widersprechen, nachfragen** Sagen Sie Ihre Meinung. Stimmen Sie einmal zu, lehnen Sie einmal ab, fragen Sie einmal nach.		M2 3	5b, 6b

(Urlaub zu Hause ist am schönsten.)   (Reisen sollen nicht so viel kosten.)

(Ich brauche im Urlaub Sonne, Meer und ein Hotel.)

		KB	ÜB
💬 **über verschiedene Lebensweisen sprechen und die eigene Meinung äußern** Lesen Sie den Text. Würden Sie gerne so leben? Warum (nicht)? Notieren Sie Gründe und nennen Sie sie.		M3 1d	

Marvin Gundlach lebt seit vier Jahren in einem alten Bauwagen. Er liebt seine vier Wände, mit denen er auch problemlos umziehen kann. „Hier habe ich alles, was ich brauche. Alles andere ist doch überflüssig. Und meine Kosten sind sehr niedrig. Für die Nebenkosten zahle ich nur 17 Euro im Monat. Und wenn ich Lust auf Neues habe, fahre ich einfach weiter."

UND ICH KANN …

	KB	ÜB
💬 über Reisegründe sprechen/schreiben.	M1 1b	3a/c
💬 Reisen früher und heute vergleichen.	2a	
📖 einen Text zur Geschichte des Reisens verstehen.	2b–c	1
💬 über eine Grafik zum Thema *Umwelt und Reisen* sprechen.	M2 1c	
💬 über Ideen zum umweltfreundlichen Reisen sprechen.	2a	
🔊 wichtige Informationen in einer Radiodiskussion verstehen.	2b–c	4
✏️ in einem Kommentar Aussagen zustimmen oder widersprechen.		5b–c
📖 Erfahrungsberichte zum Thema *Unterwegs sein* verstehen.	M3 1b	
[M] mithilfe von Notizen andere über Textinhalte informieren.	1c	
🔊 ein Gespräch über einen Auslandsaufenthalt verstehen.		1
💬 über verschiedene Urlaubsarten sprechen.	M4 1	1
🔊 eine Diskussion zur Urlaubsplanung verstehen.	2	
[M] mich mit anderen auf einen gemeinsamen Urlaub einigen.	3	2
[M] die wichtigsten Inhalte einer Diskussion zusammenfassen.	4	
✏️ Von einem (Fantasie-)Urlaub berichten.		3b
💬 über verschiedene Nahverkehrsverbindungen sprechen.	K	1–2
💬 Informationen zu Reiseverbindungen erfragen.		1

3

MODUL 1 — SCHON IMMER AUF REISEN …

- die Art, -en
- die Kreuzfahrt, -en
- die Fernreise, -n
- zurück/legen *(einen Weg zurücklegen)*
- sich auf den Weg machen (= losgehen/losfahren)
- selten
- die Ware, -n
- religiös
- mühsam
- vorwärts/kommen (kommt vorwärts, kam vorwärts, ist vorwärtsgekommen)
- die Orientierung (Sg.)
- der Schutz (Sg.)
- der Räuber, - die Räuberin, -nen
- ebenfalls
- tödlich
- gefährlich
- den Anfang machen (= anfangen)
- die Kultur, -en
- eigen *(mein eigener Koffer)*
- eine Reise unternehmen (unternimmt, unternahm, hat unternommen)
- sich etw. leisten können
- auf der Suche sein nach (+ Dat.) (= etw. suchen)
- exotisch
- verzichten auf (+ Akk.)
- der Badeort, -e
- die Sehnsucht (Sg.)
- begeistert sein von (+ Dat.)
- die DDR
- der Mauerfall (Sg.)
- praktisch (hier: fast)
- das Mittelalter (Sg.)

MODUL 2 — AB IN DEN URLAUB …

- das Fernweh (Sg.)
- nachhaltig
- das Kohlendioxid (Sg.) (= CO_2)
- die Strecke, -n
- die Branche, -n
- der Klimawandel (Sg.)
- dauerhaft
- die Änderung, -en
- das Öl, -e
- das Gas, -e
- der Anbieter, -
- langfristig
- kühl
- die Verpflegung (= Essen und Trinken)
- das Klima (Sg.)
- der Schadstoff, -e
- fair
- die Sorge, -n
- steigen (steigt, stieg, ist gestiegen) *(Die Zahl der Flüge steigt wieder.)*

WORTSCHATZ

die Steuer, -n

die Technologie, -n

nutzen

verbrauchen
(Energie verbrauchen)

verhindern

virtuell

die Ansicht, -en *(Ich bin der Ansicht, dass …)*

MODUL 3   IMMER UNTERWEGS

tatsächlich

das Semester, -

die Vorlesung, -en

das Zuhause (Sg.)

das Umfeld *(in einem internationalen Umfeld arbeiten)*

ursprünglich

ab/brechen

zurück/kehren

auf Dauer
(= für längere Zeit)

die Belastung
(etwas als Belastung empfinden)

am Stück *(ein paar Tage am Stück = ohne Pause)*

abwechslungsreich *(ein abwechslungsreiches Leben führen)*

MODUL 4   WOHIN SOLL'S GEHEN?

dem Alltag entfliehen
(entflieht, entfloh, ist entflohen)

den Horizont erweitern

packen

schleppen

ab/schalten

etwas erledigen

der Kompromiss, -e
(einen Kompromiss finden)

die Anfahrt (Sg.)

Weitere Wörter, die für mich wichtig sind

....

....

Was passt zusammen? Notieren Sie die passenden Verbindungen.

dem Alltag • ~~den Anfang~~ • als Belastung • Energie • den Horizont • eine Reise • ein abwechslungsreiches Leben

verbrauchen • führen • empfinden • unternehmen • erweitern • entfliehen • ~~machen~~

den Anfang machen, ...

....

4 WIE WIR WOHNEN ...

WORTSCHATZ WIEDERHOLEN UND ERARBEITEN

1 a Frisch umgezogen – Lesen Sie die Mail und unterstreichen Sie die passenden Verben.

Hallo Leute,
wir haben uns so lange nicht gemeldet, aber jetzt gibt es Neuigkeiten: Wir sind letzte Woche in unsere neue Wohnung (1) eingezogen | bekommen. Hurra! Als wir die Wohnung vor acht Wochen mit dem Makler (2) besucht | besichtigt haben, hat sie uns sofort gefallen. Wir haben uns gleich beim Vermieter (3) angerufen | beworben. Dafür mussten wir so viele Formulare (4) ausfüllen | eintragen. Was der alles wissen wollte! Wir haben uns dann noch mit dem Vermieter (5) vereinbart | verabredet, damit wir uns persönlich kennenlernen können. Bei unserem Treffen waren wir uns sofort sympathisch. Er ist uns sogar mit dem Termin für den Einzug (6) angekommen | entgegengekommen. Als wir den Mietvertrag (7) unterschrieben | beschrieben haben, war es wie im Traum. Wir haben so lange gesucht und so viele Enttäuschungen (8) erwartet | erlebt, dass wir unser Glück kaum fassen konnten.
So, und jetzt fehlen uns nur noch viele Besucher in unseren neuen vier Wänden. Wann kommt ihr?
Liebe Grüße
Sanne, Moritz und Luisa

b Rund ums Wohnen – Was hat die gleiche Bedeutung? Ordnen Sie zu.

das Apartment • der Aufzug • dreckig • die Etage • das Gebäude • günstig • der Stadtteil • das WC

1. das Stockwerk ....
2. die 1-Zimmer-Wohnung ....
3. das Viertel ....
4. preiswert ....

5. schmutzig ....
6. der Fahrstuhl ....
7. das Haus ....
8. die Toilette ....

2 Klick-Klack – Sprechen Sie zu zweit. Person A beginnt *(Klick)*, Person B reagiert *(Klack)*. Dann wechseln Sie. **oder** Hören Sie *(Klick)* und reagieren Sie *(Klack)*.

Klick
1. Hat eure Wohnung eigentlich einen Balkon?
2. Funktioniert deine Heizung gut?
3. Im Treppenhaus geht das Licht wieder nicht.
4. Habt ihr die Wohnung online gefunden?
5. Der Fußboden ist so alt und schmutzig.
6. Hast du die ganze Einrichtung neu gekauft?
7. Habt ihr jetzt mehr Platz in der neuen Wohnung?
8. Habt ihr schon Internet in der neuen Wohnung?

Klack
A Nein, Freunde haben uns den Tipp gegeben.
B Geht super. In der Wohnung ist es schön warm.
C Ja, jetzt haben wir 20 Quadratmeter mehr.
D Nein, viel besser, einen großen Garten.
E Na klar, der Anschluss wurde schon vor dem Einzug installiert.
F Nein, die Wohnung war schon möbliert.
G Oh, das muss der Hausmeister reparieren.
H Stimmt, er ist in einem schlechten Zustand.

3

a Welche Beschreibung passt zu welchem Nomen? Ordnen Sie zu.

1. die Kaution
2. die Nebenkosten (Pl.)
3. die Provision
4. die Wohnungsanzeige
5. die Ablöse
6. die Hausordnung

A Kosten, die zusätzlich zur Miete entstehen, z. B. für Wasser.
B Geld, das man für die Vermittlung einer Wohnung bezahlt.
C Regeln, an die man sich in einer Hausgemeinschaft halten muss.
D Kurzer Text im Internet oder in der Zeitung, mit dem man eine Wohnung sucht oder anbietet.
E Geldbetrag, den man als Sicherheit hinterlegt, wenn man eine Wohnung mietet.
F Summe, die man z. B. für eine Einbauküche zahlt, die man von dem Vormieter / der Vormieterin übernimmt.

b Welche Nomen fehlen? Ergänzen Sie die Begriffe im Rätsel. Wie heißt das Lösungswort?

1. Ich dusche nicht gern, ich liege lieber in der …
2. Endlich Platz! Unsere neue Wohnung hat über 100 …
3. Wir brauchen in allen Zimmern Strom für die vielen Geräte. Darum haben wir viele neue … installiert.
4. Oh wie schön. Eure … gefällt mir gut. Sind die Möbel und Teppiche neu?
5. Mein Koffer ist so schwer. Ich fahre lieber mit dem … in den zweiten Stock.
6. So ein großer Garten. Wie groß ist eigentlich das gesamte …?
7. Der … an bezahlbaren Wohnungen ist in vielen Städten groß.
8. Wir wohnen jetzt in der Innenstadt, in absolut zentraler …
9. Alle Mieter reinigen regelmäßig das …, also Stufen, Fenster und Eingangstür.

Lösungswort: In den meisten Großstädten ist die …………………………… nach günstigen Wohnungen hoch.

c *Wohn-* oder *Wohnungs-*? – Bilden Sie Nomen und notieren Sie sie mit Artikel.

die Besichtigung • die Einrichtung • die Fläche • das Gebäude • das Gebiet • das Haus • der Markt • der Ort • der Schlüssel • der Sitz • die Tür • ~~das Zimmer~~

Wohn-	Wohnungs-
das Wohnzimmer,	

4

a Was passt zusammen? Verbinden Sie.

1. mit dem Makler / der Maklerin einen Termin
2. die Miete auf ein Konto
3. den Mietvertrag
4. eine WG
5. die Wohnung
6. die Hausordnung

renovieren
gründen
einhalten
überweisen
vereinbaren
unterschreiben

b Wählen Sie drei Verbindungen aus 4a und schreiben Sie Sätze.

ORDNUNG IST DAS HALBE LEBEN

1 Aufgeräumt – Ergänzen Sie die Verben in der richtigen Form.

aussortieren • putzen • spülen • waschen • spenden • schaffen

1. Was für ein Chaos! Räum mal auf und .... endlich Ordnung.
2. Ich habe keine saubere Jeans mehr. Ich muss unbedingt Wäsche ....
3. Wir ziehen um und haben so viele Dinge .... Die guten Sachen wollen wir .... , die anderen werfen wir weg.
4. Jonas, kannst du mir bitte helfen, das Geschirr zu .... ?
5. Mensch, die Fenster sind ja schmutzig. Die müssen wir unbedingt ....

2 a Was passt zusammen? Ordnen Sie zu.

1. Wenn man einen Haushalt auflöst,
2. Viele Wohnungen sind zu voll,
3. Alles sollte in der Wohnung einen festen Platz haben
4. Kreative Menschen haben oft andere Interessen,
5. Dinge, die man nicht mehr braucht,
6. Ein Aufräumcoach kann einem zeigen,

A als den eigenen Haushalt zu erledigen.
B muss man die ganze Wohnung ausräumen.
C wie man in seiner Wohnung Ordnung schafft.
D kann man aussortieren und verschenken.
E und nach der Benutzung dorthin zurückgelegt werden.
F weil viele Dinge herumstehen oder herumliegen.

b Sehen Sie die Bilder an und schreiben Sie eine kurze Geschichte.

Lucas hatte vor zwei Tagen Geburtstag. Von seinen Eltern hat er ein neues Tablet bekommen. ...

3 Ich finde nichts wieder! – Lesen Sie die Minidialoge und unterstreichen Sie die richtigen Artikel. Hören Sie dann zur Kontrolle und sprechen Sie die Dialoge zu zweit.

1.26

1. • Warum liegt mein Schlüssel nicht auf den | dem Tisch?
   ○ Den habe ich auf die | der Kommode gelegt.
2. • Ich suche meinen Pullover in die | der ganzen Wohnung!
   ○ Den habe ich in dem | den Schrank gelegt.
3. • Ich hatte meine Schuhe unter das | dem Sofa gestellt.
   ○ Aber jetzt sind sie in | im Schuhschrank.
4. • Meine Tasche stand doch neben der | die Tür.
   ○ Die hängt jetzt an der | die Garderobe.
5. • Ich werde irre! Mein Mantel hing doch über den | dem Stuhl.
   ○ Sieh doch mal in den | im Schrank.
6. • Mist! Jetzt komme ich zu spät im | ins Büro!
   ○ Dann räum doch selbst mal in die | der Wohnung auf.

MODUL 1

4 a Ergänzen Sie die lokalen Präpositionen.

aus • außerhalb • gegenüber vom • innerhalb • um … herum • von • vom … aus • zur

1. Wir wohnen so schön! .... Haus .... kann man die Berge sehen. Herrlich!
2. .... unser Grundstück .... haben wir einen Zaun aus Holz gebaut.
3. Unser Garten ist sehr groß. .... des Gartens gibt es sogar einen Teich und einen Bach.
4. Unser Hund ist den ganzen Tag draußen. Wenn er Durst hat, trinkt er Wasser .... dem Bach.
5. Ein Tisch mit Stühlen steht schräg .... Hauseingang. Da grillen wir immer.
6. .... des Grundstückes gibt es einen Wald. .... der Haustür gibt es einen Weg

    direkt .... Gartentür. Dahinter beginnt der Wald.

b Schreiben Sie drei weitere Sätze mit lokalen Präpositionen zum Bild.

5 a Aufräumtipps – Ergänzen Sie die Artikel im richtigen Kasus.

➡ **A** Nehmen Sie jedes Mal eine Kleinigkeit mit, wenn Sie aus (1) d............ Zimmer gehen. So kommen leere Tassen und Teller ganz nebenbei zurück in (2) d............ Küche.

➡ **B** Bestimmen Sie eine feste Putzzeit, zu der Sie immer sauber machen. Gehen Sie durch (3) d............ Wohnung und überlegen Sie, wieviel zu tun ist.

➡ **C** Nehmen Sie sich nicht vor, ein ganzes Zimmer aufzuräumen. Beschränken Sie sich lieber innerhalb (4) e............ Zimmers auf festgelegte Bereiche wie Schränke, Regale oder Tische.

➡ **D** Gegenstände „wandern" gern von (5) ein............ Zimmer in (6) e............ anderes. Räumen Sie ab und zu alle Sachen in (7) d............ entsprechende Zimmer zurück.

➡ **E** Stellen Sie Ihre Mülltüten am besten neben (8) I............ Schuhe oder vor (9) d............ Tür, um sie beim Verlassen der Wohnung mit aus (10) d............ Haus zu nehmen.

➡ **F** Wenn Ihr Kind im Wohnzimmer spielen möchte, breiten Sie eine Decke mit den Spielsachen auf (11) d............ Teppich aus. Die Decke können Sie danach schnell wieder in (12) d............ Kinderzimmer räumen.

b Ordnen Sie die Überschriften den Tipps in 5a zu.

Zu festen Zeiten putzen   Feste Bereiche aufräumen   Zwischendurch aufräumen
Spielzeug schneller aufräumen   Müll mitnehmen   Geschirr nebenbei wegräumen

MODUL 2
HEREINSPAZIERT!

1 Ergänzen Sie die passenden Wörter.

1. Wie hoch ist das durchschnittliche monatliche E............... von Angestellten?
2. Für eine Wohnung, in der man lebt, die einem aber nicht gehört, bezahlt man ....
3. Die Mieten werden immer teurer und die T............... ist steigend.
4. Jemand, der z. B. Reparaturarbeiten in der Wohnung selbst macht, ist ein H............... .
5. Jemand, der gut mit Werkzeugen umgehen kann, hat handwerkliches G............... .

2 Lesen Sie noch einmal die Texte im Kursbuch zu 1b. Ordnen Sie dann die Satzteile zu.

1. Die meisten Menschen in Deutschland
2. Etwas mehr als die Hälfte der Deutschen
3. Ungefähr 25 %
4. Die meisten geben den größten Teil ihres monatlichen Einkommens
5. Viele geben mehrmals im Jahr Geld
6. Über 30 % der Deutschen
7. Viele Heimwerkerprojekte werden nicht
8. In Städten ist es oft nicht einfach

A für Dekorationsartikel aus.
B basteln gern und bauen im Haushalt viel selbst.
C fertig, weil sie länger dauern oder teurer sind als geplant.
D eine Wohnung zu finden.
E wohnen in Mehrfamilienhäusern.
F für Wohnen und Nebenkosten aus.
G wohnen in Wohnblocks oder Hochhäusern.
H wohnt zur Miete.

3 a Hören Sie das Gespräch und beantworten Sie die Fragen.

1.27
1. Wie oft war Senna schon bei Ana und Avid zu Besuch?
2. Welches Haustier haben Ana und Avid?
3. Wie ist die Wohnung?

b Hören Sie noch einmal. Welche Aussagen sind richtig? Kreuzen Sie an.

1.27
1. Avid hat einen Kletterbaum für die Katze gekauft.
2. Die Wohnung ist in einem Hochhaus.
3. Ana und Avid haben die Wohnung über eine Kollegin bekommen.
4. Die Vermieterin wohnt in Hannover.
5. Avid ist ein geschickter Heimwerker.
6. Senna bastelt gerne, aber macht die Dinge selten fertig.

4 a Sie informieren sich über die Hausordnung in einem Wohnhaus in Dresden. Lesen Sie die Aufgaben 1 bis 4 und den Text dazu. Wählen Sie bei jeder Aufgabe die richtige Lösung a, b oder c.

Online Ü 3

1. Die Bewohner …
   a können ihre Autos im Hof reinigen.
   b müssen ihre Fahrräder an bestimmten Orten abstellen.
   c dürfen ihre Wäsche im Hof trocknen.
2. Man …
   a muss Nachbarn über geplante Partys informieren.
   b kann den ganzen Tag Musikinstrumente üben.
   c kann die Waschmaschine im Keller kostenlos benutzen.
3. Laut Hausordnung …
   a müssen nachts die Zugänge zum Haus verschlossen sein.
   b darf man einmal pro Woche auf dem Balkon grillen.
   c können Kinderwagen und Rollstühle neben dem Hauseingang stehen.
4. Kinder dürfen …
   a alleine auf dem Balkon bleiben.
   b im Treppenhaus spielen.
   c eigene Spielgeräte im Spielbereich benutzen.

HAUSORDNUNG

MODUL 2

LÄRM: Alle Bewohnerinnen und Bewohner sollen Lärm vermeiden. Die Ruhezeiten von 13:00 Uhr bis 15:00 Uhr sowie zwischen 22:00 Uhr und 6:00 Uhr sind zu beachten. Bei Feiern aus besonderem Anlass muss allen Nachbarn rechtzeitig Bescheid gegeben werden. Das Spielen von Instrumenten ist während der Ruhezeiten sowie an Sonn- und Feiertagen untersagt. Auch das Nutzen der Waschmaschinen ist zu diesen Zeiten zu vermeiden. Dies gilt auch für die Waschmaschinen im Keller, die allen Bewohnerinnen und Bewohnern gegen eine Gebühr zur Verfügung stehen.

KINDER: Aus Sicherheitsgründen dürfen Kinder nicht im Keller, in der Tiefgarage oder ähnlichen Gemeinschaftseinrichtungen spielen. Auch auf den Balkonen sollen sich Kinder nicht ohne Aufsicht aufhalten. Kinder dürfen auf dem Spielplatz und der zum Haus gehörenden Wiese spielen und z. B. Tore aufstellen, soweit das niemanden belästigt.

SICHERHEIT: Alle Außentüren sind in der Zeit von 22:00 Uhr bis 6:00 Uhr abzuschließen. In den Hauseingängen darf nichts abgestellt werden, die Fluchtwege müssen freigehalten werden. Kinderwagen und Rollstühle stellen Sie direkt neben Ihre Wohnungstür. Das Grillen mit Holzkohle ist auf den Balkonen grundsätzlich nicht gestattet. Hinter dem Haus gibt es eine Grillstelle, die einmal wöchentlich genutzt werden darf.

REINIGUNG: Die Bewohnerinnen und Bewohner reinigen das Treppenhaus selbst. Im Reinigungsplan steht, welche Bewohner in welcher Woche zuständig sind.

FAHRZEUGE: Das Abstellen von motorisierten Fahrzeugen auf dem Hof und den Grünflächen ist nicht gestattet. Autos und Motorräder dürfen auf dem Grundstück weder gewaschen noch repariert werden. Das Abstellen von Fahrrädern ist nur auf den dafür vorgesehenen Flächen und im Fahrradkeller erlaubt. Des Weiteren ist zu beachten, dass gewaschene Kleidung nur im Wäschekeller aufgehängt werden darf.

b Ein Gespräch über Hausordnungen – Ergänzen Sie die Sätze.

wundere mich • ganz normal • nicht üblich, dass • richtig verstanden • überrascht • wahrscheinlich nicht

- ● Ich bin (1) _____, dass in der Hausordnung Ruhezeiten stehen.
- ○ Echt? Für mich ist das (2) _____. Die Ruhezeiten in der Mittagspause sind bei uns sehr wichtig.
- ● Habe ich das (3) _____, dass die Kinder mittags nicht im Hof spielen dürfen?
- ○ Nein, das steht da nicht. Man darf nur mittags kein Instrument spielen, laute Musik machen oder so.
- ● Ach so, bei uns würde man das (4) _____ in einer Hausordnung schreiben.

  Und ich (5) _____ darüber, dass man das Treppenhaus selbst reinigen muss.
- ○ Das gibt es bei uns in manchen Häusern, aber nicht in allen.
- ● Also bei uns ist es (6) _____ man das Treppenhaus selbst putzt.

c Wie ist das Gemeinschaftsleben an Ihrem Wohnort geregelt? Schreiben Sie einen kurzen Text und verwenden Sie auch die Redemittel aus dem Kursbuch in Aufgabe 2b. Gehen Sie in Ihrem Text auf folgende Punkte ein:

- Wie ist das Zusammenleben in Wohnhäusern bei Ihnen geregelt?
- Welche Regeln sind ähnlich wie in Deutschland? Welche ganz anders?
- Welche Regeln in der Hausordnung haben Sie überrascht?
- Welche Regeln haben Sie vermisst?

4 MODUL 3

WENN ALLE SCHLAFEN …

1 a Tag und Nacht – Ergänzen Sie die Nachrichten.

täglich • tagsüber • nachts • tagein tagaus • übernächtigt • Nachtschicht

1. Hi, ich muss dir leider für heute absagen. Ich habe die letzten Nächte nur gelernt und bin total ……………………… . Ich muss heute unbedingt früh schlafen gehen. Wir treffen uns nächste Woche, okay?

2. Puh, ich glaube, ich muss mir einen neuen Job suchen. Das ist so langweilig, ……………………… das Gleiche. Hat jemand eine Idee? Aber ich will auf keinen Fall ……………………… arbeiten, sondern am besten nur am Vormittag. 🙂

3. Sorry, dass ich mich erst jetzt melde, aber ich hatte ……………………… und nach dem Dienst habe ich mich erst mal hingelegt. Hast du morgen ……………………… Zeit? Ich muss ab 19 Uhr arbeiten.

4. Weißt du, was mit Yogi los ist? Ich habe ihn sonst fast ……………………… gesehen, wenn ich zur Arbeit gefahren bin. Aber jetzt schon länger nicht mehr. Oder ist er umgezogen?

b Was passt? Ordnen Sie zu.

1. Ich fahre oft mit dem Nachtbus und habe nur positive
2. Mit meinen Freunden unterwegs zu sein ist immer lustig, weil alle
3. Am Wochenende habe ich oft keine Zeit, weil ich
4. Unter der Nummer 112 kann man jederzeit einen
5. Man sollte sich für Menschen, die Sorgen haben,

A gute Laune haben.
B Notfall melden.
C Zeit nehmen.
D Erfahrungen gemacht.
E Dienst habe.

2 Lesen Sie den Text aus einem Job-Magazin und ordnen Sie die Adjektive zu. Achten Sie auf die Endungen der Adjektive.

- ausreichende
- freundlicher
- nette
- großer
- mathematisches
- angenehmen
- hohen
- guten

NACHTS FÜR SIE DA

Für Nachtschwärmer ist es ganz normal, auch abends noch frisch und fit zu sein. Warum also nicht in der Nacht arbeiten? „Diese Jobs haben mehr mit Spaß, guter Laune und Lebensfreude zu tun als der durchschnittliche Büroalltag," sagt die Autorin des ungewöhnlichen Ratgebers „Jobs für Nachteulen". Hier unser erster Jobvorschlag:

AM SPIELTISCH – CROUPIER

Man muss nicht nur wach und schnell sein, sondern noch anderen (1) Anforderungen gerecht werden. Als Voraussetzung sollte man einen (2) Realschulabschluss haben, denn bei der Arbeit sind (3) Denken und (4) Kenntnisse in einer Fremdsprache notwendig. Aber auch ein (5) Umgang mit den Besuchern, die Spannung und Spaß suchen, ist eine Grundvoraussetzung. „Viele Besucher brauchen keine Gewinne (6) Summen, damit sie einen (7) Abend haben, sondern (8) Gesellschaft.", sagt Raphael Gerber vom Casino Erfurt.

MODUL 3

3 a Im Dunkeln – Lesen Sie die Mail von Luisa und unterstreichen Sie die passenden Adjektive.

Hi Marius,
eigentlich wollte ich gestern schon schreiben, aber hier gab es eine kleine Panne. Gegen 20 Uhr wollten wir gerade essen, als plötzlich das Licht ausging. Lag es wieder an der (1) alten | alter Elektrik? Es war ja nicht nur das Licht aus, sondern auch alle (2) elektronischen | elektronische Geräte. Aber nicht nur bei uns herrschte (3) völliger | völlige Dunkelheit. Ein Blick auf die Straße bestätigte unseren (4) gemeinsame | gemeinsamen Verdacht: ein (5) kompletten | kompletter Stromausfall! Man sah nur (6) dunkle | dunkles Fenster. Plötzlich klopfte es. Es waren Sandra und Carla von nebenan. Sie erzählten von einem (7) großen | große Schaden auf einer Baustelle, also länger keinen Strom! Ihr Vorschlag: Alle aus dem Haus treffen sich zum Abendessen im Treppenhaus. Das war eine richtig (8) netter | nette Aktion. Überall standen Kerzen und wir haben mal wieder mit den Nachbarn gesprochen, zum Beispiel mit Herrn Lohmann, dessen (9) süßer | süßen Hund wie immer dabei war. Bald wurde es aber kalt und wir sind wieder in unsere Wohnungen gegangen.
Nach weiteren drei (10) lange | langen Stunden hatten wir dann auch wieder Strom. Was für eine Nacht!
Ich rufe dich heute Abend an und wir sprechen endlich mal.
Bis dann
Luisa

b Richtig oder falsch? – Was steht im Text? Lesen Sie die Mail noch einmal und kreuzen Sie an.

1. Die alten Stromleitungen im Haus haben den Stromausfall verursacht. — richtig / falsch
2. Die ganze Straße war von dem Stromausfall betroffen. — richtig / falsch
3. Die Nachbarinnen Sandra und Carla hatten eine gute Idee. — richtig / falsch
4. Die Nachbarn haben sich in ihren Wohnungen besucht. — richtig / falsch
5. Beim gemeinsamen Essen hat Luisa viele Nachbarn vermisst. — richtig / falsch
6. Während des Abendessens war der Strom wieder da. — richtig / falsch

c Korrigieren Sie die falschen Aussagen in 3b.

4 a Anders als am Tag – Was braucht man in der Nacht? Ergänzen Sie die fehlenden Endungen.

Karl T., 28

Ich brauche auf jeden Fall eine (1) ruhig...... Umgebung, damit ich gut schlafen kann. Leider habe ich keinen (2) tief........ Schlaf und wache schnell auf. Darum könnte ich auch nie im Zentrum wohnen, neben einem (3) laut........ Club oder einer Kneipe mit (4) groß........ Biergarten, wo die Leute noch bis in die (5) spät........ Nacht sitzen.

Mimi J., 36

Für mich und meine Familie ist es wichtig, im Grünen zu wohnen. Wenn wir nachts schlafen, wollen wir (6) sauber........ Luft atmen. Außerdem haben Wohnungen, die zwischen (7) hoh........ Bäumen stehen oder die in (8) direkt........ Nähe zu (9) groß........ Parks gebaut wurden, auch in extrem (10) heiß........ Monaten nachts noch eine (11) angenehm........ Temperatur.

b Und Sie? Was ist Ihnen wichtig und warum? Schreiben Sie einen kurzen Text wie in 4a. Verwenden Sie mindestens fünf Nomen mit Adjektiv.

ruhige/zentrale Lage • grüne/abwechslungsreiche Umgebung • zahlreiche/internationale Lokale
regelmäßiger/ausreichender Busverkehr • leise/nette Nachbarschaft • …

AUF DEM LAND

1 Stadt oder Land? – Welches Wort passt wo? Ergänzen Sie.

Einkaufsmöglichkeiten (Pl.) • Arbeitsmöglichkeiten (Pl.) • Ruhe • Vereine (Pl.) • Kulturangebot • Anonymität • Platz • ausgestorben • leisten • erreichen • Natur

Anna, 44: Seit zwei Jahren wohnen wir auf dem Land. Besonders gefällt mir, dass ein Spaziergang in der (1) .... immer möglich ist und man nicht erst eine Stunde im Auto sitzt. Es ist einfach nicht so stressig hier und ich genieße die (2) .... sehr. Und wir haben jetzt ein Haus mit Garten, also viel mehr (3) .... als früher in unserer engen Stadtwohnung. Dort konnten wir uns kein Haus (4) ...., die Preise sind viel zu hoch.

Claas, 36: Na ja, jeder mag etwas anderes, aber ich kann mir nicht vorstellen, auf dem Land zu leben. Alles ist schwer zu (7) ...., man muss immer ewig fahren. In den meisten Dörfern gibt es auch keine (8) .... und man braucht ein Auto, um zu einem Supermarkt zu kommen. Darauf hätte ich keine Lust. Und am Abend ist alles (9) ...., es gibt kein Café oder Kino. Da bleibe ich lieber in der Stadt.

Kilian, 27: Ich lebe in einer Kleinstadt, das ist für mich die perfekte Mischung. Hier kennt nicht jeder jeden wie auf dem Land, aber die (5) .... einer Großstadt wäre auch nichts für mich. Es gibt mehrere große Firmen, die immer wieder Mitarbeiterinnen und Mitarbeiter suchen. Die (6) .... sind also auch gut. Eigentlich haben wir alles, was man zum Leben braucht.

Maxi, 21: Viele Leute sagen, dass auf dem Land nichts los ist. Also, auf unseren Ort trifft das nicht zu. Es gibt eine Menge (10) ...., in denen viele Dorfbewohner aktiv sind. Ich spiele zum Beispiel Fußball und meine Freundin spielt in einem Orchester. Und das (11) .... ist auch nicht so schlecht. Wir haben eine Theatergruppe und es gibt auch oft kleinere Konzerte oder eine Ausstellung im Rathaus.

2 Vor- und Nachteile – Schreiben Sie die Sätze.

1. *Ein Vorteil vom Leben in der Stadt sind die Bildungsangebote.*
   (ein Vorteil / von / das Leben in der Stadt / die Bildungsangebote / sein / .)

2. ....
   (im Vergleich zu / das Stadtleben / man / können genießen / auf dem Land / mehr Natur / .)

3. ....
   (einerseits / es / auf dem Land / schön ruhig sein / , / andererseits / man / müssen fahren / immer weit / .)

4. ....
   (im Gegensatz zu / die Anonymität in der Stadt / die Leute / in den Dörfern / sich kennen / .)

5. ....
   (in der Stadt / es geben / zwar / viele Kulturangebote / , / aber / man / nicht so oft / nutzen / sie / .)

6. ....
   (außerdem / die Preise / sein / in der Stadt / höher / als auf dem Land / .)

MODUL 4

3 a Wählen Sie ein Thema (Thema 1 oder Thema 2) aus. Sie sollen Ihren Zuhörern und Zuhörerinnen ein aktuelles Thema präsentieren. Dazu finden Sie fünf Folien. Folgen Sie den Anweisungen links, machen Sie Notizen zu jeder Folie.

	Thema 1	Thema 2	Redemittel
Stellen Sie Ihr Thema vor. Erklären Sie den Inhalt und die Struktur Ihrer Präsentation.	**FOLIE 1** „Lass uns den Bus nehmen!" Sollen auf dem Land die öffentlichen Verkehrsmittel kostenlos sein?	**FOLIE 1** „Komm, wir spielen im Garten!" Sollten Kinder lieber auf dem Land aufwachsen?	Mein Thema ist … Zuerst spreche ich über … Anschließend … Danach … und am Schluss …
Berichten Sie von Ihrer Situation oder einem Erlebnis im Zusammenhang mit dem Thema.	**FOLIE 2** Kostenlose Verkehrsmittel Meine persönlichen Erfahrungen	**FOLIE 2** Aufwachsen auf dem Land Meine persönlichen Erfahrungen	Ich persönlich … Ich habe die Erfahrung gemacht, dass …
Berichten Sie von der Situation in Ihrem Heimatland und geben Sie Beispiele.	**FOLIE 3** Kostenlose Verkehrsmittel Öffentliche Verkehrsmittel in meinem Heimatland	**FOLIE 3** Aufwachsen auf dem Land Aufwachsen der Kinder in meinem Heimatland	Bei uns … In Polen/Spanien/Italien/…
Nennen Sie die Vor- und Nachteile und sagen Sie dazu Ihre Meinung. Geben Sie auch Beispiele.	**FOLIE 4** Kostenlose Verkehrsmittel Vor- und Nachteile & Meine Meinung	**FOLIE 4** Aufwachsen auf dem Land Vor- und Nachteile & Meine Meinung	Ein Vorteil/Nachteil ist … Dafür/Dagegen spricht … Ich finde es gut / nicht so gut, dass … Positiv/Negativ daran ist … Meiner Meinung/Ansicht nach … Ich denke/glaube/finde, dass …
Beenden Sie Ihre Präsentation und bedanken Sie sich bei den Zuhörern.	**FOLIE 4** Kostenlose Verkehrsmittel Abschluss & Dank	**FOLIE 5** Aufwachsen auf dem Land Abschluss & Dank	Zum Schluss möchte ich noch sagen … Ich bedanke mich für Ihre/eure Aufmerksamkeit. Vielen Dank fürs Zuhören.

b Arbeiten Sie zu zweit und halten Sie Ihre Präsentationen.

Online Ü 5

Nach Ihrer Präsentation:
Reagieren Sie auf die Rückmeldung und auf Fragen Ihres Partners / Ihrer Partnerin.

Nach der Präsentation Ihres Partners / Ihrer Partnerin:
a. Geben Sie eine Rückmeldung zur Präsentation Ihres Partners / Ihrer Partnerin
 (z. B. wie Ihnen die Präsentation gefallen hat, was neu oder besonders interessant war usw.)
b. Stellen Sie auch eine Frage zur Präsentation Ihres Partners / Ihrer Partnerin.

4

SPRECHEN · SCHREIBEN · AUSSPRACHE

1

a [RICHTIG SPRECHEN] Hören Sie das Telefongespräch. In welcher Reihenfolge hören Sie die Aussagen und Fragen der Anruferin? Nummerieren Sie.

- A. Wie viele Quadratmeter hat denn das Zimmer?
- B. Ah, gut. In der Anzeige steht, dass das Zimmer 230 Euro kostet. Ist das warm oder kalt?
- C. Perfekt. Könnten Sie mir noch die genaue Adresse geben?
- D. Und wie hoch ist die Kaution?
- E. Super, vielen Dank. Dann bis morgen. Auf Wiederhören!
- F. Okay. Das klingt alles sehr interessant. Wann könnte ich das Zimmer denn besichtigen?
- G. Hallo, mein Name ist … Ich rufe wegen dem Zimmer an. Ist das noch frei?
- H. Und wie hoch sind die Nebenkosten?

b Sie suchen ein Zimmer. Hören Sie noch einmal die Aussagen des Vermieters und reagieren Sie. Sprechen Sie dazu die Sätze und Fragen aus 1a.

2

[RICHTIG SCHREIBEN] Im Text fehlen zehn Kommas. Ergänzen Sie sie.

Die Menschen lieben Haustiere. Derzeit leben in Deutschland ca. 35 Millionen Katzen Hunde Vögel und andere Tiere. Es kommt auch immer häufiger vor dass in einem Haushalt nicht nur ein sondern zwei oder mehr Tiere leben. Besonders Familien mit Kindern entschließen sich häufig dazu mehrere Tiere aufzunehmen. Auch bei Menschen die allein leben sind Haustiere sehr beliebt. Studien haben allerdings gezeigt dass die größte Gruppe der Haustierbesitzer Menschen über 60 sind. Diese Personen haben oft viel Zeit weil sie nicht mehr arbeiten und die Kinder aus dem Haus sind. Viele haben einen Hund aber das Lieblingshaustier in Deutschland ist und bleibt die Katze.

> **TIPP**
>
> **Wo steht ein Komma?**
> - bei Aufzählungen
> - zwischen Haupt- und Nebensatz
> - vor Hauptsatzkonnektoren wie *aber*, *denn*, *deshalb/deswegen*, *trotzdem* (hier kann auch ein Punkt stehen)
> - vor *sondern*
> - vor Infinitivgruppen mit *zu*

3

a [AUSSPRACHE] Sprechpausen – Hören Sie die Sätze und sprechen Sie nach.

1. Ich möchte in Hamburg studieren und suche zusammen mit meiner Freundin eine Wohnung.
2. Die Wohnung stelle ich mir so vor: zwei Zimmer, hell und freundlich, einen Balkon, mitten im Zentrum und nicht zu teuer.
3. Aber wie findet man so eine Wohnung? Wir suchen jetzt schon seit drei Monaten, aber bis jetzt ohne Erfolg.
4. Vielleicht ziehe ich auch mit meiner Freundin in eine kleinere Stadt, denn dort findet man viel leichter eine Wohnung.

> **TIPP**
>
> **Sprechpausen**
> Machen Sie Pausen zwischen den Wortgruppen und nach den Satzzeichen (Punkt, Komma, Doppelpunkt, Fragezeichen, Ausrufezeichen).

b Lesen Sie und markieren Sie, wo man Pausen macht. Hören und vergleichen Sie dann.

> Viele Studierende, die nach Hamburg kommen, um dort ein Studium zu beginnen, möchten gern in eine Wohngemeinschaft oder ins Studentenwohnheim ziehen. Die Vorteile sind klar: Man ist nicht allein und lernt schnell andere Studierende kennen. Am besten sucht man im Internet nach aktuellen WG-Angeboten. Wenn man lieber in einem Studentenwohnheim leben möchte, muss man sich online auf den entsprechenden Webseiten bewerben.

SELBSTEVALUATION

DAS KANN ICH NACH KAPITEL 4

                                                                                KB   ÜB

eine kurze Geschichte zu Bildern schreiben — M1   2b
Sehen Sie die Bilder an und schreiben Sie eine kurze Geschichte.

Ähnlichkeiten und Unterschiede beschreiben — M2 2b
Ein Freund hat eine Wohnung gefunden, weil er an Straßenlaternen Zettel mit seiner Handynummer aufgehängt hat. Ergänzen Sie die Sprechblasen.

- Bei uns haben/sind auch viele / nicht viele …
- Ich wundere mich (nicht) darüber, dass …
- Ich bin (nicht) überrascht, dass …

[M] Bitten in einer interkulturellen Situation äußern — M2 3
Sie sind zum ersten Mal bei einem Kollegen / einer Kollegin privat zu Besuch. Sie wissen nicht, ob Sie auf den Balkon gehen können, und möchten sich auch gerne die Küche ansehen. Was sagen Sie? Formulieren Sie je zwei Möglichkeiten.

UND ICH KANN …

	KB	ÜB
einen Podcast zum Thema *Aufräumen* verstehen.	M1	2a–b
Kommentare zu einem Podcast verstehen und darüber sprechen.		3a
Informationen aus Anzeigen, Texten und einer Grafik zusammenfassen.	M2	1b–d
ein Gespräch bei einem Besuch bei Freunden verstehen.		3
eine Hausordnung verstehen.		4a
einen Text über Regelungen des Gemeinschaftslebens in Wohnbereichen schreiben.		4c
wichtige Informationen in einem Magazintext verstehen.	M3	1b–c
eine Auswahl begründen.		1d
eine fiktive Geschichte schreiben.		3
eine E-Mail über ein besonderes Ereignis verstehen.		3b
darüber sprechen, wo und wie ich gerne wohnen möchte.	M4	1
ein Interview zum Thema *Wohnen in Deutschland* verstehen und die wichtigsten Informationen zusammenfassen.		2
einen Text über eine Initiative verstehen und die Informationen aus dem Text weitergeben.		3a
meine Meinung zum Thema *Wohnen* in einem Text darlegen.		4b
eine Präsentation vorbereiten und halten.		3
mit einem Vermieter / einer Vermieterin sprechen und Informationen erfragen.	K 1	1

4

MODUL 1 — ORDNUNG IST DAS HALBE LEBEN

- der/die Dumme, -n
- faul
- die Ordnung *(Ordnung schaffen)*
- aus/sortieren
- auf/räumen
- ab/stellen
- die Spielsachen (Pl.)
- das Kissen, -
- der Vorabend, -e
- auf alle Fälle
- der Gehweg, -e
- säubern

MODUL 2 — HEREINSPAZIERT!

- der Wohnblock, -s
- das Hochhaus, "-er
- das Einfamilienhaus, "-er
- das Mehrfamilienhaus, "-er
- die Einwohner (Pl.)
- im Durchschnitt
- auffallend
- zur Miete wohnen
- die Mietkosten (Pl.)
- das Einkommen, - *(das monatliche Einkommen)*
- die Tendenz, -en *(Tendenz steigend)*
- das Vielfache (Sg.) *(um ein Vielfaches höher)*
- abgelegen *(abgelegene Regionen)*
- der Heimwerker, -
- handwerklich tätig sein
- das Geschick (Sg.) *(handwerkliches Geschick)*
- unterschiedlich
- die Kostenersparnis, -se
- scheitern
- unterschätzen *(Ich habe den Zeitaufwand unterschätzt.)*
- unvollendet
- in einem festen Arbeitsverhältnis (= fest angestellt)

MODUL 3 — WENN ALLE SCHLAFEN ...

- scheinen (scheint, schien, hat geschienen) *(In der Nacht scheint die Stadt zu schlafen.)*
- aus/gehen (geht aus, ging aus, ist ausgegangen) *(Die Lichter gehen aus.)*
- kuscheln
- fließen (fließt, floss, ist geflossen) *(In den Leitungen fließt Strom.)*
- der Schaden, "-
- merken
- die Störung, -en

WORTSCHATZ

im Dunkeln sitzen .... | einsam ....
der Fahrgast, "-e .... | kompetent ....
der Stadtrand (Sg.) .... | weiter/leiten an (+ Akk.) ....
der Notruf, -e .... | die Seelsorge (Sg.) ....
der Notfall, "-e .... | Verständnis haben für (+ Akk.) ....
der Dienst, -e *(Dienst haben)* .... | mitten in der Nacht ....
verzweifelt .... | sich strafbar machen ....

MODUL 4 AUF DEM LAND

die Infrastruktur (Sg.) .... | sich aus/tauschen ....
händeringend suchen .... | ehemalig *(die ehemalige Scheune)* ....
ausgestorben *(Der Ort wirkt ausgestorben.)* .... | die Scheune, -n ....
lebendig .... | der Schrott (Sg.) ....
die medizinische Versorgung .... | der Gründer, - / die Gründerin, -nen ....
öffentliche Gelder .... | der Veranstaltungsort, -e ....
begehren (= etwas unbedingt haben wollen) .... |

Weitere Wörter, die für mich wichtig sind

....
....

Bilden Sie vier Sätze. Verwenden Sie pro Satz mindestens zwei Vokabeln aus Kapitel 4.

Wenn man Ordnung schaffen will, muss man aufräumen.
....
....
....
....

5 RUND UM DIE ARBEIT

WORTSCHATZ WIEDERHOLEN UND ERARBEITEN

1 a Sehen Sie die Bilder an. Welche Berufe haben die Personen? Notieren Sie. Oft gibt es mehrere Möglichkeiten.

  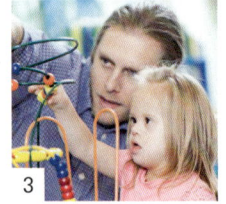  

1   2   3   4   5

1. der/die Bankangestellte, der ...

b Welche Verben passen zu den Nomen? Ordnen Sie zu.

Online Ü1

bauen/ausbauen • pflegen/versorgen • betreuen/unterrichten • verhandeln/erstellen • teilnehmen • programmieren • schreiben/verschicken • führen • beraten/überzeugen • verschreiben/bestellen

1. E-Mails ....
2. Medikamente ....
3. Kunden ....
4. an Besprechungen ....
5. Angebote oder Verträge ....
6. Gebäude ....
7. Kinder ....
8. Apps oder Spiele ....
9. Patienten ....
10. Telefonate ....

c Welche Tätigkeiten aus 1b macht man in welchem Beruf in 1a häufig? Schreiben Sie zu jedem Beruf ein bis zwei Sätze. Viele Tätigkeiten passen mehrfach.

Bankangestellte beraten oft Kunden und ...

2 Arbeit suchen und finden – Finden Sie acht Nomen im Rätsel. Notieren Sie sie mit Artikel.

B	A	L	K	O	P	R	A	S	U	B	T
U	B	E	W	E	R	B	U	N	G	O	M
V	S	C	H	R	U	M	B	B	Z	L	I
L	A	R	B	E	I	T	S	Z	E	I	T
O	G	Z	T	Z	E	F	F	I	R	M	A
G	E	R	F	A	H	R	U	N	G	O	R
W	I	T	B	O	K	A	M	N	S	T	B
C	F	E	I	N	L	A	D	U	N	G	E
K	A	T	Z	L	U	M	O	F	F	S	I
F	O	R	T	B	I	L	D	U	N	G	T

die Bewerbung

....
....
....
....
....
....
....

3 Klick-Klack – Sprechen Sie zu zweit. Person A beginnt (Klick), Person B reagiert (Klack). Dann wechseln Sie. oder Hören Sie (Klick) und reagieren Sie (Klack).

Klick
1. Was machen Sie denn beruflich?
2. Machen wir zusammen Mittagspause?
3. Ich muss noch so viel erledigen. Ich weiß gar nicht, wie ich das schaffen soll!
4. Haben Sie Erfahrung in der Hotelbranche?
5. Hast du schon Bewerbungen geschrieben?
6. Ich bin auf unseren neuen Chef echt gespannt.
7. Übrigens, Annette nimmt ein Jahr Urlaub und macht eine Weltreise.
8. Ich nehme morgen einen Tag frei.

Klack
A Ja, ich habe lange neben dem Studium in einer Jugendherberge gearbeitet.
B Kann ich irgendetwas übernehmen?
C Ich studiere noch.
D Echt? Das würde ich auch gerne machen!
E Alles klar. Machst du was Schönes?
F Gerne. Gehen wir um halb eins in die Kantine?
G Ja, morgen habe ich ein Vorstellungsgespräch.
H Ich auch, aber ich habe gehört, dass er sehr nett sein soll.

4 a In welche Kategorie passen die Wörter? Ordnen Sie zu. Ergänzen Sie dann je zwei weitere Wörter.

pünktlich • lernen • die Unterlagen (Pl.) • der Nachtdienst • der Schreibtisch • in Teams • der Vortrag • das Anschreiben • der Arbeitsplatz • die Frühschicht • der Lebenslauf • die Schulung • das Homeoffice • zuverlässig • der Feierabend • organisiert • das Krankenhaus • das Vorstellungsgespräch • suchen • ~~die Pause~~

1. die Arbeitszeiten: *die Pause,* ....
2. der Arbeitsort: ....
3. die Fortbildung: ....
4. die Arbeitsweise: ....
5. die Bewerbung: ....

b Was passt? Ergänzen Sie die Lücken mit den Wörtern und Kategorien aus 4a.

Mein neuer Job

Ihr wisst ja, dass ich einen neuen Job (1) .... Ich hatte mehrere (2) .... bei verschiedenen Firmen. Endlich hat es geklappt! Ich arbeite jetzt in einem Büro für Design. Mein (3) .... ist super: ein helles Zimmer mit einem riesigen (4) .... , auf dem ich viele Dokumente gleichzeitig ansehen kann. Morgen darf ich gleich an einer (5) .... teilnehmen, es geht um Zeitmanagement. Hoffentlich bekomme ich Tipps und (6) .... viel. Ihr wisst ja, früher habe ich nicht immer alles (7) .... abgegeben.
Ich werde euch berichten. Bis nächsten Freitag!

c Und Ihre (Wunsch-)Arbeit? – Beschreiben Sie sie in fünf bis sechs Sätzen und nutzen Sie Wörter und Ausdrücke aus 4a und b.

WAS MACHEN SIE SO BERUFLICH?

1 Welche Umschreibung passt? Ordnen Sie zu.

1. selbstständig
2. die Inklusion
3. der Geschäftsführer, die Geschäftsführerin
4. ehrenamtlich
5. abschalten
6. antreiben
7. in einfachen Verhältnissen aufwachsen
8. jemanden von der Straße holen
9. etwas bewältigen
10. etwas aufgeben

A aus einer Familie kommen, die wenig Geld hat
B nicht fest angestellt sein
C sich entspannen
D etwas nicht weitermachen
E etwas schaffen, ein Problem lösen
F freiwillig etwas für die Gesellschaft tun
G er/sie trägt die Verantwortung für eine Firma
H jemandem eine sinnvolle Aufgabe geben
I motivieren
J selbstverständliche Teilnahme aller Menschen am gesellschaftlichen Leben

2 a Lesen Sie die Sätze über Ninia Binias. Was passt zum Text im Kursbuch? Unterstreichen Sie.

1. Ninia moderiert | betreut Diskussionen und Veranstaltungen.
2. Ninia hat schon als Kind eigene Radiobeiträge gemacht | verkauft.
3. Inzwischen gibt es von ihr schon zwei Bücher | Modekollektionen.
4. Für sie ist eine feste Routine | sind Veränderungen und Vielfalt wichtig.
5. Die Vermittlung ihrer Werte | Zwischendrin abschalten zu können spielt in ihrem Leben eine große Rolle.

b Lesen Sie die Zusammenfassung über Patrick Schuhmann. Es gibt fünf inhaltliche Fehler. Markieren Sie.

PATRICK SCHUHMANN kommt aus Berlin und war ein erfolgreicher Schüler. Seine Mutter verdiente gut und unterstützte ihn finanziell, als er eine Zirkusschule in Kanada besuchte. Sein Talent wurde erst spät erkannt. Obwohl er sich mit seinem Berufswunsch oft unsicher war, schloss er die Zirkusschule erfolgreich ab und arbeitet heute bei einem weltberühmten Zirkus. Aber ihm gefällt der Artistenberuf nicht mehr und er möchte bald in Berlin als Immobilienmakler arbeiten.

3 a Hören Sie den Beginn eines Podcasts. Um welches Thema geht es? Markieren Sie.

1. richtig bewerben   2. Berufswahl   3. Ausbildungsmöglichkeiten   4. Berufe und Karrierechancen

b Hören Sie weiter. Welche Aussagen sind richtig? Kreuzen Sie an.

1. Der häufigste Grund für die Unzufriedenheit mit einem Beruf ist die Bezahlung.
2. Die Leute kommen zur Beratung, weil sie Sorge haben, eine falsche Entscheidung zu treffen.
3. Der Coach findet zusammen mit seinen Klienten und Klientinnen eine Lösung.
4. Um zu einer Entscheidung zu kommen, ist es wichtig zu notieren, wie man ist, was man kann und tut und was man sich wünscht.
5. Am wichtigsten für die Entscheidung ist es, die eigene Idee kritisch zu betrachten.
6. Wenn man eine Entscheidung getroffen hat, sollte man einen konkreten Plan zur Umsetzung erstellen.

c Hören Sie noch einmal und korrigieren Sie dann die falschen Aussagen.

MODUL 1

4

a Genitiv – Formulieren Sie wie im Beispiel.

1. a die Größe – das Büro *die Größe des Büros*
   b die Lage – der Betrieb
2. a die Sicherheit – der Arbeitsplatz
   b die Höhe – das Gehalt
3. a die Freundlichkeit – die Kollegen
   b die Kompetenz – die Mitarbeiter
4. a die Fortbildungsangebote – die Firma
   b die Möglichkeiten – die Freizeitgestaltung
5. a die Qualität – das Kantinenessen
   b die Anzahl – die Speisenangebote

> **TIPP**
> **Maskuline und neutrale Nomen im Singular: Genitiv -s oder -es?**
> Endung -s, -ss, -ß, -(t)z, -sch, -st, einsilbige Nomen: meistens -es sonst -s

b Flüssig sprechen – Was ist Ihnen bei der Arbeit wichtig? Verwenden Sie Genitivformen aus 4a und sprechen Sie zu zweit wie im Beispiel. oder Hören Sie die Aussagen und reagieren Sie.

- Ich finde die Lage des Betriebs wichtig.
- Echt? Ich finde die Größe des Büros wichtiger.
- Für mich ist …

5

a Welche Präposition passt? Ergänzen Sie.

während • dank • innerhalb • trotz • infolge • aufgrund

(1) .... vieler Gespräche mit einem Berater weiß Taira noch nicht, ob sie den Job wechseln soll. (2) .... ihres Studiums war sie sehr motiviert und überzeugt, dass Medizin das Richtige für sie ist. Aber (3) .... mehrerer schlechter Erfahrungen in der Klinik, wo sie gerade arbeitet, ist sie sich nicht mehr sicher, ob das wirklich so ist. (4) .... der Klinik ist das Arbeitsklima meist sehr angespannt und (5) .... der hohen Belastung ist nie Zeit, um die Situation mit allen zu besprechen. (6) .... einer neuen Stationsleiterin könnte die Situation aber bald besser werden.

> **TIPP**
> **dank**
> Die Präposition *dank* steht vor positiven Aussagen.
> *Dank der guten Beratung fand er schnell einen neuen Job.*

b Schreiben Sie die Sätze.

1. trotz / die schlechten Arbeitszeiten / Ron / gerne ins Büro gehen /.
2. wegen / die netten Kollegen / er / gerne dort arbeiten /.
3. während / die gemeinsame Arbeit / alle viel lachen /.
4. dank / die freundliche Chefin / das Arbeitsklima so gut sein /.
5. außerhalb / die Arbeitszeiten / er viel Sport machen /.
6. infolge / die häufigen Nachtschichten / er oft schlecht schlafen /.

> **TIPP**
> **Adjektive vor Nomen im Genitiv**
> • Endung meistens -en
> • nur nach Nullartikel feminin und Nullartikel im Plural -er
> *das Angebot bestimmter Firmen*

5 MODUL 2

EIN NEUER JOB

1 a Die Bewerbung – Welche Verben passen? Kreuzen Sie an.

1. Stellenanzeigen — lesen · suchen · angeben
2. Kontakte — pflegen · knüpfen · machen
3. ein Online-Profil — bewerben · erstellen · hochladen
4. ein Anschreiben — verfassen · korrigieren · nennen
5. Sprachkenntnisse — angeben · sagen · nennen
6. ein Vorstellungsgespräch — sammeln · üben · vorbereiten

b Hören Sie Teil 2 und 3 des Gesprächs im Kursbuch noch einmal und lesen Sie die Notizen zu 1c und 1d. Welche Aussagen sind richtig? Kreuzen Sie an. (1.36)

1. Zu den Bewerbungsunterlagen gehören ein Anschreiben, ein Lebenslauf und Zeugnisse.
2. Wenn man ein Anschreiben verfasst hat, kann man es an mehrere Unternehmen senden.
3. Das Anschreiben sollte nicht länger als zwei Seiten sein.
4. Der Lebenslauf fängt mit den Kontaktdaten und persönlichen Angaben an.
5. Zum Lebenslauf gehört immer auch ein Foto.
6. Auf typische Fragen im Vorstellungsgespräch kann man sich gut vorbereiten.
7. Es wirkt unhöflich, sich während des Gesprächs Notizen zu machen.

c Korrigieren Sie die falschen Aussagen in 1b.

2 a Wie heißen die Nomen bzw. Adjektive? Schreiben Sie.

1. die Zuverlässigkeit – _zuverlässig_
2. die Genauigkeit – ....
3. .... – flexibel
4. das Verantwortungsbewusstsein – ....
5. .... – lernbereit
6. die Teamfähigkeit – ....

b Was bedeuten die Adjektive in 2a? Erklären Sie.

Jemand ist zuverlässig, wenn er Aufgaben pünktlich und ordentlich erledigt.

c Welches Adjektiv passt zu welcher Umschreibung? Ordnen Sie zu. (Online Ü 3)

belastbar • motiviert • kreativ • offen • kommunikativ

1. fantasievolle Lösungen finden: .... sein
2. anderen gut zuhören und sich selbst klar ausdrücken: .... sein
3. neue Wege/Dinge schnell akzeptieren: .... sein
4. etwas mit Leidenschaft und großem Interesse tun: .... sein
5. Stress gut aushalten können: .... sein

MODUL 2

3 Lesen Sie die Situationen 1 bis 7 und die Anzeigen a bis j. Wählen Sie: Welche Anzeige passt zu welcher Situation? Sie können jede Anzeige nur einmal verwenden. Die Anzeige aus dem Beispiel können Sie nicht mehr verwenden. Für eine Situation gibt es keine passende Anzeige. In diesem Fall schreiben Sie 0.

Einige Bekannte von Ihnen suchen einen Job.

0. Carla ist Köchin und möchte nur am Tag arbeiten. — Anzeige: c
1. Diego hat schon als Sekretär gearbeitet und sucht eine entsprechende Stelle. — Anzeige:
2. Lara reist gern und sucht eine Ausbildungsstelle in der Tourismusbranche. — Anzeige:
3. Tarik ist gern draußen und möchte am Abend arbeiten. — Anzeige:
4. Annabelle hat gerade Abitur gemacht und möchte ein Praktikum im Hotel machen. — Anzeige:
5. Levin spricht perfekt Englisch und möchte gern mit Menschen arbeiten. — Anzeige:
6. Pia hat schon als Kellnerin gearbeitet und sucht einen Nebenjob. — Anzeige:
7. Luca repariert gern Fahrzeuge und möchte mit diesem Hobby Geld verdienen. — Anzeige:

---

a Wir suchen einen Gärtner
Sie mögen die Natur und sind gern an der frischen Luft? Dann kümmern Sie sich an einem Nachmittag pro Woche (ca. 4 Stunden, Montag–Freitag möglich) um unseren Garten am Stadtrand.
Familie Mirobald 82347524

---

b
HOTEL SCHULZE
Wir sind ein kleines Hotel in der Innenstadt und suchen einen **Mitarbeiter** (m/w/d) für unser Büro. Vollzeit oder Teilzeit möglich. Erfahrung in Bürotätigkeiten Voraussetzung. Wir freuen uns über Ihren Anruf! Hotel Schulze 5983854

---

c Junges dynamisches Team sucht Verstärkung in der Küche!
Wir sind eine moderne Betriebskantine und suchen dringend jemanden, der frisches und gesundes Essen zubereiten kann. Wir bieten eine sichere Stelle und ein gutes Gehalt. Arbeitszeiten täglich von 9 bis 15 Uhr.
0511-2953235 (Frau Heller)

---

d Praktikant/in gesucht!
Autohaus Kölle hat einen Praktikumsplatz frei. Besonders interessant für Schulabgänger und angehende Studierende, die sich für Oldtimer und moderne Technik interessieren.
Bewerbungen an: oldtimerfans@koelle.de

---

e WIR SUCHEN SIE!
Für unser Hotel-Restaurant suchen wir baldmöglichst eine Servicekraft für einen Tag und einen Abend pro Woche. Idealerweise bringen Sie bereits Erfahrung mit und sind flexibel und belastbar.
Weitere Informationen: Hotel am Markt 0731 – 95825

---

f Wir machen die besten Burger der Stadt und du bringst sie mit dem Fahrrad zu unseren Kunden. Dafür bekommst du 11 Euro plus Trinkgeld. Arbeitszeit: Täglich ab 18 Uhr.
Melde dich unter: 0152-29582358
NEU-ERÖFFNUNG am 1. Mai!

---

g *Wohin soll die Reise gehen?*
Du hast die Schule beendet und keinen Plan, wie dein Berufsweg aussehen könnte? Mach zuerst ein Praktikum und finde heraus, was dir gefällt. Wir vermitteln dir einen geeigneten Platz! In allen Branchen, an allen Orten! Ruf noch heute an unter: 089/52395234

---

h FREMDSPRACHEN FÜR ALLE
Buchen Sie ab sofort Kurse für die Sommermonate. Für Englisch, Französisch, Italienisch und Spanisch bieten wir auch Fachsprachenkurse an: Technik, Medizin, Tourismus. Mehr Informationen unter: www.sprachenfüralle.de

---

i *FahrradhandelMoltke* sucht dich!
Wir suchen Unterstützung für Laden und Werkstatt. Ausbildung nicht erforderlich, aber Leidenschaft für Technik und alles, was dazugehört.
Bewerbungen an: job@moltke.de

---

j *Wir machen Touristen glücklich*
Sie sind gern mit Menschen zusammen, sind kommunikativ und sprechen mindestens eine Fremdsprache? Dann werden Sie Stadtführer/in und zeigen den Menschen unseren wunderbaren Ort. Gute Vergütung!
Bewerbungen an: stadtführer@huma.de

NIE WIEDER ARBEIT?!

1 Nie wieder arbeiten – Wie gehen die Sätze weiter? Verbinden Sie.

1. Nach der Arbeit bin ich oft total müde und — kaputt.
2. Ich habe wirklich wenig Zeit und musste schon so einige Hobbys — aufgeben.
3. Nicht mehr arbeiten und viel Zeit haben? Ich finde, das klingt sehr — verlockend.
4. Keine Pläne zu haben, ist toll. Im Urlaub will ich auch nur in den Tag — hineinleben.
5. Zu viel Freizeit ist auch langweilig, oder? Also, ich kann mir das nicht — vorstellen.
6. Das ist nichts für mich. Ich brauche Struktur und einen festen — Tagesablauf.
7. Ich könnte auf meine Arbeit nicht verzichten. Man braucht doch auch — Anerkennung.

2 Hören Sie das Interview aus dem Kursbuch Aufgabe 2b noch einmal. Antworten Sie auf die Mail und gehen Sie auch auf die Informationen aus dem Interview ein.

Liebe/r …,

wie geht es dir? Bei mir ist alles so lala. Ich würde am liebsten meinen Job hinschmeißen und gar nicht mehr arbeiten. Das geht natürlich nicht, das alles stresst mich so. Meine Arbeit macht mir auch eigentlich gar keinen Spaß. Jeden Tag dasselbe …
Vielleicht habe ich mich doch für den falschen Beruf entschieden. Am liebsten würde ich nur in meinem Liegestuhl im Garten sitzen und nichts tun. Auf jeden Fall hätte ich gerne einfach mal Zeit für mich. Ein Leben ohne Termine und Verpflichtungen stelle ich mir toll vor. Was meinst du?

Liebe Grüße
Sanne

3 Sätze verbinden – Was passt? Unterstreichen Sie.

1. Ab Montag ist meine Kollegin nicht mehr im Büro, weil | denn sie ein Jahr Pause macht und durch Europa reisen will.
2. Ich kann mir nicht vorstellen, nicht zu arbeiten, obwohl | trotzdem ich meinen Job oft stressig finde.
3. Aber eine längere Pause zu haben, sodass | deswegen man mal aus dem Alltagstrott rauskommt, finde ich super.
4. Ich arbeite jetzt oft im Homeoffice, sodass | deswegen spare ich mir den Weg zur Arbeit.
5. Das ist super, da | denn so habe ich mehr Zeit für mich.
6. Obwohl | Trotzdem ist so eine richtige Auszeit noch mal etwas anderes. Ich glaube, ich spreche mal mit meiner Chefin.
7. Da | Denn meine Chefin auch schon mal für ein Jahr weg war, hat sie sicherlich Verständnis für mich.
8. Ich habe in den letzten Jahren zum Glück viel gespart, sodass | darum könnte ich mir eine Pause leisten. Mal sehen, ob das klappt!

MODUL 3

4 Ergänzen Sie die Konnektoren.

denn • so … dass • obwohl • weil • trotzdem • darum

1. • Was würdest du machen, wenn du nicht arbeiten müsstest?
   ○ Ich will schon lange Klavier spielen lernen. .... würde ich gern mal Unterricht nehmen.

2. • Im Urlaub war mir .... langweilig, ... ich mich richtig auf die Arbeit gefreut habe.
   ○ Wirklich? Das könnte mir nicht passieren. Ich fahre im Urlaub immer nach Kroatien, ...
   meine Familie dort wohnt. Da wird es nie langweilig.

3. • Also, ich habe wirklich viele Hobbys und Interessen. .... wäre es für mich keine Option,
   nicht zu arbeiten.
   ○ Echt? Ich könnte sofort aufhören zu arbeiten, ... mein Job macht mir eigentlich keinen Spaß.

4. • Stell dir vor, du würdest im Lotto gewinnen. Würdest du weiterarbeiten, ... du es nicht
   mehr müsstest?
   ○ Ich glaube, ja. Und du?

5 Ergänzen Sie die Sätze.

1. Viele Menschen fühlen sich gestresst, ...
   (ständig / hetzen / sie / weil / von Termin zu Termin / .)

2. Sie wünschen sich mehr Freizeit, ...
   (würden / gern / deswegen / weniger / arbeiten / sie / .)

3. Aber die Mehrheit braucht einen geregelten Tagesablauf, ...
   (nicht ideal / sodass / ist / zu viel Freizeit / .)

4. Ich würde gerne weniger arbeiten, ...
   (ich / obwohl / wirklich / meine Arbeit / mag / .)

5. Ideal wäre eine Vier-Tage-Woche, ...
   (gern / denn / hätte / ich / mehr Zeit / für meine Freunde / .)

6. Mein Bruder hat seinen Traumjob, ...
   (er / trotzdem / auf eine gute Work-Life-Balance / achtet / .)

6 Schreiben Sie die Sätze um und verwenden Sie die Konnektoren in den Klammern.

1. Mein Freund hat eine gut bezahlte Stelle, trotzdem ist er nicht zufrieden. (obwohl)
2. Er findet seine Arbeit langweilig, deshalb sucht er jetzt eine neue Stelle. (so … dass)
3. Ich kann ihn gut verstehen, weil ich auch viel Abwechslung im Beruf brauche. (denn)
4. Obwohl ich nicht so viel wie mein Freund verdiene, bin ich viel zufriedener. (trotzdem)
5. Ich gehe gerne ins Büro, denn ich verstehe mich mit meinen Kolleginnen und Kollegen richtig gut. (da)
6. Natürlich habe ich auch Vorgesetzte, trotzdem kann ich viel allein entscheiden. (obwohl)
7. Die Arbeitsatmosphäre in meiner Abteilung ist wirklich gut, sodass die meisten Leute gern ins Büro kommen. (deswegen)

1. *Obwohl mein Freund eine gut bezahlte Stelle hat, ist er nicht zufrieden.*

MODUL 4

WIE SAG ICH'S NUR?

1 a Welches Wort passt nicht? Streichen Sie durch.

1. der Konflikt • der Ärger • der Kontakt • der Streit
2. lästern • jemanden schlecht machen • loben • nicht gut über jemanden sprechen
3. verärgert • sachlich • genervt • wütend
4. der Vorwurf • die Kritik • der Vorschlag • die Beschuldigung
5. sich wohlfühlen • stören • nerven • missfallen
6. ins Wort fallen • unterhalten • unterbrechen • dazwischenreden

b Ergänzen Sie das richtige Verb in der passenden Form.

entschuldigen • missverstehen • erklären • ~~ansprechen~~ • unterbrechen • sagen • äußern

1. ● Ich habe da ein Problem, das ich gerne _ansprechen_ möchte.
   ○ Klar, nur zu. Ich finde es immer gut, wenn man Konflikte oder Probleme klar .... und nicht verschweigt. Es ist ja wichtig, dass man sich nicht ....
2. ● Ich möchte mich bei Ihnen .... Ich glaube, Sie waren noch nicht fertig und ich habe Sie eben .... Was wollten Sie .... ?
   ○ Kein Problem. Ich war fast fertig. Ich wollte nur noch .... , wie ich mir eine Lösung vorstellen könnte.

2 a Was passt zusammen? Ordnen Sie zu.

1. Wie sieht es denn hier aus? …

1. Ich habe	A nur ich hier öfter aufräume?
2. Kann es sein, dass	B Bitte. Könntet ihr alle eure Sachen aufräumen?
3. Ich hätte da eine	C unangenehm, wenn hier Sachen rumliegen.
4. Für mich ist es	D das Gefühl, dass hier nicht alle aufräumen.

2. Gut, dass du es sagst. …

1. Ich wusste nicht,	A mache das später. Ich muss jetzt in eine Besprechung.
2. Tut mir leid, ich hatte	B ein Problem mit dem Drucker.
3. Entschuldige, das	C mache ich sofort.
4. Entschuldigung, ich	D dass dich das stört.

b Welche Fortsetzung passt? Kreuzen Sie an.

1. Ich habe verstanden,
   a dass du es nicht magst, wenn hier Papier rumliegt.
   b ob die Unordnung hier alle stört.
2. Habe ich das richtig verstanden,
   a wenn ich hier aufräumen soll?
   b dass wir hier aufräumen sollen?
3. Du meinst also,
   a dass wir alle öfter aufräumen sollen?
   b weil wir alle so unordentlich sind?

MODUL 4

c Setzen Sie die Äußerungen fort.

1. Können wir *uns auf einen Kompromiss einigen?*
   (einen Kompromiss / sich einigen / auf / ?)

2. Wir ....
   (sich einigen / also / darauf / , / dass / öfter / alle / aufräumen / .)

3. Wärst ....
   (einverstanden / du / , / wenn / aufräumen / alle gemeinsam / wir / freitags / ?)

4. In Zukunft ....
   (versuchen / wir / , / liegen zu lassen / nicht / alles / .)

5. Können ....
   (machen / wir / so / es / , / dass / seine eigenen Sachen / aufräumen / jeder / ?)

3

a Ziemlich unfreundlich – Sehen Sie die Bilder an. Wo passt welche Sprechblase?

1. Was soll das denn heißen! Ich kann doch auch nichts dafür, dass die S-Bahn so oft Verspätung hat.

2. Wenn Sie noch einmal zu spät kommen, dann beschwere ich mich ganz oben über Sie!

3. Dann nehmen Sie eine Bahn früher! Sie wissen doch, dass wir heute einen wichtigen Termin haben! Da könnten Sie doch auch einmal pünktlich kommen.

4. Wissen Sie eigentlich, um wie viel Uhr ich aufgestanden bin? Das höre ich mir nicht mehr länger an!

5. Entschuldigung!

6. Ach, schön, dass Sie jetzt auch da sind. Kommen Sie eigentlich auch irgendwann mal pünktlich?

b Wie kann man höflicher sein? – Schreiben Sie die Sprechblasen neu mit höflichen Äußerungen von beiden Personen.

Online Ü 5

1. *Entschuldigung, dass ich zu spät komme, die S-Bahn hatte Verspätung.*

c Vergleichen Sie Ihre Dialoge zu zweit. Einigen Sie sich auf eine Version und spielen Sie sie im Kurs vor.

SPRECHEN · SCHREIBEN · AUSSPRACHE

1 [RICHTIG SPRECHEN] **Small Talk – Lesen Sie die Dialoge. Welche Formulierung ist freundlich und höflich? Kreuzen Sie an und hören Sie dann zur Kontrolle.**

1. • ☐ Wer sind Sie denn? Ich kenne Sie nämlich nicht. Sonst kenne ich alle bei der Firma Holzmann.
   • ☐ Sind Sie der neue Kollege aus dem Marketing? Ich glaube, wir sind uns noch gar nicht begegnet.
   ○ Ja, da haben Sie recht. Mein Name ist Juan Garcia. Ich bin erst seit zwei Wochen dabei und es gefällt mir sehr gut.
2. • Darf ich Ihnen Frau Morino vorstellen? Sie kennen sich noch nicht, oder?
   ○ ☐ Hallo, freut mich, Sie kennenzulernen. Mein Name ist Marco Valentin.
   ○ ☐ Okay. Ich bin Marco Valentin. Was machen Sie hier?
3. • Haben Sie die letzte Fortbildung eigentlich auch besucht? Es ging um Konflikte im Arbeitsalltag.
   ○ ☐ Ach, da war ich gerade im Urlaub. Aber das klingt interessant. Erzählen Sie doch mal.
   ○ ☐ Nein, ich kann ja nicht an jeder Fortbildung teilnehmen.
4. • ☐ Können Sie mir vielleicht ein gutes Restaurant in der Nähe empfehlen?
   • ☐ Wo ist denn hier ein gutes Restaurant? Sie wissen das doch, oder?
   ○ Aber natürlich. Gleich hier um die Ecke ist das Restaurant *Lenz*. Das ist sehr gut.
5. • ☐ Also, ich muss jetzt noch zu Herrn Sollmann. Tschüs.
   • ☐ Es war nett, mit Ihnen zu sprechen. Ich muss jetzt noch kurz mit Herrn Sollmann reden. Den sehe ich gerade da drüben.
   ○ Es war schön, Sie kennenzulernen. Wir sehen uns sicher später noch mal.

2 [RICHTIG SCHREIBEN] **Diktat – Arbeiten Sie zu zweit und diktieren Sie sich abwechselnd die Sätze. Lesen Sie dann die Sätze abwechselnd vor.** ⟨oder⟩ **Hören Sie den Text und schreiben Sie.**

ROLLE A

1. Zu einer Bewerbung gehören das Anschreiben, ein Lebenslauf und wichtige Zeugnisse.
3. Vor dem Schreiben sollte man sich unbedingt über das Unternehmen informieren.
5. Aber der Text sollte nicht länger als eine Seite sein.
7. Im Internet findet man viele weitere Tipps zum Bewerben.

ROLLE B

2. Das Bewerbungsschreiben sollte klar und übersichtlich gestaltet sein.
4. So kann man im Anschreiben auch darüber schreiben, warum man so gut zu der Firma passt.
6. Und auf keinen Fall dürfen Fehler in dem Text sein.
8. Man kann aber auch an einem Bewerbungstraining teilnehmen.

3 a [AUSSPRACHE] **Hören Sie die Fragen und Aussagen. Welche sind freundlich gesprochen (a oder b)? Kreuzen Sie an.**

1. Sind Sie auch mit der U-Bahn gekommen?   a   b
2. Ich habe gerade mit Frau Trautner gesprochen.   a   b
3. Machst du jetzt Mittagspause?   a   b
4. Was machen Sie denn noch hier?   a   b
5. Hast du eigentlich das Meeting vorbereitet?   a   b
6. Lesen Sie doch mal diesen Bericht.   a   b

> **TIPP**
>
> **Freundlich sprechen**
> Sprechen Sie • ruhig.
> • nicht zu schnell.
> • nicht zu laut.
> • nicht zu monoton.
> Lächeln Sie, ein Lächeln hört man. ☺

b **Hören Sie die freundlichen Fragen und Aussagen aus 3a noch einmal und sprechen Sie nach.**

c **Sprechen Sie die Dialoge aus Aufgabe 1 zum Thema *Small Talk* mit den richtigen Formulierungen. Nehmen Sie sich mit dem Handy auf. Kontrollieren Sie, ob Sie höflich und freundlich klingen.**

SELBSTEVALUATION

DAS KANN ICH NACH KAPITEL 5

KB ÜB

💬 **über Berufe sprechen** — M1 1
Welche Voraussetzungen sollte man für diese Berufe haben? Welche Ausbildung gibt es und wo sind die Arbeitsorte? Was sind typische Tätigkeiten in diesen Berufen? Beschreiben Sie.

A

B

💬 **ein Bewerbungsanschreiben formulieren** — M2 1c
Erklären Sie einem Freund / einer Freundin, was er/sie bei einem Anschreiben beachten muss.

✏️ **Gründe, Gegengründe und Folgen ausdrücken** — M3 3
Ergänzen Sie die Sätze.

Ich möchte an der Uni studieren, weil ....
Meine Freundin ist mit ihrer Stelle unzufrieden, obwohl ....
Meine Kollegen sind total nett, deshalb ....

UND ICH KANN ...

KB ÜB

		KB	ÜB
📖	berufliche Entwicklungen verstehen und vorstellen.	M1 2	
🔊	einen Podcast zur Berufswahl verstehen.		3
💬	über Möglichkeiten der Stellensuche sprechen.	M2 1a–b	
🔊	Tipps zur Bewerbung in einem Beratungsgespräch verstehen.		1c–d
📖✏️	ein Anschreiben verstehen und formulieren.		3
📖	passende Stellenanzeigen für Bekannte finden.		3
📖	Forumsbeiträge zum Thema *Nie wieder arbeiten* verstehen.	M3 1b	
💬	meine Meinung zum Thema *Arbeit und Freizeit* sagen.		2a
🔊	ein Interview mit einem Arbeitspsychologen verstehen.		2b–c
✏️	einen Forumstext schreiben.		4
✏️	eine Mail schreiben und Informationen weitergeben.		2
💬	ein Problem beschreiben.	M4 1b	
🔊	Informationen über den Umgang mit Konflikten hören und notieren.		2b–c
💬	über ein Zitat sprechen.		2e
💬	Kritik höflich formulieren.		3
[M]	Konflikte ansprechen.	4	3b
💬	über Small Talk sprechen.	K	1
💬	Small Talk-Gespräche führen.	2b–d	1

5

MODUL 1 — WAS MACHEN SIE SO BERUFLICH?.

- inzwischen
- selbstständig
- leiten *(eine Veranstaltung leiten)*
- etwas entwickeln
- auf/fallen *(fällt auf, fiel auf, ist aufgefallen)*
- an/starren
- erscheinen *(erscheint, erschien, ist erschienen)*
- die Inklusion (Sg.)
- die Gleichberechtigung (Sg.)
- etwas auf die Bühne bringen
- der Geschäftsführer, - die Geschäftsführerin, -nen
- der Vertreter, - die Vertreterin, -nen

- die Folge, -n *(Folgen haben)*
- der Artist, -en die Artistin, -nen
- die Begabung, -e
- der Entschluss, "-e *(Der Entschluss steht fest.)*
- schwer/fallen *(fällt schwer, fiel schwer, ist schwergefallen)*
- bewältigen
- auf/geben, gibt auf, gab auf, hat aufgegeben
- auf/nehmen *(nimmt auf, nahm auf, hat aufgenommen) (1. eine Sendung aufnehmen; 2. in einem Verein aufgenommen werden)*
- unterstützen

MODUL 2 — EIN NEUER JOB

- die Stellenanzeige, -n
- Kontakte knüpfen
- der Lebenslauf, "-e
- hochladen
- das Netzwerk, -e
- das Anschreiben, -
- das Unternehmen, -
- die Berufserfahrung, -en
- die Fähigkeit, -en *(persönliche Fähigkeiten)*
- das Feedback, -s

- die Staatsangehörigkeit, -en
- die Arbeitsweise, -n
- die Bewerbung, -en
- erfahren *(eine erfahrene Bürokraft)*
- zuverlässig
- verantwortungsbewusst
- die Flexibilität (Sg.)
- des Weiteren
- überzeugen
- die Unterschrift, -en
- das Zeugnis, -se

WORTSCHATZ

MODUL 3 NIE WIEDER ARBEIT?!

der Albtraum, "-e	sinnvoll (etwas Sinnvolles tun)
die Vorstellung, -en	ansonsten
sich etwas vorstellen	etwas auf sich zukommen lassen
klingen (Das klingt verlockend.)	auf jeden Fall
kaputt (Abends bin ich oft kaputt.)	die Abwechslung (Sg.)
die Anerkennung (Sg.)	die Routine, -n
in den Tag hineinleben	eintönig

MODUL 4 WIE SAG ICH'S NUR?

gleichzeitig	der Verteiler, - (jemanden mit in den Verteiler nehmen)
etwas an/sprechen (spricht an, sprach an, hat angesprochen)	ab/legen (Dateien in einem Ordner ablegen)
sachlich	unangenehm
achten auf (+ Akk.) (Könnten Sie bitte darauf achten, dass …)	kompliziert

Weitere Wörter, die für mich wichtig sind

Notieren Sie passende Nomen zum Thema *Bewerbung*. Ergänzen Sie dann Verben und Adjektive, die zu den Nomen passen.

Nomen	Verben	Adjektive
der Lebenslauf	verfassen, schreiben, abschicken …	sachlich, übersichtlich …
das Vorstellungsgespräch		
die Anzeige		
…		

6 VOM GLÜCK

WORTSCHATZ WIEDERHOLEN UND ERARBEITEN

1 a Was macht Sie glücklich? – Bringen Sie die folgenden Aspekte in eine Reihenfolge (1 = macht am glücklichsten, 14 = macht am wenigsten glücklich).

- eine weite Reise machen
- sich auf etwas Neues einlassen
- in der Natur sein
- Geld für etwas spenden
- Zeit für sich haben
- ein leckeres Essen genießen
- einen Ausflug mit einem coolen Sportwagen machen
- sich beim Sport auspowern
- etwas Kreatives tun, z. B. malen
- ein echtes Abenteuer erleben
- mit anderen Musik machen
- mit Freunden zusammen sein
- soziale Projekte unterstützen
- sich verwöhnen lassen, z. B. mit Wellness

b Ergänzen Sie die Dialoge mit Ausdrücken aus 1a. Was passt? Es gibt mehrere Möglichkeiten. Vergleichen Sie Ihre Lösungen zu zweit.

1. ● Wir machen immer das Gleiche. Lass uns in unserer Freizeit doch mal was anderes machen.
   ○ Stimmt. Wir könnten ....

2. ● Immer nur lernen und Hausarbeiten schreiben. Mein Studium nervt. Ich bin so unglücklich!
   ○ Du Arme. Ich glaube, du solltest ....

3. ● Vielen in meiner Familie ist es wichtig, viel Geld zu verdienen. Aber ist das wirklich so wichtig?
   ○ Na ja, mit Geld kann man ja auch helfen, zum Beispiel ....

4. ● Der Winter macht mich echt depressiv. Immer nur kalt und dunkel. Ich freue mich auf den Frühling!
   ○ Ich mich auch! Dann können wir draußen ....

c Hören Sie zwei Varianten zu jedem Dialog und vergleichen Sie mit Ihren Lösungen. Wählen Sie für jeden Dialog eine Lösung und sprechen Sie die Dialoge zu zweit. Achten Sie auf Artikulation und Intonation. (1.42)

2 Was passt? Ergänzen Sie die Dialoge.

Glück haben • Pech haben • unglücklich sein • glücklich sein

1. ● Aua! Mein Zahn tut so weh!
   ○ Ich rufe beim Zahnarzt an. Vielleicht .... und er hat einen Termin frei.

2. ● Dimitri sieht so fröhlich aus.
   ○ Ja, er hat den Marathon gewonnen, für den er so lange trainiert hat. Jetzt ....

3. ● Wie war dein Urlaub?
   ○ Nicht so schön. .... mit dem Wetter. Es hat nur geregnet.

4. ● Ich .... , weil ich hier ganz allein bin.
   ○ Dann musst du dir neue Freunde suchen.

3

a Notieren Sie den bestimmten Artikel.

1. .... Glück
2. .... Glückstag
3. .... Glücksbringer
4. .... Glücksspiel
5. .... Glücksmoment
6. .... Glücksgefühl
7. .... Pech
8. .... Pechsträhne
9. .... Pechvogel

b Ergänzen Sie Nomen aus 3a.

A
- Na, warst du gestern noch lange auf der Party?
- Ja, klar. Am Ende hatte ich allerdings (1) .... Jemand hat die Jacken verwechselt und meine Jacke war weg.
- Und hast du sie zurück?
- Ja, zum (2) .... war in der anderen Jacke eine Visitenkarte. Wir haben uns getroffen und die Jacken getauscht.

B
- Du packst deinen Teddy für die Prüfung ein?
- Ja, den nehme ich immer mit. Er ist doch mein (3) ....
- Also, ich finde das ziemlich kindisch.
- Das ist mir egal.

C
- Boah, heute ist erst die Kaffeemaschine kaputt gegangen, dann ist mir eine Vase runtergefallen und dann habe ich mich auch noch geschnitten.
- Du Arme, du hast ja eine richtige (4) .... !
- Na ja, heute ist jedenfalls nicht mein (5) ....

D
- Und? Hat Ben seine theoretische Fahrprüfung bestanden?
- Nein, wieder nicht! Es war sehr knapp. Nur ein Punkt! Er ist echt ein (6) ....
- Unsinn! Er muss mehr üben. So eine Prüfung ist ja kein (7) .... Da geht es um Wissen und um Fakten.

4

a Gegensätze – Welche Wörter drücken das Gegenteil aus? Notieren Sie die Paare.

Online Ü1

das Risiko • ~~pessimistisch~~ • leicht • die Harmonie • sozial • schwierig • ~~optimistisch~~ • die Sicherheit • der Stillstand • stressig • der Streit • egoistisch • die Bewegung • gemütlich

pessimistisch – optimistisch

b Ergänzen Sie vier weitere Paare.

5

Klick-Klack – Sprechen Sie zu zweit. Person A beginnt *(Klick)*, Person B reagiert *(Klack)*. Dann wechseln Sie. **oder** Hören Sie *(Klick)* und reagieren Sie *(Klack)*.

1.43

Klick
1. Sorry, ich bin zu spät. Aber es fuhr kein Bus.
2. Hat Markus den Abschlusstest bestanden?
3. Hat sich Lena den Arm gebrochen?
4. Wie versteht ihr euch denn mit eurem neuen Mitbewohner?
5. Ich habe eine neue Wohnung gefunden!
6. Wie hast du eigentlich deinen neuen Job bekommen?
7. Möchten Sie noch ein Dessert oder Kaffee?
8. Du Glückliche hast dein Examen schon bestanden.

Klack
A Ja, bei einem schweren Unfall. Das war also noch Glück im Unglück.
B Schwein gehabt! Wohnungen sind doch so knapp.
C Ich habe auf gut Glück eine Initiativbewerbung an die Firma geschickt. Und es hat geklappt.
D Die streiken mal wieder. Zum Glück kann ich zu Fuß zur Arbeit gehen.
E Nein, vielen Dank. Wir sind wunschlos glücklich.
F Ja, ich hatte echt Glück mit den Aufgaben.
G Mit Jason? Super! Der ist ein echter Glücksfall!
H Ja, ohne Lernen! Der hat mehr Glück als Verstand.

UNTER FREUNDEN

1 a Finden Sie 15 Nomen zum Thema *Freundschaft* und notieren Sie sie mit dem bestimmten Artikel.

ZUSAMMENHALTGROMITGEFÜHLOPROFFENHEITERIBEHRLICHKEITTRERESPEKTESIHUMORALIM
WERTSCHÄTZUNGARTUNTERSTÜTZUNGINOMVERSTÄNDNISSUVERTRAUENEBRITOLERANZIMME
GEMEINSAMKEITURTREUEMILOYALITÄTUNSPAßUNG

1. der Zusammenhalt, 2. …

b Welche Nomen aus 1a sind hier gemeint? Notieren Sie sie.

1. das Akzeptieren anderer Meinungen: die ……………………
2. Eigenschaft, dank der man mit Witz und guter Laune reagieren kann: der ……………………
3. fester Glaube daran, dass jemand ehrlich und zuverlässig ist: das ……………………
4. Teilnahme an Problemen und Sorgen anderer: das ……………………
5. Die Wahrheit sagen, auch wenn sie unbequem ist: die ……………………

c Erklären Sie drei weitere Begriffe aus 1a zum Thema Freundschaft.

Offenheit bedeutet, wenn jemand bereit ist, eine Person besser kennenzulernen, und nicht sofort entscheidet, wie er/sie diese Person findet.

2 a Ergänzen Sie die Reflexivpronomen in der Tabelle.

	ich	du	er/es/sie	wir	ihr	sie/Sie
Akkusativ	mich					
Dativ		dir				

b Akkusativ oder Dativ? – Unterstreichen Sie das passende Reflexivpronomen.

An dem Montag, als ich Anna das erste Mal traf, musste ich (1) mich | mir gerade sehr beeilen. Mein Computerkurs sollte gleich beginnen und ich hatte (2) mich | mir nicht gemerkt, in welchen Raum ich musste.
Ich stand also vor dem riesigen Raumplan und konzentrierte (3) mich | mir darauf, meinen Kurs zu finden. Trotzdem hörte ich, wie Anna an der Infotheke etwas auf Spanisch sagte, aber der Mann an der Infotheke verstand sie nicht. Da ich (4) mich | mir vor dem letzten Urlaub etwas Spanisch beigebracht hatte, wollte ich helfen. Ich ging zu den beiden und entschuldigte (5) mich | mir für die Störung. Dann fragte ich Anna auf Spanisch: „Möchtest du (6) dich | dir nach deinem Deutschkurs erkundigen?" Anna lachte erleichtert und seitdem sind wir sehr gut befreundet.

3

a Tipps um Freunde zu finden – Ergänzen Sie die reflexiven Verben.

sich vorstellen • sich melden • sich vernetzen • sich anmelden • sich (etwas) suchen • sich interessieren

**Du bist neu in der Stadt und kennst noch niemanden?
So findest du neue Freunde:**

1. Als Allererstes: .... bei deinen Nachbarn vor.
2. Freunde in der Freizeit finden: .... ein Hobby!
3. Du machst gern Sport? Dann .... in einem Sportverein ....
4. Lieber kein Sport? Vielleicht .... du .... für einen Krimiclub oder Kochkurs.
5. Pflege gleichzeitig deine Kontakte und .... bei alten Freunden.
6. Nutze die sozialen Medien und .... !

b Formulieren Sie drei weitere Tipps wie in 3a.

c Reflexiv oder nicht? Ergänzen Sie, wo nötig, ein Reflexivpronomen.

Online Ü 2

WAS IN EINER FREUNDSCHAFT WICHTIG IST

Manchmal ist es gar nicht so einfach, (1) .... einen Freund zu finden, dem man (2) .... vertrauen kann. Aber woran merkt man (3) ...., wer ein echter Freund oder eine echte Freundin ist?
Müssen (4) .... Freunde für das Gleiche interessieren wie ich? Sollten sie immer die gleiche Meinung haben wie ich? Nein, darum geht es (5) .... nicht. Gute Freunde kümmern (6) .... um dich, auch wenn du (7) .... gerade nicht so gut fühlst. Freunde sehen (8) .... nicht nur in guten Zeiten. Für echte Freunde nimmt man (9) .... Zeit, wenn sie einen brauchen – egal, wie viel man gerade selbst (10) .... zu tun hat.

4

Bilden Sie Sätze. Entscheiden Sie zuerst, ob die angegeben Verben reflexiv sind.

Tierfreundschaften – Können Tiere Freundschaft schließen?
1. Tiere / mit anderen Tieren / können / anfreunden / .
2. Sie / ganz ähnlich wie Menschen / fühlen / .
3. Viele Tiere / die Nähe zu anderen Lebewesen / mögen / .
4. Oft / Hunde und Katzen / aneinander / können / gewöhnen / .
5. Hunde / sehr gern / um andere Mitbewohner / kümmern / .
6. Sie / sogar Mitgefühl / können / ausdrücken / .
7. Hunde / ihre Besitzer / können / trösten / .

1. Tiere können sich mit anderen Tieren anfreunden.

GLÜCKSPILZ ODER PECHVOGEL?

1 Was passt? Ordnen Sie zu.

1. Die S-Bahn hat ständig Verspätung.
2. Wir spielen regelmäßig Lotto.
3. Gestern hatte ich einen Platten.
4. Ich habe an einem Quiz teilgenommen.
5. Am Sonntag habe ich meine EC-Karte verloren.
6. Ich konnte an der Prüfung nicht teilnehmen, weil ich krank war.

A Und stell dir vor, ich habe eine Reise gewonnen.
B Aber zum Glück kann ich sie morgen nachholen.
C Deshalb fahre ich lieber mit dem Rad.
D Natürlich habe ich sie sofort sperren lassen.
E Ich konnte ihn aber selbst reparieren.
F Letzte Woche hatten wir vier richtige Zahlen.

2 Lesen Sie den Text und die Aufgaben 1–5. Welche Lösung (a, b oder c) ist jeweils richtig? Kreuzen Sie an.

Online Ü 3

Kann man Glück lernen?

Wenn man an diesem Dienstagvormittag an die Geschwister-Scholl-Schule kommt, kann man eine ganz andere Art von Unterricht sehen, denn hier gibt es das Schulfach Glück. „Vor einigen Jahren habe ich einen Artikel über den Schuldirektor Ernst Fritz-Schubert gelesen, der das Fach an seiner Schule als Erster eingeführt hatte. Ich war begeistert und wollte das ebenfalls für unsere Schule. Zunächst gab es einen Versuch in den höheren Stufen, seit diesem Schuljahr haben wir das Fach aber in jeder Klasse", erzählt Mira Antoni, Rektorin an der Geschwister-Scholl-Schule.

Heute unterrichtet Johanna Waldmann in der Klasse 8a. Sie will Lehrerin werden und studiert noch. Nebenbei hat sie an zehn Wochenenden einen Kurs besucht, wo sie zur „Glückslehrerin" ausgebildet wurde. Und jetzt kommt sie jeden Dienstag und Donnerstag in die Geschwister-Scholl-Schule, um den Jugendlichen das Glücklichsein beizubringen. Am Anfang waren die Schülerinnen und Schüler skeptisch, aber jetzt sind alle froh über das Fach. Im Gegensatz zu den normalen Fächern müssen sie sich im Schulfach Glück nicht mit langen Texten befassen oder Hausaufgaben machen. Aber – bekommen die Schülerinnen und Schüler wirklich eine Anleitung zum Glücklichsein? „Sie sollen sich bewusst machen, was sie gut können, was ihnen liegt. Das gibt Selbstbewusstsein, und selbstbewusste Menschen sind glücklicher. Sie sollen aber auch lernen, wie man gute Entscheidungen trifft, und das eigene Leben plant", berichtet Johanna Waldmann. Insgesamt herrscht eine positive Atmosphäre in der Klasse. Von den sonst auftretenden Problemen zwischen den Schülerinnen und Schülern spürt man nicht viel. Die praktischen Übungen kommen gut an. Oft geht es auch um Teamarbeit und Vertrauen zueinander. Die Jugendlichen müssen zum Beispiel praktische Aufgaben gemeinsam lösen.

Trotzdem sind an der Geschwister-Scholl-Schule nicht alle begeistert von diesem besonderen Schulfach. So manche Lehrkraft hält die Stunden für Zeitverschwendung. Frau Antoni dagegen ist überzeugt von dem positiven Nutzen: „Wir werden dieses Fach auch in Zukunft anbieten. Schließlich diskutieren immer mehr Länder darüber, ob sie das Fach nicht einführen sollten", meint Frau Antoni dazu. Auch in Deutschland befassen sich Politiker und Politikerinnen mit der Frage, ob man deutschlandweit den Schülern und Schülerinnen zu mehr Glück verhelfen soll.

1. Das Schulfach Glück
   a wird in allen Jahrgangsstufen unterrichtet.
   b ist seit diesem Jahr ein Projekt an der Geschwister-Scholl-Schule.
   c wurde von der Rektorin der Geschwister-Scholl-Schule erfunden.

2. Johanna Waldmann
   a hat das Fach Glück an der Uni studiert.
   b kommt täglich in die Geschwister-Scholl-Schule.
   c hat eine Fortbildung zu dem Thema besucht.

3. Die Schüler und Schülerinnen
   a finden das Fach Glück überflüssig.
   b sollen ihre Stärken besser kennenlernen.
   c lesen viele Texte über Glück.

4. Im Unterricht zum Thema Glück
   a gibt es viele Übungen in der Gruppe.
   b erzählen die Schüler und Schülerinnen von ihren Problemen.
   c müssen auch Tests geschrieben werden.

5. Das Schulfach Glück
   a wird von allen Lehrern und Lehrerinnen positiv gesehen.
   b wird auch in der Politik diskutiert.
   c wird nächstes Jahr wieder abgeschafft.

3 a Eine Geschichte schreiben – Bringen Sie die Sätze in eine sinnvolle Reihenfolge.

- A. Dummerweise hatte ich so viel Schwung, dass mein ganzer Kaffee auf dieser Person landete.
- *1* B. Es war mein erster Tag an der Uni und ich wollte vor dem Seminar noch schnell etwas frühstücken.
- C. Als ich dann endlich meinen Kaffee und mein Sandwich bekam, wollte ich schnell los, drehte mich schwungvoll um und habe dabei leider übersehen, dass direkt hinter mir jemand stand.
- D. Ich entschuldigte mich natürlich sofort und plötzlich erkannte ich meine alte Schulfreundin Clara, die ich seit zehn Jahren nicht mehr gesehen hatte.
- E. Ich stand in der Schlange am Tresen und wartete, bis ich dran war.
- F. An diesem Tag kam ich zwar zu spät zur Uni, aber ich hatte eine gute Freundin wiedergetroffen.
- G. Aber es dauerte alles ziemlich lange und ich wurde immer nervöser und hatte Angst, dass ich bereits an meinem ersten Tag zu spät kommen würde.
- H. Schließlich tauschten wir noch schnell unsere Handynummern aus und seitdem haben wir uns schon oft getroffen.
- I. Das war so peinlich! Ich wurde rot wie eine Tomate. Gleichzeitig fiel mir auch das Sandwich aus der Hand und landete auf den Schuhen. Allerdings nicht auf meinen …
- J. Wir freuten uns beide und ich half ihr, ihre Jacke und Schuhe wieder einigermaßen sauber zu machen.

b Lesen Sie die Sätze in 3a noch einmal und markieren Sie in zwei verschiedenen Farben Wörter und Ausdrücke, die
- den Ablauf der Geschichte deutlich machen oder eine Veränderung in der Geschichte zeigen.
- Emotionen beschreiben.

MODUL 3

BESSER DRAUF ...

1 Wie heißen die Nomen? Ergänzen Sie mit Artikel.

Adjektiv	Nomen		Adjektiv	Nomen
1. fröhlich	die		5. liebevoll	
2. ärgerlich			6. ängstlich	
3. wütend			7. erleichtert	
4. neidisch			8. gestresst	

2 a Welche Verben passen? Notieren Sie je zwei Verben.

~~erleben~~ • einnehmen • hoffen • schützen • spielen • tun • wahrnehmen • warnen • warten • wünschen

1. positive Momente intensiver _erleben_ / ....
2. auf eine Reaktion .... / ....
3. eine wichtige Rolle .... / ....
4. Wut und Angst sollen uns .... / ....
5. anderen Menschen etwas Gutes .... / ....

b Was bedeuten die Begriffe? Ordnen Sie zu und formulieren Sie Sätze.

eine andere Person unterstützen oder verwöhnen • ~~völlig anders sein, als man erwartet~~ • handeln und dafür keinen Lohn oder kein Lob erwarten • im Detail wissen, was passiert ist • etwas Lustiges tun, zum Beispiel einen Witz erzählen

1. „Ganz im Gegenteil!" bedeutet, dass _etwas völlig anders ist, als man erwartet._
2. Wenn man sich „ganz genau erinnert", heißt das, dass man ....
3. Eine Person „zum Lachen bringen" meint, dass man ....
4. Wenn man etwas „ohne Gegenleistung tut", dann ....
5. Jemandem „etwas Gutes tun" heißt, dass man ....

3 a Glücksübungen aus dem Internet – Bringen Sie die die Präsentation in eine sinnvolle Reihenfolge.

A ___ Die Steine legt man dann an die Straße.
B ___ Die Übung finde ich gut, weil sie einfach und nett ist und sie nichts kostet.
C _1_ Ich habe viele Informationen zu Glücksübungen im Internet gefunden.
D ___ So können alle, die zu Fuß gehen, die Steine mit den Wünschen lesen.
E ___ Ich stelle heute eine Übung vor, die mir gut gefallen hat.
F ___ Deshalb kann ich mir vorstellen, die Übung mit meiner Familie auszuprobieren.
G ___ Wem ein Stein gefällt, der kann ihn mitnehmen.
H ___ Außerdem kann man die Übung in jedem Alter machen.
I ___ Bei der Übung malen die Leute nette Wünsche auf Steine.

b Hören Sie die Präsentation zur Kontrolle. Hören Sie dann noch einmal und sprechen Sie laut mit.

MODUL 3

4 a Bilden Sie die passenden Formen. Die Regeln in Aufgabe 3b im Kursbuch helfen.

	Grundform	Komparativ	Superlativ
1	glücklich	glücklicher	am glücklichsten
2	lustig		
3	lang	länger	
4	kurz		
5		größer	
6			am fittesten
7	gestresst		
8	entspannt		
9		spannender	
10			am besten
11	angenehm		

TIPP

Besondere Formen
gern
lieber
am liebsten

viel
mehr
am meisten

hoch
höher
am höchsten

b Was glücklich macht – Welche Komparative passen? Ergänzen Sie mit den Formen aus 4a. Verwenden Sie jeden Komparativ nur einmal.

1. • Ich mache mir Sorgen um Matteo. Seit er für sein Examen lernt, ist er viel .... als früher.
   ○ Jetzt hat er zum Glück die ersten Klausuren schon bestanden und es geht ihm wieder ....
2. • Wir sind vom Zentrum in die Südstadt gezogen. Unsere neue Wohnung ist jetzt 20 qm ....
   ○ Toll! Die Südstadt ist viel .... als das Zentrum, kleine Straßen und viel Grün.
3. • Ich will, dass mein Leben wieder .... und .... wird! Es ist so langweilig.
   ○ Ach ja? Gestern wolltest du noch, dass dein Alltag .... und nicht so hektisch sein soll.
4. • Nach dem Sport bin ich immer total happy und viel .... als vorher.
   ○ Das geht mir auch so. Aber ich müsste jede Woche .... trainieren als nur 20 Minuten.

5 Vergleiche mit *als* und *wie*. Was ist richtig? Unterstreichen Sie.

„Ich wohne in einer WG zusammen mit meinem Freund Fritz. Er war früher eigentlich genauso aktiv (1) wie | als ich. Wir hatten auch viele gemeinsame Interessen. Seit wir studieren, ist er aber immer gestresster (2) wie | als ich. In der Klausurzeit ist es immer das Gleiche. Ich muss mich auch auf die Klausuren vorbereiten, aber ich habe keine Lust, so viel zu lernen (3) wie | als er. Ich will lieber abends Freunde treffen (4) wie | als lernen. Fritz ist der Ansicht, dass ich die Prüfungen genauso gut vorbereiten sollte, (5) wie | als er. Ihn macht es total nervös, wenn er einen Tag mal nichts für die Uni macht. Da ist er ganz anders (6) wie | als ich. Ich brauche auch mal ein bisschen Entspannung. Aber letzten Freitag hat er mich überrascht und gesagt: „Komm, wir gehen heute Abend mal wieder aus. Erst ins Kino und dann in unseren Club. Ich mag das doch auch viel lieber, (7) wie | als rumsitzen und lernen. Heute will ich mal Spaß haben!" Wow! Es war ein super Abend und Fritz war wieder so lustig und locker (8) wie | als früher. Geht doch!

6
MODUL 3

6 Paula im Glück – Ergänzen Sie die Superlative. Achten Sie auf die Endungen. Hören Sie dann zur Kontrolle.

 1.45

„Hey Caro, du glaubst nicht, was mir passiert ist! Ich war doch gestern bei meinem Bruder in Köln. Kolja wohnt in der (1, toll) _tollsten_ Stadt, die ich kenne. Obwohl er auch in dem (2, klein) .... Zimmer wohnt, das ich je gesehen habe. „Dafür", sagt er, „habe ich die (3, nett) .... WG der Welt." Na ja, jedenfalls wollten wir etwas essen gehen. Aber in unserem (4, gern) aller............... Restaurant wurde eine Serie gedreht. MEINE Lieblingsserie!!! Und dann steht auch noch der (5, cool) .... Schauspieler aus der Serie vor mir: Jannik Schümann. Ich habe ihn wie der (6, blöd) .... Fan angestarrt. Mein Bruder fand, dass ich ihn in die (7, peinlich) .... Situation seines Lebens gebracht hätte. So ein Quatsch! Nur, weil ich noch die (8, gut) .... Szenen vom Set und Jannik fotografiert habe. Es war das (9, schön) aller............... Erlebnis in Köln. Ich bin immer noch ganz happy! Machen wir heute Abend was? Melde dich doch mal.

7 a Was passt zusammen? Verbinden Sie.

1. Manche Menschen möchten gern ein
2. Oft liegt es daran, dass wir die
3. Es gibt viele Dinge, die wir in unserem immer
4. Viele können abends gar nicht sagen, was ihr
5. Wenn man zu negativ denkt, bekommt man gar nicht mit, dass heute ein
6. Wer das Positive nicht bemerkt, kann lange auf die

stressigeren
schönster
glücklicheres
beste
positiven
besserer

Leben führen.
Alltag gar nicht mehr mitbekommen.
Moment an diesem Tag war.
Situationen im Leben gar nicht bemerken.
Tag als gestern war.
Zeit seines Lebens warten.

b Lesen Sie die Nachrichten und ergänzen Sie die Adjektive im Komparativ und Superlativ. Achten Sie auf die Endungen.

Hallo Ondrej, morgen fliegst du ja für ein halbes Jahr nach Australien. Ich wünsche dir die (1, schön) .... Reise deines Lebens! Ich hoffe, dass du eine (2, spannend) .... Zeit als hier hast. Bestimmt lernst du (3, viel) .... Leute kennen als bei uns. Melde dich, wenn du da bist!

Hallo aus Melbourne, der (4, groß) zweit............... Stadt Australiens. Hier ist es super und ich kann mir kein (5, fantastisch) .... Land als Australien vorstellen. Ich schicke dir Fotos. Bis bald.

TIPP
Ordinalzahlen vor dem Superlativ können Bewertungen in eine Reihenfolge bringen:
Tim ist mein **zweit**ältester Freund.
Lyon ist die **dritt**größte Stadt Frankreichs.
Aber: Das **erstbeste** Hotel = das erste Hotel, das ohne Nachdenken gewählt wurde. *Mit dem erstbesten Hotel hatten wir kein Glück.*

WAS FÜR EIN TAG …

1 Lesen Sie noch einmal die Texte im Kursbuch zu Aufgabe 3a. Lesen Sie dann die Aussagen und ergänzen Sie die Lücken.

1. Forscher haben .... (geeigzt), dass Sport glücklich macht.
2. Unser Körper .... (pordzurtie) mehr Serotonin und Endorphin, wenn wir Sport machen.
3. Die Ergebnisse eines Forscherteams der Universität Kiel waren eine .... (Üschrrabngeu).
4. Wer große .... (Mngeen) mit anderen teilt, ist glücklicher.
5. Laut H. Gardner sind Menschen zufrieden, wenn ihre Arbeit von anderen .... (geäztscht) wird.
6. Essen kann uns glücklich machen, wenn wir den .... (Gmaceschk) gut kennen.
7. Robb Rutledge hat nachgewiesen, dass die .... (Uscherientde) zu unseren Mitmenschen gering sein müssen, damit wir glücklich sind.

2 a Was brauchen Sie zum Glück? Lesen Sie die Grafik. Stimmen Sie den Ergebnissen zu? Welche Faktoren sind für Sie am wichtigsten oder am unwichtigsten? Notieren Sie.

Online Ü 5

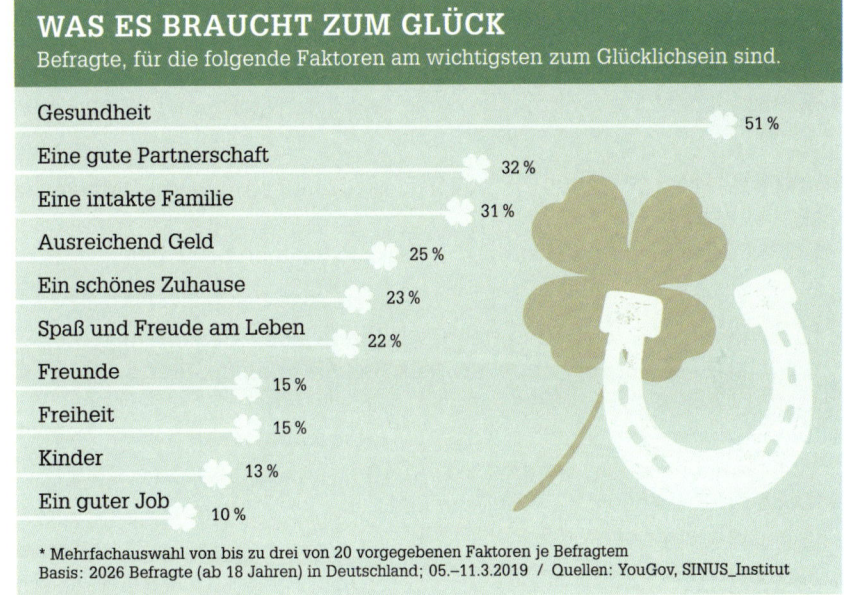

b Beschreiben Sie die wichtigsten Aussagen der Grafik für einen Freund / eine Freundin. Schreiben Sie auch einen kurzen Kommentar mit Ihrer Meinung zu den Aussagen. **oder** Schreiben Sie auch, ob die Ergebnisse in Ihrem Land gleich oder anders wären. Vermuten Sie, welche Unterschiede es geben könnte.

3 Hören Sie fünf Texte aus einer Umfrage zum Thema *Was macht Sie glücklich?* Sie hören diese Texte nur einmal. Markieren Sie, ob die Aussagen richtig oder falsch sind.

1.46

1. Die Sprecherin ist glücklich, weil ihr Mann seit einem halben Jahr wieder arbeiten darf. richtig falsch
2. Der Sprecher fühlte sich nach seinem Umzug allein. richtig falsch
3. Die Sprecherin möchte Seminare zum Thema *Glück* besuchen. richtig falsch
4. Die Sprecherin ist unglücklich, weil sie nicht mehr in ihrem Garten arbeiten kann. richtig falsch
5. Den Sprecher macht es glücklich, dass er wieder Geld verdienen kann. richtig falsch

6

SPRECHEN · SCHREIBEN · AUSSPRACHE

1 a [RICHTIG SPRECHEN] Denken und sagen – Arbeiten Sie zu zweit. Was passt zusammen? Ordnen Sie zu. A liest vor, was die Person denkt, B liest vor, was sie sagt. Dann wechseln Sie.

denken
1. Na, endlich ist auch Herr Lehmann zur Sitzung gekommen! — D
2. Warum gibt es wieder kein Papier?
3. Es will wieder keiner etwas machen. Immer das Gleiche! Niemand meldet sich.
4. Warum sehen alle auf die Uhr? Wir sitzen erst fünf Minuten hier. Unglaublich.
5. Frau Schmidt sieht die ganze Zeit nur auf ihr Handy. Was soll das?

sagen
A Könnte jemand Papier holen? Das wäre nett.
B Wer möchte welche Aufgabe übernehmen? Sie können sie auch zu zweit erledigen.
C Ich verstehe, dass wir nicht viel Zeit haben. Ist eine Stunde für das Treffen in Ordnung?
D Schön, dass jetzt alle da sind. Womit wollen wir anfangen?
E Es würde helfen, wenn alle konzentriert mitarbeiten. Zusammen sind wir besser.

b Was könnte jemand auf die Aussagen A bis E in 1a antworten? Spielen Sie die Minidialoge.

1. Das sehe ich auch so. Gemeinsam haben wir die besten Ideen.
2. Dann mache ich eine Aufgabe zusammen mit dir/Ihnen, einverstanden?
3. Das ist okay für mich. Aber länger kann ich leider nicht bleiben.
4. Ich mache das. Brauchen wir sonst noch etwas?
5. Vielleicht starten wir mit der Frage, wer das Protokoll heute schreibt.

2 a [RICHTIG SCHREIBEN] Kettengeschichten schreiben – Wählen Sie zu zweit ein Thema.

ein Glückstag • das Glückskind • glücklich für zehn Sekunden • Glück im Unglück

b Schreiben Sie zu zweit Kettengeschichten. Jede/r beginnt mit „Die Geschichte begann ..." und schreibt einen Satz auf ein Blatt. Tauschen Sie dann die Blätter. Jede/r schreibt den nächsten Satz usw.

Die Geschichte begann damit, dass ... • Was war los? ... •
Auf einmal ... • Was war das? ... • Dann ... •
Danach ... • Später ... • Und am Ende ... •
Man kann also sagen, dass ...

Das Glückskind

Die Geschichte begann damit, dass ich im Flugzeug saß und total nervös war.

Was war los? Ich hatte Angst vor dem Fliegen!

Auf einmal sagte die nette Frau neben mir: „ ...

c Jede/r liest am Ende eine Geschichte und korrigiert die Fehler. Lesen Sie sich danach die Geschichten gegenseitig vor. Welche Geschichte ist am besten? Warum?

3 a [AUSSPRACHE] Emotionen betonen – Hören Sie die Sätze. Welche Wörter werden besonders betont? Markieren Sie.

1. Ich bin heute total glücklich.   Ich bin überhaupt nicht glücklich.
2. Alles war wunderbar.   Mich nervt alles.
3. Ich habe gerne mit euch gefeiert.   Und warum soll ich jetzt aufräumen?

b Arbeiten Sie zu zweit. Schreiben und sprechen Sie selbst Sätze wie in 3a.

SELBSTEVALUATION

DAS KANN ICH NACH KAPITEL 6

KB ÜB

💬 **über wichtige Eigenschaften sprechen** — M1 1c, 4a
Was ist für Sie in einer Freundschaft wichtig? Nennen Sie drei Eigenschaften.

> Für mich sind … am wichtigsten.
>
> Für mich bedeutet Freundschaft, dass ich mich …
>
> Ein Freund / Eine Freundin sollte …

💬 **eine kurze Präsentation halten** — M3 2e   3
Wählen Sie A oder B und präsentieren Sie sich das Thema gegenseitig.
A Faktoren für Glück   B Typen von Freundschaft

Heute berichte ich über …   Ich glaube, dass …
Außerdem …   Deshalb …

✏️ **Vergleiche anstellen** — M3 3b-c
Beantworten Sie die Fragen und schreiben Sie jeweils zwei Sätze.
- Was war der glücklichste Tag im letzten Monat?
- Waren Sie schon einmal glücklicher als an diesem Tag?
- Warum war dieser glücklicher als an anderen Tagen?

UND ICH KANN …

	KB	ÜB
✏️ ein Wortgedicht zum Thema *Freundschaft* schreiben.	M1	1b
📖 ein Interview über das Thema *Freundschaft* verstehen.		2a-b
✏️ einen Text über *Freundschaft* oder *gute Freunde* schreiben.		4a
✏️ Tipps geben, um Freunde zu finden.		3
🔊 eine Straßenumfrage zum Thema *Glück und Pech* verstehen.	M2	1b-c
📖 einen Artikel zum Thema *Glück als Schulfach* verstehen.		2
📖 Teile einer Geschichte in die richtige Reihenfolge bringen.		3
✏️ eine kurze Geschichte zu *Glück oder Pech* schreiben.		3b
💬 Informationen aus einem Radiofeature zusammenfassen.	M3	2a-c
📖 eine längere Sprachnachricht verstehen.		6
📖 wichtige Details einer Bildergeschichte verstehen.	M4	1b
[M] die Entwicklung einer Person aus einer Bildergeschichte beschreiben und bewerten.		2a-b
✏️ eine Geschichte aus Sicht einer bestimmten Person zu Ende schreiben.		2c
[M] wichtige Informationen aus einer Grafik zum Thema *Glück* für andere Personen beschreiben.		2b
📖 Zeitungsmeldungen zu Forschungsergebnissen verstehen.	3a	1
🔊 Aussagen von verschiedenen Personen in einer Umfrage verstehen.		3
✏️ kritische Anliegen in Mails freundlich formulieren.	K	2
💬 auf negatives Verhalten in Besprechungen freundlich reagieren.		1a

6

MODUL 1 — UNTER FREUNDEN

die Ehrlichkeit (Sg.)	der Geruch, "-e
die Neugierde (Sg.)	das Immunsystem (Sg.)
der Respekt (Sg.)	die Erkrankung, -en
aufrichtig	sinken (sinkt, sank, ist gesunken) *(Mit Sport sinkt das Risiko für Krankheiten.)*
offen *(offen sein für Neues)*	
klug	das Übergewicht (Sg.)
vertrauenswürdig	die Dosis, die Dosen
bescheiden	sich / jdm. begegnen
gesprächig	sich aufregen über (+ Akk.)
die Übereinstimmung, -en	Traditionen pflegen
die Gemeinsamkeit, -en	sich versöhnen
die Masse, -n	

MODUL 2 — GLÜCKSPILZ ODER PECHVOGEL?

einzig-	kurz darauf
das Mitleid (Sg.)	der Soldat, -en / die Soldatin, -nen
den Kopf schütteln (= mit einer Geste nein sagen)	zurück/lassen (lässt zurück, ließ zurück, hat zurückgelassen)
stürzen (= herunterfallen)	unglaublich

MODUL 3 — BESSER DRAUF …

neidisch	warnen
erleichtert	schützen
die Aufmerksamkeit (Sg.)	die Tat, -en
intensiv	die Methode, -n
Wirkung haben auf (+ Akk.)	die Ferien verbringen in (+ Dat.)
	schrecklich

MODUL 4 — WAS FÜR EIN TAG …

der Pessimist, -en / die Pessimistin, -nen	erstaunlich
der Optimist, -en / die Optimistin, -nen	der Proband, -en / die Probandin, -nen
vorbereitet sein auf (+ Akk.)	großzügig
herrlich	ab/geben (gibt ab, gab ab, hat abgegeben)
erwarten	anerkannt
fest/stellen	die Ursache, -n
rechnen mit (+ Dat.) (= erwarten)	der Gehalt an (+ Dat.) (der hohe Gehalt an Zucker)
im Lauf (+ Gen.)	doppelt
die Laune heben (= die Laune verbessern)	vertraut
nach/weisen (weist nach, wies nach, hat nachgewiesen)	der Geschmack (Sg.)
	der Mitmensch, -en
aus/schütten (Im Körper werden Stoffe ausgeschüttet.)	anders gesagt

Weitere Wörter, die für mich wichtig sind

Wie heißt das Gegenteil? Schreiben Sie Paare zu zehn Wörtern aus Kapitel 6.

klug – dumm

die Gemeinsamkeit – der Unterschied

7 WAS WIR BRAUCHEN …

WORTSCHATZ WIEDERHOLEN UND ERARBEITEN

1 a Im Kaufhaus – Lesen Sie das Gedicht und ergänzen Sie die Wörter. Hören Sie dann zur Kontrolle.

wunderbar • Kasse • leer • Lohn • Regal • Prospekt • Sonderangebot • Handy • Sonderpreis • Spaß

ERDGESCHOSS, hier geht es los:
Was will ich hier, was brauch' ich bloß?
Und was ist das, was hör' ich da?
Aha, oho, wie (1) .... !
Ausverkauf, Rabatt und (2) ....
Ich nehm' das Shirt in Blau und Rot.

ETAGE 1 – Für Ihren Sport:
Das ist doch ganz genau mein Ort!
Da steht der Schuh aus dem (3) .... ,
die Marke ist für mich perfekt.
Ausverkauf, Rabatt und (4) ....
Das ist ein Schnäppchen, ja, ich weiß.

ETAGE 2 – Technik für Sie:
Toaster, Laptops, Telefonie …
Nehm' ich dieses Tablet oder das?
Ich kauf' beide, das macht (5) .... !
Ausverkauf, Rabatt und Sonderaktion,
hier bekomm' ich was für meinen (6) ....

ES IST SO WEIT, ich geh' zur (7) ....
Da dauert's. Das ist gar nicht klasse.
Was steht denn hier noch im (8) .... ?
Das will ich! Und der Preis? Egal.
Ausverkauf, Rabatt und … ich bin dran:
„Das macht 250 Euro." Mannomann!

DAS KONTO (9) .... , die Taschen voll,
mein Shoppingtag, der war so toll.
Und wenn ich dann zu Hause bin,
setz' ich mich mit dem (10) .... hin.
Ausverkauf, Rabatt und … schau mal da!
Hier shopp' ich weiter, ist doch klar.

b Sprechen Sie das Gedicht laut. Achten Sie auf Artikulation und Intonation.

2 a Welches Wort passt nicht in die Reihe? Markieren Sie.
1. Geld: abheben • überweisen • einzahlen • aufgeben • sparen
2. im Kaufhaus: das Schaufenster • die Klasse • die Abteilung • die Umkleidekabine
3. Verpackungen im Supermarkt: die Schachtel • die Packung • der Sack • die Hüte
4. an der Kasse: zahlen • die Kreditkarte • bar • einparken • die Schlange • anstehen
5. Waren: produzieren • liefern • verlaufen • bestellen • lagern

b Ändern oder streichen Sie bei den markierten Wörtern einen Buchstaben, sodass sie wieder in die Reihe passen.

3 Klick-Klack – Sprechen Sie zu zweit. Person A beginnt *(Klick)*, Person B reagiert *(Klack)*. Dann wechseln Sie. oder Hören Sie *(Klick)* und reagieren Sie *(Klack)*.

Klick

1. Wollen wir uns ein neues Sofa anschaffen?
2. Oh, ich habe nur zwanzig Euro dabei. Hast du noch Bargeld?
3. Diese Uhr habe ich bei Ihnen gekauft. Ich möchte sie umtauschen. Geht das?
4. Weißt du, wo man günstig Schuhe kaufen kann?
5. Ich kaufe nur Lebensmittel aus der Region.
6. Wenn du zwei Tafeln Schokolade kaufst, bekommst du die dritte kostenlos dazu.
7. Den Rucksack kann ich Ihnen sehr empfehlen, und die Farbe liegt auch voll im Trend.
8. Autofahren ist so teuer und der Preis für Benzin ist auch schon wieder gestiegen.

Klack

A Ja, klar, in dem neuen Laden in der Marktstraße. Die haben viele Paare reduziert.
B Na, dann nehme ich ihn. Können Sie ihn mir bitte als Geschenk verpacken?
C Echt? Mir ist egal, woher sie kommen. Hauptsache, es schmeckt.
D Das geht nicht. Du weißt doch, dass wir im Moment kein Geld für Möbel haben.
E Was? Gratis? Das ist ja ein echtes Schnäppchen.
F Nein, aber hier kann man auch mit Karte zahlen.
G Du kannst doch den Bus oder die U-Bahn nehmen. Das ist billiger.
H Im Prinzip ja. Aber dafür brauche ich die Quittung. Haben Sie die noch?

4 a Knapp bei Kasse – Lesen Sie die Tipps und ergänzen Sie die Wörter.

Bist du am Monatsende auch immer pleite? Mit diesen Tipps kannst du ganz einfach deine Kos............... reduzieren und am 31. noch feiern gehen.

TIPPS

1. Vergleiche Pre............... und achte auf Sonderangebote, bevor du etwas Neues ansch............... .
2. Kauf mit Einkaufsli............... ein und kauf nur das, was auf dem Zettel steht.
3. Koch dein Es............... selbst, denn nirgendwo sonst isst du günst............... .
4. Kauf dir Klei............... , die dir gef............... , die eine gute Qual............... hat und die du gut kombinieren kannst. So brauchst du nur einige gute Kleidungsstü............... .
5. Retro ist in! Kauf gebra............... Sachen. Damit spa............... du Geld.
6. Tei............... Sachen mit anderen. Man muss nicht jedes Werkzeug selbst besi............... oder ein eige............... Auto fahren. Leih dir aus, was du nicht oft brau............... .

b Lesen Sie die Mail von einem Freund / einer Freundin. Antworten Sie und gehen Sie dabei auf die Fragen aus der Mail ein.

Liebe/r …,

gestern war ich den ganzen Tag auf Shopping-Tour. Ich habe wirklich tolle Sonderangebote gefunden und viel gekauft. Aber ich habe über 350 Euro ausgegeben. Jetzt habe ich nur noch 200 Euro für den restlichen Monat. Ziemlich wenig für drei Wochen. Wie soll ich das denn machen? Was sollte ich ändern? Kannst du mir Tipps geben? Ich kann einfach nicht gut mit Geld umgehen …

Ciao, …

MODUL 1

MEINS IST DEINS

1 a Welche Umschreibung ist richtig? Kreuzen Sie an.

1. weltweit — weit weg / auf der ganzen Welt
2. langfristig — für längere Zeit / oft
3. einen Beitrag leisten — etwas tun / bezahlen
4. mittlerweile — durchschnittlich / inzwischen
5. boomen — kaputt gehen/sein / stark zunehmen/wachsen
6. fördern — verlangen / unterstützen

b Mobil-Jetzt! Die neue App – Ergänzen Sie den Text.

fördern • Konzept • in erster Linie • brauchen • nutzen • Herunterladen

MOBIL-JETZT – UNSER KONZEPT

Die Idee von unserer App ist ganz einfach: Sie (1) .... kein eigenes Auto, kein eigenes Fahrrad und auch keinen Roller! Mit Mobil-Jetzt können Sie über 150 verschiedene Sharing-Anbieter in vielen Städten Deutschlands (2) .... Mit unserem (3) .... möchten wir die Nutzung der verschiedenen Share-Angebote vereinfachen und Ihnen das (4) .... von unzähligen Apps ersparen. Dabei geht es (5) .... darum, die Sharing-Angebote attraktiver zu machen. Denn das Ziel von Mobil-Jetzt ist, Leihen und Teilen von Verkehrsmitteln zu (6) .... Laden Sie einfach unsere App herunter, wählen Sie Ihr Angebotspaket (S, M, L oder XL) und fahren Sie los!

2 a Aktiv oder Passiv? – Welche Formulierung passt besser zur Situation? Kreuzen Sie an.

1. Sie gehen mit einem Freund / einer Freundin in der Stadt spazieren und sehen ein großes Schild vor einer Wohnanlage. Sie sagen:
   a Schau mal, hier werden Wohnungen verkauft.
   b Schau mal, jemand verkauft hier Wohnungen.

2. Eine Freundin von Ihnen hat eine neue App entwickelt. Sie sind stolz, dass Sie sie kennen, und wollen die App einem Freund empfehlen. Sie sagen:
   a Diese App wurde neu entwickelt. Sieh sie dir doch mal an.
   b Meine Freundin hat diese App entwickelt. Sieh sie dir doch mal an.

3. Sie sind umgezogen und wollen Ihre alten Kartons entsorgen. Leider sind die Tonnen alle voll. Sie fragen in der Nachbarschafts-App:
   a Wisst ihr, wann jemand kommt und die Papiertonnen leert?
   b Kann mir bitte jemand sagen, wann die Papiertonnen geleert werden?

4. Sie entdecken neue Fahrradparkplätze vor einem Supermarkt und erzählen Ihrer Nachbarin:
   a Vor dem Supermarkt sind neue Parkplätze für Fahrräder gebaut worden.
   b Eine Firma hat vor dem Supermarkt neue Parkplätze für Fahrräder gebaut.

b Leihräder – Was wird hier gemacht? Bilden Sie Sätze im Passiv Präsens.

1. suchen
2. entsperren
3. nutzen
4. kurz abstellen
5. abmelden
6. nicht mehr benötigen

1. Ein freies Fahrrad wird …

3 a Schreiben Sie Sätze im Passiv Präsens.

1. Mein Fahrrad: am Wochenende / reparieren / ein Nachbar
2. Drei Autos: in unserer Nachbarschaft / nutzen / 15 Familien
3. Fünf Wohnungen: in unserem Hochhaus / renovieren / die Handwerker
4. Umzugskartons: verleihen / für einen Euro das Stück / die Hausmeisterin
5. Meine Blumen: gießen / während meiner Abwesenheit / meine Eltern

1. *Mein Fahrrad wird am Wochenende von einem Nachbarn repariert.*

b In der Nachbarschaft ist viel passiert – Was wurde alles gemacht? Schreiben Sie im Passiv Präteritum.

1. einen Nachbarschaftsverein gründen

   Ein Nachbarschaftsverein wurde gegründet.

2. neue Ideen besprechen

3. Blumen pflanzen

4. einen Hofflohmarkt organisieren

5. ein Lastenfahrrad kaufen

6. einen Waschplatz für Autos und Fahrräder einrichten

7
MODUL 1

C Aber das ist doch schon längst passiert! – Antworten Sie auf die Aussagen wie im Beispiel. Verwenden Sie das Passiv Perfekt.

1. Die Gegenstände in den Treppenhäusern müssen endlich entfernt werden.
2. Das Treppenhaus sollte unbedingt mal geputzt werden.
3. Das Fahrrad im Hof muss dringend repariert werden.
4. Das Werkzeug sollte heute zurückgegeben werden.
5. Die Einkäufe für Frau Yilmaz müssten heute noch besorgt werden.

1. *Aber die Gegenstände sind doch schon längst entfernt worden!*

4 Ergänzen Sie die Sätze im Passiv mit Modalverb.

Online Ü 2

1. Die Parksituation in diesem Stadtteil ist chaotisch. *Dürfen* Autos hier eigentlich *abgestellt werden* ? (abstellen dürfen)
2. Es werden zu viele Kleidungsstücke produziert. Kleidung .... viel öfter .... (tauschen sollen)
3. Das ist aber ein schöner Garten. .... er von allen Bewohnerinnen und Bewohnern des Hauses .... ? (nutzen dürfen)
4. Im Supermarkt in unserem Viertel werden immer viele Lebensmittel weggeworfen, die man noch essen kann. .... diese Lebensmittel nicht .... ? (verschenken können)
5. Kaputte Elektrogeräte .... nicht immer sofort .... , (wegwerfen müssen). Oft .... sie auch .... (reparieren können)

5 a Hören Sie den Bericht. Welche Inhaltsangabe passt?

2.03

a In dem Bericht geht es um einen Schrank, in dem die Menschen alle Gegenstände ablegen können, die sie nicht mehr brauchen. Der Umsonstschrank ist ein Projekt, das in der Nachbarschaft seit Langem sehr gut angenommen wird.
b In dem Bericht geht es um einen Schrank, in dem viele Dinge abgelegt werden können, die die Leute verschenken möchten. Der Umsonstschrank ist ein neues Projekt, das in der Nachbarschaft sehr beliebt ist.

b Hören Sie noch einmal. Notieren Sie Informationen zu den Punkten.

2.03
Online Ü 3

- Schrank
- Initiatoren
- Probleme
- schönste Dinge
- weitere Angebote

c Schreiben Sie eine Zusammenfassung mit den wichtigsten Informationen über das Projekt. Schreiben Sie auch, was alles gemacht wurde und gemacht werden kann. Verwenden Sie, wenn möglich, Passivformen.

Im Umsonstschrank können Dinge abgegeben werden, die …

HEUTE EIN MUSS – MORGEN VERGESSEN?

1 Welches Wort passt hier? Ordnen Sie zu.

1. etwas genau beobachten, analysieren:
2. Individuelles Merkmal an den Händen:
3. in die Zukunft blicken: die Zukunft
4. etwas nicht tun/kaufen: auf etwas
5. eine Voraussage über die Zukunft:
6. etwas Neues gerne nutzen: etwas gut
7. etwas austauschen: etwas
8. etwas, das man gut brauchen kann, ist:

A annehmen
B ersetzen
C der Fingerabdruck
D nützlich
E die Prognose
F untersuchen
G verzichten
H vorhersehen

2 Sehen Sie die Grafik an und ergänzen Sie die Sätze.

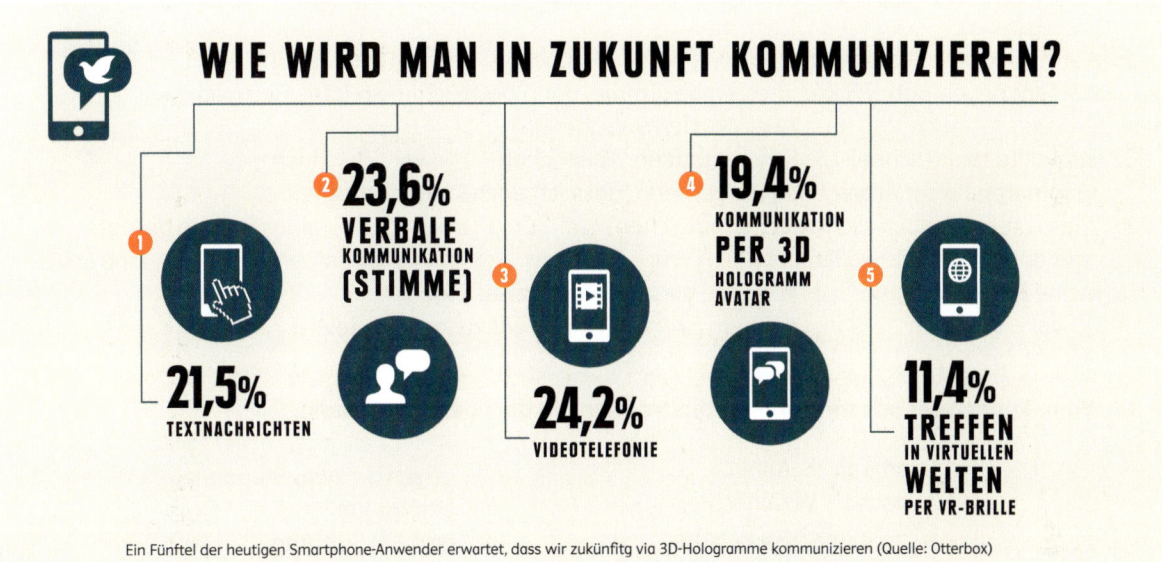

Ein Fünftel der heutigen Smartphone-Anwender erwartet, dass wir zukünftig via 3D-Hologramme kommunizieren (Quelle: Otterbox)

wenige • zusammenfassend kann man sagen, dass • dargestellt • die Grafik mit dem Titel • interessant ist, dass • die meisten

(1) .... „Wie wird man in Zukunft kommunizieren?"
zeigt, wie wir Informationen austauschen werden. In der Grafik werden die Vermutungen der Befragten
dazu (2) ....
(3) .... sehen in der Videotelefonie
die Kommunikationsform der Zukunft und nur (4) ....
meinen, dass man sich in virtuellen Welten über VR-Brillen treffen wird.
(5) .... fast 20% glauben,
dass die Kommunikation über 3D-Hologramme oder Avatare erfolgen wird.
(6) .... alle davon ausgehen,
dass es auch in Zukunft wichtig sein wird, seinen Gesprächspartner/seine Gesprächspartnerin zu sehen
und seine/ihre Stimme zu hören.

7 MODUL 3

WENIGER IST MEHR

1 Wie kann man Platz schaffen? – Markieren Sie die Aktivitäten und schreiben Sie je einen Satz wie im Beispiel.

NKÄNC|KLEIDUNGAUSSORTIEREN|LÖHGZBBCYÜBERFLÜSSIGES
VERSCHENKENONZKAPUTTESWEGSCHMEISSENBKIKELLER
ENTRÜMPELNWRDFSACHENVERKAUFEN

Ich sortiere regelmäßig Kleidung aus, zum Beispiel Sachen, die zu eng sind.

2 *Vor*, *nach* oder *in*? – Was passt? Kreuzen Sie an.

1. ☐ Vor ☐ Nach ☐ In drei Tagen habe ich eine Anzeige aufgegeben, um einige Sachen zu verschenken. ☐ Vor ☐ Nach ☐ In einer Stunde kommen die Leute, die sich dafür interessieren.
2. Wenn ich gewusst hätte, dass ich ☐ vor ☐ nach ☐ in kurzer Zeit in meinem neuen Bett Rückschmerzen bekomme, dann hätte ich mein altes Bett nicht ☐ vor ☐ nach ☐ in zwei Wochen verschenkt.
3. Ich wollte heute schnell die Fenster putzen. Aber schon ☐ vor ☐ nach ☐ in 30 Minuten harter Arbeit habe ich gemerkt, dass ich doch länger brauche.
4. Wieso ist Jonas noch nicht hier? Er hat schon ☐ vor ☐ nach ☐ in einer Stunde gesagt, dass er losfährt. Wir wollen doch ☐ vor ☐ nach ☐ in einer halben Stunde im Kino sein.
5. Meine Eltern kommen ☐ vor ☐ nach ☐ in zwei Tagen. ☐ Vor ☐ Nach ☐ In meinem Examen wollen wir zusammen feiern.

3 a Wann können wir uns treffen? – Unterstreichen Sie die passende Lösung.

Ich habe …
1. am | an 15. April
2. nach | in Weihnachten
3. — | in nächste Woche
4. an | außerhalb der Vorlesungszeit
5. nach | von dem Training
6. bei | um 18 Uhr
7. gegen | in zwei Stunden
8. bei | im Juni
9. am | um Sonntag
10. in | — einer Woche
11. von Samstag bis | an Dienstag
12. in | vor zwei Wochen

… Zeit.

b Flüssig sprechen – Hören Sie die Fragen und antworten Sie wie im Beispiel. 2.04

— Wollen wir uns am 15. April treffen?
— Am 15. April? Tut mir leid, da kann ich nicht.

TIPP
Auf Terminvorschläge reagieren
Da kann ich (leider) nicht.
Da habe ich keine Zeit / einen Termin .
Ja, das geht bei mir.
Ja, gerne.
Super. Das passt.

c Wann fährst du in Urlaub? – Ergänzen Sie die passenden Präpositionen. Manchmal gibt es mehrere Lösungen.

1. .... September.
2. .... 12. Juli .... 01. August.
3. .... drei Tagen.
4. .... der Schulferien.
5. .... Montag.
6. .... dem Semesterende.

d Über ein Erlebnis berichten – Schreiben Sie über eine Reise, einen Umzug oder ein besonderes Ereignis. Benutzen Sie die folgenden Satzanfänge.

1. Am/Im … 2. Von … an … 3. Nach … 4. Beim … 5. Innerhalb … 6. Seit …

Im Sommer bin ich nach Portugal geflogen. Ich war vom ersten Moment an begeistert. …

4

Online Ü 5

Lesen Sie die Überschriften a–j und die Texte 1–5. Finden Sie für jeden Text die passende Überschrift. Sie können jede Überschrift nur einmal benutzen.

a) Hilfe von nebenan – Altes funktioniert wie neu
b) Selber kochen, Lebensmittel sparen
c) Beliebt wie nie: Kurse zum Selbermachen sind ausgebucht
d) Immer mehr Deutsche lassen das Auto stehen
e) Neuer Nachbarschaftstreff eröffnet
f) Umfrage: Wer leiht Autos am häufigsten?
g) Hilfen und Tipps, um Überflüssiges loszuwerden
h) Günstig genießen, was andere nicht mehr kaufen
i) Platz schaffen: Wir entsorgen, was Sie nicht brauchen
j) Voll im Trend: Alles selbst gemacht

1 Ob Fahrrad, Smartphone oder Fernseher - in den Repair-Cafés der Stadtviertel bringen handwerklich und technisch versierte Nachbar*innen defekte Geräte wieder zum Laufen. Ziel der ehrenamtlich organisierten Repair-Cafés ist es, die Umwelt zu schützen, einen nachhaltigen Lebensstil zu fördern und darüber hinaus Menschen miteinander in Kontakt zu bringen. Dafür stehen neben den notwendigen Materialien und Werkzeugen auch Kaffee und Kuchen zum gemütlichen Beisammensein bereit. Nächste Termine am 21. und 28. Juni, 14–17 Uhr.

2 Billig einkaufen und gleichzeitig etwas gegen Lebensmittelverschwendung tun, das verspricht die App ‚Too Good To Go'. Das Konzept ist einfach: Mit dem Smartphone könnt ihr Lebensmittel bestellen, die in Restaurants, Bäckereien oder Kantinen übrig bleiben – und das oft zum halben Preis. Von Sushi bis Backwaren – bei ‚Too Good To Go' gibt es so ziemlich alles, was das Herz begehrt.

3 Die Entwickler der Carsharing-App Carjump haben in einer Umfrage untersucht, wie Carsharing-Angebote von verschiedenen Altersgruppen genutzt werden. So ist der Anteil bei den 18- bis 29-jährigen Befragten am höchsten (19 %). Singlehaushalte und Haushalte mit einem monatlichen Nettoeinkommen von weniger als 1.500 Euro haben seltener einen eigenen Wagen und entscheiden sich häufiger für Carsharing als Mehrpersonenhaushalte und Haushalte mit einem höheren Einkommen.

4 Einfacher und freier Leben - das verspricht der Ratgeber „Räum dein Leben auf" aus dem Bergdorfer Fachverlag. Wer schon immer den Eindruck hatte, dass sich zu viel Unnötiges, Altes und nie Gewolltes angesammelt hat, der findet hier praktische Ratschläge, um die Situation zu ändern. Auf weniger als 100 Seiten erfahren Sie von Niklas und Nina Stepper mit viel Charme und Witz, wie Sie nicht nur die eigenen vier Wände oder den Kleiderschrank befreien, sondern auch Laptops oder die eigenen Gewohnheiten entrümpeln können.

5 Warum alles kaufen, wenn man so viele Dinge mit den eigenen Händen herstellen kann? Koch- und Backkurse, Nähen, Stricken oder die Holzwerkstatt sind wieder in und waren an der Volkshochschule im letzten Semester schnell komplett belegt. Jetzt wurde das neue Programm für dieses Semester um zahlreiche Angebote erweitert und Interessierte können sich auf zusätzliche Themen wie Herstellen von Cremes und Kosmetik, Handwerk für Anfänger oder Fahrradreparatur freuen. Infos und Anmeldung ab sofort unter www.volkshochschule.de

7
MODUL 4

KENNEN SIE DIESE MARKE?

1 a Wie heißen die Nomen? Ergänzen Sie.

1. produzieren   das ....
2. herstellen   die ....
3. konsumieren   der ....
4. werben   die ....
5. wünschen   der ....
6. platzieren   der ....

b Wie heißen die Aussagen? Verbinden Sie passende Satzteile.

1. Die meisten Kunden können
2. Einige Kundinnen und Kunden
3. Für viele Kund*innen steht
4. Viele Menschen sehnen
5. Mit manchen Markenprodukten

A sich nach einem Leben wie in der Werbung.
B sind viele Kunden sehr zufrieden.
C eine Marke an ihrem Logo erkennen.
D ein Markenname für gute Qualität.
E legen Wert auf Markenprodukte.

c Wie kann man die Sätze aus 1b anders sagen? Lesen Sie die Sätze und markieren Sie, wo ein Wort fehlt. Notieren Sie dann das passende Wort neben dem Satz.

bedeutet • sollen • wünschen • ~~wissen~~ • wichtig

1. Viele Kund*innen sehen ein Logo und↓sofort, welche Marke es ist.   _wissen_
2. Einigen Kundinnen und Kunden sind Markenprodukte.   ....
3. Für viele Kund*innen ein Markenname gute Qualität.   ....
4. Viele Menschen sich ein Leben wie in der Werbung.   ....
5. Viele Kunden finden, dass manche Markenprodukte sind, wie sie sein.   ....

d Lesen Sie noch einmal die Texte A bis F in Aufgabe 2a im Kursbuch. Welche Aussage passt zu welchem Text? Ordnen Sie zu. Zwei Aussagen passen zu keinem Text. Markieren Sie Aussagen, die nicht passen, mit einem X.

1. Kunden und Kundinnen wollen nur selten mehr Geld für fair produzierte Produkte ausgeben.
2. Wenn ein Produktname sehr bekannt ist, wird der Name von den Kundinnen und Kunden auch für ein ähnliches Produkt von anderen Firmen verwendet.
3. Wenn die Konsumentinnen und Konsumenten etwas an einem Markenartikel stört, geben sie dafür auch kein Geld mehr aus.
4. In den Geschäften können Kundinnen und Kunden Marken schnell von anderen Artikeln im Regal unterscheiden.
5. Markenprodukte sind oft teurer als ähnliche Artikel von unbekannten Herstellern.
6. Markenprodukte unterscheiden sich von Land zu Land, weil sie berücksichtigen, was Kundinnen und Kunden mögen.
7. Nur ein kleiner Teil der Gesellschaft kann sich Markenartikel leisten.
8. Bekannte Persönlichkeiten werben für manche Markenartikel.

MODUL 4

2 a Wie heißen die Redemittel für eine Moderation? Schreiben Sie die Wörter richtig.

1. Mich würde auch Ihre IEMUNNG .... interessieren.
2. Könnten Sie das bitte noch einmal WEDIRELOHEN ....?
3. Was sagen Sie UZDA ....?
4. Wie MIENNE .... Sie das genau?
5. Habe ich Sie richtig VRESNDAETN ...., dass …
6. Könnten Sie uns dazu ein IEBLEIPS .... nennen?

b Marie, Erin und Paula wohnen zusammen. Ihre Spülmaschine ist kaputt. Was tun? Hören Sie den Dialog und bringen Sie ihn dann in die richtige Reihenfolge. **oder** Lesen Sie die Dialogteile und notieren Sie die richtige Reihenfolge. Hören Sie dann zur Kontrolle.

1. Marie: Wir brauchen unbedingt eine neue Spülmaschine.
2. Erin: Stimmt, ich habe auch keine Lust, ständig abzuwaschen.
3. Paula: Lass mich doch bitte ausreden. Im Moment kann ich nicht viel dafür ausgeben.
4. Marie: Was meinst du dazu, Paula?
5. Marie: Ja, ich bin auch einverstanden.
6. Erin: Entschuldige, wenn ich unterbreche, aber …
7. Paula: Das verstehe ich, aber im Moment kann ich nicht …
8. Paula: Das bedeutet … ich kann mir keine teure Marke leisten.
9. Marie: Nicht viel ausgeben … Wie meinst du das genau?
10. Erin: Es muss ja kein Markengerät sein. Wir könnten auch ein gebrauchtes Gerät kaufen.
11. Paula: Gebraucht kaufen? Gute Idee. Und du, Marie? Findest du das auch gut?

Lösung: 1, 2, 4, ...

c Hören Sie den Dialog noch einmal und sprechen Sie laut mit.

d Welche Aussage passt zu welcher Person in der Diskussion in Aufgabe 3b im Kursbuch? Kreuzen Sie an. Manche Aussagen passen zu mehreren Personen.

1. Ich würde keine schlechte Qualität kaufen.
2. Bei günstigen Preisen greife ich gerne zu.
3. Man sollte schon darauf achten, was man einkauft.
4. Bei unbekannten Produkten bin ich kritisch.
5. Konsum hat viel mit Gerechtigkeit zu tun.
6. Lieber weniger einkaufen und dafür etwas Gutes.
7. Viele Menschen haben nur wenig Geld zum Einkaufen.

3 Sie hören nun fünf kurze Texte. Dazu sollen Sie fünf Aufgaben lösen. Hören Sie jeden Text zweimal. Entscheiden Sie beim Hören, ob die Aussagen 1–5 richtig oder falsch sind.

1. Das Geschäft ist auf dem Johannisplatz.   richtig   falsch
2. Im Kulturzelt ist Rauchen nur an bestimmten Plätzen erlaubt.   richtig   falsch
3. Die Sonderangebote gibt es noch bis Ende März.   richtig   falsch
4. Man soll die A7 ab Soltau verlassen und einen anderen Weg fahren.   richtig   falsch
5. Wegen des Windes muss man sich wieder anschnallen.   richtig   falsch

7

SCHREIBEN · AUSSPRACHE

1 a [RICHTIG SCHREIBEN] **Lesen Sie das Reklamationsschreiben. Welche Formulierung ist höflich? Kreuzen Sie an.**

> Reklamation „Heimtrainer mit LCD Bildschirm zum Training von Armen und Beinen" – Bestellnummer 372-55893-71
>
> ☐ Sehr geehrte Damen und Herren, / ☐ Hallo,
>
> … ☐ Ich bin sehr enttäuscht, weil Sie mir Schrott verkauft haben. / ☐ Leider musste ich feststellen, dass der Heimtrainer nicht richtig funktioniert. ☐ Es ist nicht möglich, die verschiedenen Trainingsstufen einzustellen. / ☐ Das Gerät funktioniert überhaupt nicht. ☐ Ich habe jetzt stundenlang alles versucht, aber das bringt überhaupt nichts. / ☐ Auch mehrfaches Ein- und Ausschalten hat nicht geholfen. ☐ Ich bitte um Rückerstattung des Betrags in Höhe von 29,99 Euro oder um Umtausch der Ware. / ☐ Ich fordere umgehend mein Geld zurück.
>
> Mit freundlichen Grüßen
> Bruno Mikesch

TIPP
Reklamation oder Beschwerdeschreiben
- Nennen Sie immer die Rechnungs- oder Bestellnummer.
- Bleiben Sie sachlich.
- Übertreiben Sie nicht.

2.07 **b Hören Sie und kontrollieren Sie Ihre Lösung in 1a.**

c In welcher Reihenfolge werden die Punkte im Schreiben in 1a genannt? Nummerieren Sie.

- ☐ Erwartung (Was soll passieren?)
- ☐ Gruß
- ☐ Betreffzeile (kurz: Worum geht es?)
- ☐ Anrede
- ☐ Beschreibung des Problems

d Wählen Sie eine Situation oder etwas, was Sie erlebt haben. Reklamieren Sie dann in einer E-Mail.

- Sie haben online eine Jacke bestellt. Leider ist der Reißverschluss kaputt.
- Sie haben eine Waschmaschine gekauft und ein Handwerker hat sie angeschlossen. Nachdem Sie die Maschine das erste Mal benutzt hatten, war der ganze Boden nass.
- Sie haben zwei Handtücher bestellt, aber ein Handtuch und eine Tischdecke bekommen.

2 a [AUSSPRACHE] **Lange Wörter sprechen – Welche Wörter finden Sie in den Komposita 1 bis 4? Notieren Sie. Hören Sie dann die einzelnen Wörter zur Kontrolle und markieren Sie den Wortakzent.**

2.08
1. die Übernachtungsmöglichkeit — *die Übernachtung, die* ....
2. das Nachbarschaftsnetzwerk — ....
3. die Zukunftsforscherin — ....
4. sicherstellen — ....

2.09 **b Wie betont man die langen Wörter in 2a? Hören Sie die Komposita und markieren Sie den Wortakzent. Hören Sie noch einmal und sprechen Sie nach.**

2.10 **c Lesen Sie die Wörter erst leise und dann laut und hören Sie zur Kontrolle.**

der Fahrkartenautomat · die Mobilitätsforschung · der Wiederverkaufswert · herunterladen · das Statussymbol · umweltfreundlich · die Arbeitsbedingung

TIPP
Lange Wörter kann man leichter aussprechen, wenn man sie in Einzelwörter zerlegt. Der Wortakzent ist auf dem ersten Teilwort.

SELBSTEVALUATION

DAS KANN ICH NACH KAPITEL 7

	KB	ÜB
ein Konzept vorstellen Wie funktioniert das eigentlich mit den Leihfahrrädern? Erklären Sie das Konzept.	M1 1c, 4	1b

über Veränderungen sprechen — M2 1b
Braucht man heute noch eine Stereoanlage? Sagen Sie Ihre Meinung und begründen Sie mit Beispielen. Erklären Sie auch, was sich verändert hat.

einen Kommentar schreiben — M3 4
Schreiben Sie einen Kommentar zu der Aussage.

> Ich brauche nicht mehr als fünf T-Shirts.

UND ICH KANN ...

	KB	ÜB
Informationen über einen Trend verstehen.	M1 1b	
einen Bericht verstehen.		5a–b
eine Zusammenfassung über ein Projekt schreiben.		5c
über die Zukunft von Dingen sprechen.	M2 1c	
einen Beitrag über die Zukunft von Dingen verstehen.	2a–b	
eine Grafik beschreiben.	3a–b	2
über Auswirkungen des Online-Handels diskutieren.	4	
Einrichtungsstile beschreiben und darüber sprechen.	M3 1	
einen Podcast zum Thema *Konsum* verstehen.	2a–c	
Meldungen über Konsumtrends verstehen.		4
Begriffe erklären.	M4 1b	
Meldungen zum Thema *Marken* verstehen.	2a–b	1c
über mein Kaufverhalten sprechen.	2c	
[M] eine Diskussion führen.	3	2a–b
Ansagen und Durchsagen verstehen.		3
etwas reklamieren.	K 1a–b	1

7

MODUL 1 — MEINS IST DEINS

- tauschen
- teilen
- leihen (leiht, lieh, hat geliehen)
- boomen
- der Trend, -s
- das Werkzeug, -e
- praktizieren
- schonen *(die Umwelt schonen)*
- die Kosten (Pl.) *(Kosten sparen)*
- kostenlos
- das Konzept, -e
- gebraucht
- einen Beitrag zu etw. leisten
- allerdings
- die Plattform, -en
- vermieten
- ähnlich
- die Nachbarschaft (Sg.)
- Hilfe benötigen
- die Vermittlung, -en
- die Übernachtungsmöglichkeit, -en
- die Gemeinschaft

MODUL 2 — HEUTE EIN MUSS – MORGEN VERGESSEN?

- die Zukunftsforschung, -en
- die Forschungsrichtung, -en
- untersuchen
- Schlüsse ziehen
- die Entwicklung, -en
- wahr
- die Voraussage, -n
- die Prognose, -n
- erstellen *(Prognosen erstellen)*
- erarbeiten
- das Passwort, ¨-er
- der Fingerabdruck, ¨-e
- nötig sein
- nützlich
- die Bedeutung, -en *(an Bedeutung verlieren)*
- ersetzen

MODUL 3 — WENIGER IST MEHR

- gemütlich
- ordentlich
- kühl
- steril *(Weiße Wände sehen kühl und steril aus.)*
- der Stil, -e
- der Minimalist, -en / die Minimalistin, -nen
- sich trennen von (+ Dat.)
- reduzieren
- besitzen (besitzt, besaß, hat besessen)

WORTSCHATZ

sich etw. überlegen
(Überlegen Sie sich Fragen.)

der Gegenstand, "-e

das Eigentum (Sg.)

Zeit haben für (+ Akk.)

die Ressource, -n

die Lebensweise, -n

überflüssig

innerhalb/außerhalb (+ Gen.) *(innerhalb/außerhalb der Schulferien)*

MODUL 4 — KENNEN SIE DIESE MARKE?

die Marke, -n

das Produkt, -e

das Statussymbol, -e

die Fälschung, -en

der Hersteller, -
die Herstellerin, -nen

der Influencer, -
die Influencerin, -nen

die Leute (Pl.)

das Merkmal, -e

produzieren

der Artikel, -

Wert legen auf (+ Akk.)

gerecht (= fair)

die Arbeitsbedingungen (Pl.)

erkennen (erkennt, erkannte, hat erkannt)

das Siegel, -

das Logo, -s

berichten von (+ Dat.)

verwenden

stellvertretend für (+ Akk.)

bestimmt *(bestimmte Produkte sind teuer)*

über/unter dem Durchschnitt liegen (liegt, lag, hat gelegen)

die Innovation, -en

gelten als (+ Nom.)

der Zoll (Sg.)

platzieren

optimal

stehen für (+ Akk.) (steht, stand, hat gestanden)

garantieren

konsumieren

Weitere Wörter, die für mich wichtig sind

Nomen – Verben – Adjektive: Notieren Sie aus diesem Kapitel mindestens zwei Wörter aus einer Wortfamilie auf Karten. Fragen Sie sich zu zweit ab.

produzieren – das Produkt

die Kosten – kostenlos – kosten

Produzieren?

Das Produkt!

8 BIST DU FIT?

WORTSCHATZ WIEDERHOLEN UND ERARBEITEN

1 a Lesen Sie die Redewendungen und sehen Sie die Bilder an. Ordnen Sie sie den Wendungen zu.

1. ___ Tomaten auf den Augen haben
2. ___ keinen Finger krumm machen
3. ___ mit einem blauen Auge davonkommen
4. ___ jemandem rutscht das Herz in die Hose
5. ___ ein langes Gesicht machen
6. ___ sich an die eigene Nase fassen

A — jemand bekommt plötzlich Angst

B — eine gefährliche oder ungünstige Situation ohne großen Schaden überstehen

C — nichts tun, untätig sein, sich erholen

D — enttäuscht sein

E — selbstkritisch sein, die Schuld bei sich suchen

F — etwas klar Sichtbares nicht sehen

b Klick-Klack – Sprechen Sie zu zweit. Person A beginnt *(Klick)*, Person B reagiert *(Klack)*. Dann wechseln Sie. **oder** Hören Sie *(Klick)* und reagieren Sie *(Klack)*.

Klick
1. Du suchst deine Versichertenkarte? Die liegt doch hier.
2. Nach diesem Training werde ich am Wochenende bestimmt keinen Finger krumm machen.
3. Was ist denn mit deinem Auto passiert?
4. Was isst du denn? Wieder Fast Food?
5. Wie hast du denn reagiert, als du gehört hast, dass ihr Zwillinge bekommt?
6. Du machst so ein langes Gesicht. Was hat denn der Arzt gesagt?

Klack
A Na, fass du dich mal an deine eigene Nase. Du hast doch gestern auch einen Burger gegessen.
B Zuerst ist mir fast das Herz in die Hose gerutscht. Aber dann war ich sehr glücklich.
C Er hat mich noch eine Woche krankgeschrieben. Ich hatte gehofft, ich kann wieder arbeiten gehen.
D Wir hatten einen Unfall. Zum Glück ist nichts passiert. Wir sind mit einem blauen Auge davongekommen.
E Ich habe echt Tomaten auf den Augen. Ich habe sie nicht gesehen.
F Dann ruh dich aus. Das hast du dir wirklich verdient.

2

a Wie heißen die Wörter? Notieren Sie.

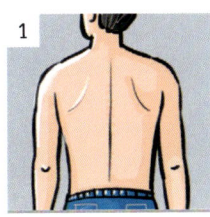 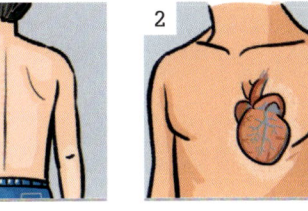 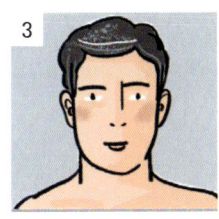 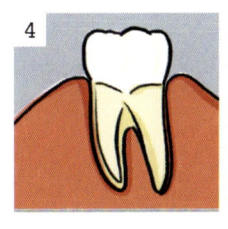 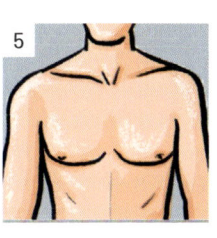

1. der .... 2. das .... 3. der .... 4. der .... 5. die ....

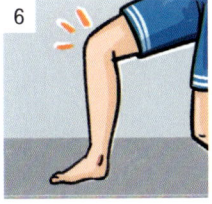 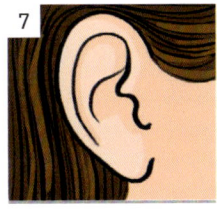 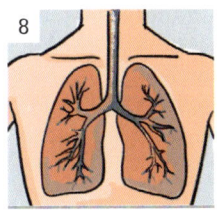 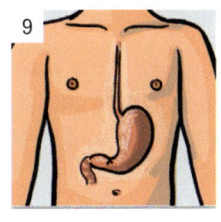 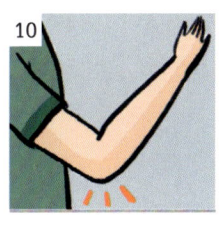

6. das .... 7. das .... 8. die .... 9. der .... 10. der ....

Online Ü1 **b** Welche anderen Körperteile und Organe kennen Sie? Notieren Sie mit Artikel.

3

a Was passt zusammen? Kombinieren Sie. Manchmal gibt es mehrere Möglichkeiten.

durchführen • verschreiben • ausstellen • anlegen • einnehmen • leiden • geben • ziehen • messen

1. ein Rezept
2. einen Verband
3. Fieber
4. eine Untersuchung
5. ein Medikament
6. den Blutdruck
7. eine Spritze
8. einen Zahn
9. Tabletten
10. an einer Allergie

1. ein Rezept ausstellen, geben

b Wer sagt oder fragt das? Notieren Sie A (= Arzt/Ärztin) oder P (= Patient/Patientin).

1. ☐ Machen Sie bitte den Oberkörper frei.
2. ☐ Ich brauche bitte ein Rezept.
3. ☐ Haben Sie auch Fieber?
4. ☐ Ich verschreibe Ihnen ein Medikament.
5. ☐ Seit zwei Tagen fühle ich mich unwohl.
6. ☐ Ich kann nachts nicht schlafen.
7. ☐ Ich schreibe Sie diese Woche krank.
8. ☐ Wo tut es Ihnen noch weh?
9. ☐ Ich habe manchmal Bauchschmerzen.
10. ☐ Sie haben zu hohen Blutdruck.

4

Wozu regelmäßig Sport treiben? – Lesen Sie die Antworten. Welches Verb passt? Kreuzen Sie an.

1. **Sport macht stark.** Wenn Sie sich bewegen, werden Muskeln ☐ aufgebaut ☐ erstellt. Das bringt Kraft und Ausdauer.
2. **Sport macht aktiv.** Ihr Körper kann beim Sport zehnmal mehr Sauerstoff als in Ruhephasen ☐ füllen ☐ aufnehmen. Dadurch wird der Stoffwechsel ☐ angestellt ☐ angeregt.
3. **Sport macht glücklich.** Beim Sport werden Glückshormone ☐ gebildet ☐ genutzt. Das macht munter und bringt gute Laune.
4. **Sport macht klug.** Auch das Gehirn erhält beim Sport eine Extraportion Sauerstoff. Es bildet dabei ein Hormon für die Konzentration. Das ☐ senkt ☐ fällt den Blutdruck und verbessert die Konzentrationsfähigkeit.
5. **Sport baut Stress ab.** Beim Sport werden Hormone, wie z. B. Adrenalin, schneller abgebaut. Ihr Körper ☐ beschäftigt sich ☐ entspannt sich.

B1.2+ › 109

8 MODUL 1

ESSEN – ABER WIE?

1 **Rund ums Essen – Welches Wort passt wo? Ergänzen Sie.**

Essen • Mahlzeiten (Pl.) • Ernährung • Lebensmittel (Pl.) • Gericht • Nahrung • Nährstoffe (Pl.)

1. ● Das .... in diesem Restaurant ist echt gut.
   ○ Stimmt, aber du bestellst ja immer das Gleiche.

2. ● Probier mal! Das ist ein traditionelles .... aus meiner Heimat. So hat es meine Oma immer gekocht.
   ○ Oh, lecker! Kannst du mir das Rezept geben? Dann kann ich das auch mal kochen.

3. ● Möchtest du auch ein Stück Kuchen?
   ○ Nein, danke. Ich versuche gerade, mehr auf meine .... zu achten und nicht so viel Zucker zu essen.

4. ● Wusstest du eigentlich, dass total viele .... Zucker enthalten? Also, zum Beispiel auch Ketchup und Fruchtjoghurt.
   ○ Echt? Wir könnten ja mal Ketchup selbst machen und dann ohne Zucker.

5. ● Sollen wir nicht ein Vogelhaus im Garten aufstellen? Die Vögel finden doch im Winter kaum ....
   ○ Gute Idee!

6. ● Schon wieder Fertigpizza? Du solltest mal etwas anderes essen, die hat wirklich kaum ....
   ○ Na und? Mir schmeckt sie.

7. ● Ich habe gerade gelesen, dass man nur drei .... pro Tag essen soll und dazwischen gar nichts.
   ○ Gar nichts? Das schaffe ich nicht. Zwischendurch brauche ich mal etwas Süßes.

2 **a** **Was passt zusammen? Ordnen Sie zu.**

1. Wir bestellen abends oft Pizza oder Sushi,
2. Meine Schwester schmückt jedes Essen mit Blumen,
3. Ich frühstücke morgens immer,
4. Mein Freund schreibt immer einen Einkaufszettel,
5. Also, ich esse kein Fleisch,
6. Ich hätte gern einen Garten,

A damit Tiere nicht für mich leiden müssen.
B damit ich im Büro nicht schon am Vormittag Hunger habe.
C um Obst und Gemüse selbst anzubauen.
D um nicht immer selbst kochen zu müssen.
E um im Supermarkt nichts zu vergessen.
F damit es schön aussieht.

MODUL 1

b Flüssig sprechen – Arbeiten Sie zu zweit. Fragen und antworten Sie wie im Beispiel **oder** Hören Sie die Fragen und antworten Sie wie im Beispiel.

Was machst du,
... um fit zu bleiben?
... um morgens wach zu werden?
... um dich zu entspannen?
... um gesund zu bleiben?
... um Rezeptideen zu bekommen?
... um gut zu schlafen?
... um keine Erkältung zu bekommen?

sich warm anziehen • Yoga machen • Vitamintabletten nehmen • viel schlafen • eine Koch-App runterladen • einen Tee trinken • ein Kochbuch kaufen • joggen gehen • regelmäßig Sport treiben • viel Obst und Gemüse essen • (k)einen Kaffee trinken • Musik hören • abends spazierengehen • ...

> Was machst du, um fit zu bleiben?
>
> Um fit zu bleiben? Ich treibe zum Beispiel regelmäßig Sport.

c *damit* oder *um ... zu*? Ergänzen Sie. Manche Lücken bleiben leer.

Gesunde Ernährung im Berufsalltag — UNSERE TIPPS

1 Essen Sie morgens ein Müsli mit Obst, ... gesund in den Tag .... starten.
2 Trinken Sie 1 bis 1,5 Liter Wasser, ... Ihr Stoffwechsel in Schwung .... bleibt.
3 Nehmen Sie sich mittags Zeit, ... in Ruhe .... essen.
4 Viele Kantinen bieten Salate und Gemüsegerichte an, ... die Angestellten sich auch in der Mittagspause gesund ernähren .... können. Greifen Sie zu!
5 Oder bereiten Sie zu Hause einen gesunden Snack fürs Büro vor, ... nicht in der Arbeit eine Currywurst oder etwas Ähnliches kaufen .... müssen.
6 Essen Sie auf keinen Fall fette und schwere Gerichte, ... Sie auch nach der Mittagspause noch fit .... sind.

d Schreiben Sie Sätze mit *damit* oder *um ... zu*. Verwenden Sie *um ... zu*, wenn es möglich ist.

1. Viele Studierende essen mittags in der Mensa. Sie wollen nicht so viel Geld ausgeben.
2. Einige Studierende haben mit der Mensa-Leitung gesprochen. Die Mensa soll mehr vegane Gerichte anbieten.
3. Die Uni bietet auch Sportkurse an. Die Studierenden sollen fit bleiben.
4. Es gibt auch Entspannungskurse. Die Studierenden sollen lernen, mit Stress umzugehen.
5. Viele Studierende fahren mit dem Rad zur Uni. Sie wollen sich bewegen und an der frischen Luft sein.

1. Viele Studierende essen mittags in der Mensa, um nicht so viel Geld auszugeben.

> **TIPP**
> Die Modalverben *wollen* und *sollen* stehen **nie** in Sätzen mit *damit* oder *um ... zu*.

3 *zum* + Infinitiv (als Nomen) – Ergänzen Sie die Dialoge.

Online Ü 2

1. ● Ich koche nur noch ohne Fett, um abzunehmen.
   ○ *Zum Abnehmen* .... solltest du lieber Sport machen.

2. ● Wir müssen noch einkaufen, um für Leons Geburtstag einen Kuchen zu backen.
   ○ Wir haben Mehl, Butter, Eier, Zucker und Äpfel. Das reicht doch ....

3. ● Los, du schaffst noch zwei Kilometer! Es ist zu früh, um aufzugeben.
   ○ .... ist es nie zu früh. Ich kann nicht mehr!

4. ● Ich lege mich am liebsten aufs Sofa, um mich zu entspannen.
   ○ Echt? .... brauche ich Sport und Bewegung.

8 MODUL 2

GESUND UND MUNTER?

1 Was ist das? Verbinden Sie.

1. das Organ, mit dem man denkt
2. eine Person, die sich in einem Bereich nicht so gut auskennt
3. Anzeichen von einer Krankheit
4. der Druck, mit dem das Blut durch die Adern fließt
5. Feststellung, welche Krankheit jemand hat

A die Symptome (Pl.)
B der Blutdruck
C der Laie / die Laiin
D die Diagnose
E das Gehirn

2 a Wie heißen die Verben? Ergänzen Sie. Die Texte im Kursbuch Aufgabe 1b helfen.

1. Fragen ste……… ……… ………
2. eine App emp……… ……… ………
3. etwas in einer Studie nach……… ……… ………
4. die Durchblutung anr……… ……… ………
5. die Gesundheit för……… ……… ………
6. etwas als angenehm emp……… ……… ………
7. Stesshormone aus……… ……… ………
8. den Schlaf beeintr……… ……… ……… ………

b Lesen Sie die Texte im Kursbuch Aufgabe 1b noch einmal und ergänzen Sie die Sätze im Heft.

1. Bei der Recherche im Internet kann es passieren, …
2. Ärzte und Ärztinnen sollten sich über gute Angebote im Netz informieren, …
3. Wer eine längere Wanderung unternimmt, …
4. Wandern ist nicht nur gut für die Gesundheit, …
5. Ob man etwas als Lärm empfindet, …
6. Wenn Menschen permanent mit Lärm leben müssen, …

3 Wählen Sie eine Nachricht und antworten Sie. Gehen Sie dabei auch auf Informationen aus den Texten im Kursbuch ein.

A Hey! Carla und Jon gehen übers Wochenende wandern und haben gefragt, ob wir beide mitkommen wollen. Ich finde ja Wandern total langweilig und für die Fitness bringt das ja auch nicht so viel, oder? Und außerdem muss ich mich echt mal ausruhen.

B Stell dir vor, ich habe endlich eine schöne und bezahlbare Wohnung gefunden. Allerdings liegt sie direkt am Ring, also an einer richtig lauten Straße. Ich weiß nicht, ob ich sie nehmen soll. Brauche Entscheidungshilfe 🙂

C Sorry, dass ich mich noch nicht bei dir gemeldet habe. Aber in den letzten Tagen ging es mir nicht so gut. Ich habe Bauchschmerzen und so einen komischen Ausschlag. Sieht nicht gut aus … Jetzt habe ich schon ganz viel recherchiert, was das sein könnte.

MODUL 2

4

a Eine Präsentation halten – Ergänzen Sie die Tipps.

Beispiele • Pausen • Körpersprache • Blickkontakt • nervös

1. Sie sind ....? Atmen Sie vor der Präsentation einige Male tief durch.
2. Achten Sie auch auf Ihre .... Stehen Sie gerade und setzen Sie auch Mimik und Gestik ein.
3. Sprechen Sie frei und suchen Sie den .... zum Publikum.
4. Nennen Sie lebensnahe .... und sprechen Sie die Zuhörenden direkt an.
5. Sprechen Sie nicht zu schnell und machen Sie auch kleine .... während Ihres Vortrags.

b In welcher Reihenfolge verwendet man die Redemittel meistens in einer Präsentation? Nummerieren Sie.

A Gibt es Fragen?
B Abschließend möchte ich noch sagen, dass …
C Ich spreche heute über das Thema …
D Dazu möchte ich ein Beispiel nennen: …
E Ich komme jetzt zum ersten Punkt.
F Vielen Dank für Ihre Aufmerksamkeit.
G Zuerst möchte ich über …, dann über … und … sprechen.

5

Sie hören nun fünf kurze Texte. Hören Sie jeden Text zweimal. Zu jedem Text lösen Sie zwei Aufgaben. Wählen Sie bei jeder Aufgabe die richtige Lösung. Lesen Sie zuerst das Beispiel. Dazu haben Sie 10 Sekunden Zeit.

Beispiel
Anne möchte am Wochenende wandern gehen.   richtig   ~~falsch~~

Sie möchte …
a mit dem Auto in die Berge fahren.
b mit dem Zug aufs Land fahren.
✗ mit dem Rad an den See fahren.

Text 1
1 Frau Schmidts Termin wird verschoben.   richtig   falsch

2 Sie soll …
a ihre Untersuchungsergebnisse schicken.
b ein Handtuch mitbringen.
c ihre Rechnung bezahlen.

Text 2
3 Gianni und Clara sind Kollegen.   richtig   falsch

4 Gianni ruft Clara an, weil …
a sie zusammen einen Kochkurs machen.
b er sie nach einem Rezept fragen möchte.
c er sie zum Essen einladen will.

Text 3
5 Die Wohnung von Herrn Kowalsky wird renoviert.   richtig   falsch

6 Herr Kowalsky soll …
a bei der Hausverwaltung anrufen.
b mit den Handwerkern sprechen.
c die Miete bezahlen.

Text 4
7 Das Sportzentrum wird am Wochenende eröffnet.   richtig   falsch

8 Die Kurse …
a beginnen nächste Woche.
b sind für Studierende kostenlos.
c finden täglich statt.

Text 5
9 In der Sendung kann man etwas gewinnen.   richtig   falsch

10 Die Hörerinnen und Hören sollen …
a ihr Lieblingshotel nennen.
b ein Bild schicken.
c beim Sender anrufen.

B1.2+ › 113

MACH MIT!

1 Lesen Sie die Textzusammenfassung und ergänzen Sie die Wörter.

Rollstuhl • Team • Ausrüstung • Strecke • speziellen • Leistung • gehbehindert • Ziel • zurücklegen • Planung

Markus Baumann ist seit einem Kletterunfall (1) .... und sitzt in einem (2) .... Vor einem Jahr hat er eine großartige sportliche (3) .... vollbracht. Er hat innerhalb von nur zehn Tagen mit einem (4) .... Handbike die Alpen überquert. In dieser Zeit musste er 12 000 Höhenmeter überwinden und eine (5) .... von insgesamt 480 km (6) .... Markus hat sehr früh mit der (7) .... des Projekts begonnen. Denn es war von Anfang an klar, dass er sein (8) .... nicht allein erreichen kann. Sein (9) .... bestand aus zehn Personen und einem Begleitfahrzeug, das seine komplette (10) .... zu den Etappenzielen brachte.

2 Was passt zusammen? Ordnen Sie zu.

1. Viele Jugendliche interessieren sich
2. Karate zählt
3. Die traditionelle Kleidung für Karate besteht
4. Die Farbe des Gürtels steht
5. Die Karateschüler und -schülerinnen beschäftigen sich im Training intensiv
6. Die Schiedsrichter achten während des Kampfes
7. Die wichtigste Regel ist: Karate beginnt
8. Im Kampf erwartet man

A mit Respekt und endet auch respektvoll.
B für Karate und wollen den Kampfsport lernen.
C auf die Einhaltung der Regeln.
D mit den Regeln.
E von den Kämpfern und Kämpferinnen Fairness.
F zu den bekanntesten asiatischen Kampfsportarten.
G aus einer Jacke mit Gürtel und einer Hose.
H für die Stufe, die der Kämpfer / die Kämpferin erreicht hat.

3 Welche Präposition ist richtig? Markieren Sie.

LEISTUNGSSPORT MIT 94

Eigentlich wollte Johanna Meyer (1) von | mit dem Leistungssport aufhören, wenn sie 95 wird. „Aber jetzt ist es bald so weit – und ich will nicht!", sagt die 94-Jährige und lacht (2) um | über ihren Satz. Ihr Wohnzimmer ist wie ein Sportmuseum: Über 60 Medaillen, Pokale und Urkunden findet man dort. Seit sie 70 ist, nimmt sie regelmäßig (3) mit | an Schwimmwettkämpfen teil. Drei- bis viermal pro Woche trainiert sie im Schwimmbad, um sich dann in Wettkämpfen (4) über | für ihre Siege zu freuen. (5) Um | Über die Zukunft sorgt sie sich nicht. Der Spaß am Sport treibt sie an. Außerdem achtet sie (6) über | auf eine gesunde Ernährung und das alles hält sie fit. Im Schwimmbad kennt man sie und auch auf der Straße sprechen sie viele Menschen an. Sie unterhalten sich (7) mit | von ihr, beglückwünschen sie (8) an | zu ihren Erfolgen und stellen ihr immer dieselbe Frage: „Wie kann man in diesem Alter nur so fit sein?"

MODUL 3

4 Der Verein stellt sich vor – Ergänzen Sie die Präpositionen.

für • in • auf • über • am • über • für • auf

In unserem Verein FC Rheinhausen nehmen 17 Frauen regelmäßig (1) .... Training teil. Wir sind ein tolles Team und halten zusammen. Jede kann sich (2) .... jede verlassen. Unsere Trainerin engagiert sich sehr (3) .... Frauenfußball und setzt sich (4) .... uns ein. Deshalb verfügt unsere Mannschaft auch (5) .... viele Sponsoren. Das Sponsorengeld investieren wir (6) .... unsere Ausrüstung. So entstand auch unser neuer Sportplatz, auf dem wir uns optimal (7) .... wichtige Spiele vorbereiten können. Und wir sind richtig erfolgreich: Wir können uns schon (8) .... sechs Pokale freuen. Hast du Interesse? Komm doch mal vorbei und trainier bei uns mit!

5 a Formulieren Sie passende Fragen.

1. sich entscheiden	Beim Verein.
2. sich aufregen	Über den Trainingsplan.
3. sich bemühen	Nach der Trainerin.
4. anrufen	Auf den Wettkampf.
5. suchen	Mit den anderen Sportlerinnen.
6. sprechen	Für den Zumba-Kurs.
7. sich vorbereiten	Über den Schiedsrichter.
8. sich gut verstehen	Um mehr Ausdauer.

1. *Wofür hast du dich entschieden? – Für den Zumba-Kurs.*

b Ja, klar! – Antworten Sie wie im Beispiel.

1. Kannst du dich noch an das letzte Spiel erinnern?
2. Hast du an unsere Kletterschuhe gedacht?
3. Freust du dich denn über den Erfolg?
4. Kannst du dich auf die Unterstützung deiner Trainerin verlassen?
5. Kann die Mannschaft mit einem Sieg rechnen?
6. Kannst du dich bitte um die Ausrüstung kümmern?

1. *Ja, daran kann ich mich noch gut erinnern.*

c Ergänzen Sie die Pronominaladverbien mit da(r)-.

● Guten Tag, ich habe im Internet gelesen, dass Sie einen Pilates-Kurs anbieten. Ich möchte gern

(1) .... teilnehmen. Wo kann ich mich anmelden?

○ Schön, dass Sie sich (2) .... entschlossen haben. Füllen Sie bitte das Anmeldeformular aus.

● Ja, mach ich. Hier, bitte.

○ Vielen Dank. Dann gebe ich Ihnen hier noch die Datenschutzerklärung. Sie wissen ja, (3) .... muss ich alle Teilnehmenden hinweisen.

● Okay, danke. Ich habe noch eine Frage. Wissen Sie, ob im Kurs auch besonders der Rücken trainiert wird?

○ Ich kann Ihnen leider nicht sagen, ob die Trainerin sich besonders (4) .... beschäftigt. Aber dort kommt sie. Fragen Sie sie doch einfach selbst.

LACHEN IST GESUND

1 „Lachen ist die beste Medizin" – Finden Sie acht Nomen und ergänzen Sie die Sätze.

PSYCHEVIRENIMMUNSYSTEMBLUTORGANISMUSVERSPANNUNGENSTRESSBAKTERIEN

1. Lachen aktiviert im Körper viele Prozesse, die sich positiv auf den .... und die .... auswirken.
2. Durch intensives Lachen wird .... abgebaut.
3. Außerdem hilft es gegen Schmerzen und ....
4. Lachen stärkt auch unser .... Dabei werden Antikörper gebildet, die gegen .... und .... helfen.
5. Beim Lachen gelangt viel Sauerstoff ins .... und unser Herz wird gestärkt.

2 Lesen Sie zuerst den Tipp und ergänzen Sie dann die Verben.

TIPP
😄 lachen
🙂 lächeln
😊 kichern
😌 schmunzeln
😁 grinsen

1. ● Na, wie fandest du den Film?
   ○ Total lustig. Ich musste laut über die Szene im Autokino ....

2. ● Hat der Polizist dir gerade einen Strafzettel gegeben?
   ○ Nein, er hat nett .... und gesagt, ich soll lieber woanders parken.
   ● Und was hast du darauf geantwortet?
   ○ Toll, dass es so nette Polizisten gibt. Da hat er über das ganze Gesicht breit ....

3. ● Dein Kollege schaut schon den ganzen Tag so verträumt aus dem Fenster.
   ○ Ja, ich musste heute schon mehrfach über ihn .... Er ist frisch verliebt.

4. ● Was ist denn mit den beiden Praktikantinnen los? Die .... die ganze Zeit.
   ○ Ja, das habe ich auch schon gemerkt. Ich glaube, die finden unseren neuen Azubi toll.

3 a Lesen Sie den Forumsbeitrag von Olivia. Welche Aussagen stimmen? Kreuzen Sie an.

1. ☐ Der Kollege von Olivia erzählt gern Witze.
2. ☐ Olivia findet ihren Kollegen sehr witzig.
3. ☐ Sie findet seine Witze uninteressant.
4. ☐ Sie kann durch seine Witze besser arbeiten.

Ich komme aus England und arbeite erst seit kurzem als Bürokauffrau in Berlin. Dort habe ich einen Kollegen, der ständig Witze erzählt. Er sagt, mit Humor geht alles besser, auch bei der Arbeit. Seine Witze sind aber langweilig und ich kann darüber nur müde lächeln. Ich weiß nie, was ich meinem Kollegen antworten soll. Ständig am Arbeitsplatz Witze zu hören – das nervt mich. Und besser läuft die Arbeit dann auch nicht. Im Gegenteil. Wenn ich sehe, dass er ins Büro kommt, dann versuche ich, ihm auszuweichen. Wart ihr schon mal in einer ähnlichen Situation und wie habt ihr dann reagiert? Wie ist das denn bei euch mit dem Humor am Arbeitsplatz? Ich bin auf eure Antworten gespannt.

b Schreiben Sie eine Antwort auf den Beitrag von Olivia.

MODUL 4

4 In dieser Aufgabe sollen Sie ein Gespräch zum Thema *So bleiben Sie gesund* führen.

 a Machen Sie sich zuerst mit Ihrem Gesprächspartner / Ihrer Gesprächspartnerin bekannt. Unterhalten Sie sich über folgende Themen.

- Name
- Woher er / sie kommt?
- Familie
- Was er/sie macht (Schule, Studium, Beruf)
- Wo er/sie Deutsch gelernt hat?
- Ob er/sie schon in anderen Ländern war?

 b Ordnen Sie die Überschriften den Redemitteln zu und ergänzen Sie weitere Beispiele.

Online Ü5

zustimmen • Zweifel ausdrücken • widersprechen • die eigene Meinung wiedergeben • Informationen zusammenfassen • nachfragen

1. ....
   - In meinem Text geht es um das Thema: …
   - Der Mann / Die Frau spricht darüber, …

2. ....
   - Ich bin der Meinung, dass …

3. ....
   - Stimmt.
   - Genau.
   - Das glaube ich auch.

4. ....
   - Ob das wirklich so ist?
   - Das kann schon sein, aber …

5. ....
   - Das stimmt so nicht.
   - Ich sehe das anders.

6. ....
   - Das habe ich nicht verstanden. Kannst du das bitte noch einmal wiederholen?

c Sie haben in einem Gesundheitsmagazin etwas zum Thema *So bleiben Sie gesund* gelesen. Berichten Sie Ihrer Gesprächspartnerin / Ihrem Gesprächspartner darüber. Ihre Gesprächspartnerin / Ihr Gesprächspartner hat eine andere Meinung dazu gelesen und berichtet Ihnen auch darüber. Unterhalten Sie sich dann gemeinsam über das Thema. Sagen Sie Ihre Meinung und erzählen Sie von eigenen Erfahrungen.

So bleiben Sie gesund

A Um gesund zu bleiben, brauche ich keine Pillen. Das beste Rezept ist für mich immer noch, jeden Tag herzlich zu lachen. Lachen hält fit und baut Stress ab. Körper und Psyche entspannen dabei. Mir hilft der Humor, die alltäglichen Dinge des Lebens zu bewältigen. Besonders bei Konflikten und Misserfolgen zahlt sich der Humor aus."

Matteo Santoro, 30 Jahre, Webdesigner

B Für mich sind zwei Dinge besonders wichtig, um gesund zu bleiben. Das eine ist ausreichend Schlaf, denn unser Gehirn nutzt die Schlafenszeit für wichtige Aufräumarbeiten. Nur im Schlaf kann sich der Körper richtig erholen. Das andere ist, mich regelmäßig zu bewegen. Ich jogge jeden Morgen 30 Minuten. Das hält mich fit und ich werde selten krank. Luisa Ahrensmeier, 35 Jahre, Elektrikerin

SPRECHEN · SCHREIBEN · AUSSPRACHE

1 a [RICHTIG SPRECHEN] Gespräch in der Apotheke – Ergänzen Sie die Aussagen des Kunden / der Kundin. Das Kursbuch Aufgabe 2a hilft.

- Guten Tag, was kann ich für Sie tun?
- Da kann ich Ihnen diese Tabletten empfehlen. Die helfen sehr gut.
- Bei akuten Schmerzen am besten fünfmal täglich.
- Nein, über Nebenwirkungen ist nichts bekannt.
- Bitte sehr. Wenn Ihre Beschwerden in drei Tagen nicht besser sind, sollten Sie aber Ihren Arzt aufsuchen.
- Brauchen Sie sonst noch etwas?
- 8 Euro 80.
- Vielen Dank. Dann wünsche ich Ihnen gute Besserung.

○ 1. ....
○ 2. ....
○ 3. ....
○ 4. ....
○ 5. ....
○ 6. ....
○ 7. ....
○ 8. ....

2.19 🔊 **b** Hören Sie jetzt die Aussagen der Apothekerin und reagieren Sie mit Ihren Ergänzungen.

2 a [RICHTIG SCHREIBEN] *s*, *ss* oder *ß* – Lesen Sie die Regeln. Hören Sie dann die Wörter und schreiben Sie sie in die Tabelle.

2.20 🔊

A. stimmhaftes *s* → Man schreibt **s** (wie z. B. in *Hose*)	B. stimmloses *s* → Nach einem kurzen Vokal schreibt man **ss** (wie z. B. in *Kuss*).	C. stimmloses *s* → Nach einem langen Vokal schreibt man **ß** (wie z. B. in *groß*).
die Musik	der Fluss	die Straße

TIPP

Die Rechtschreibung mitlernen
Bei vielen Wörtern kann man nicht hören, wie das Wort geschrieben wird, z. B. *das, dass, Haus*. Am besten lernen Sie die Rechtschreibung immer gleich mit.

b Ergänzen Sie *s*, *ss* oder *ß*.

Haben Sie auch so viel Stre..........? Tun Sie mehr für Ihre Ge..........undheit: Gehen Sie oft nach drau..........en und bewegen Sie sich, z. B. beim Fu..........ballspielen. Oder trinken Sie viel Wa..........er und verzichten Sie auf sü..........e Lebensmittel, e..........en Sie lieber mehr Obst. Und genie..........en Sie Ihre Freizeit, be..........uchen Sie Freunde und haben Sie Spa..........!

3 a [AUSSPRACHE] *s*-Laute – Hören Sie die Wörter aus 2a noch einmal und sprechen Sie nach.

2.21 🔊
2.22 🔊 **b** Hören Sie den Text aus 2b. Lesen Sie ihn dann laut vor.

SELBSTEVALUATION

DAS KANN ICH NACH KAPITEL 8

		KB	ÜB

Ziele und Absichten ausdrücken — M1 2–3 | 2–3
Sprechen Sie zu zweit wie im Beispiel. Formulieren Sie jeweils fünf Fragen. Ihr Partner / Ihre Partnerin antwortet.

> Wozu fährst du in die Stadt?
>
> Um einzukaufen. Wozu lernst du Deutsch?
>
> Damit ich …

Informationen vereinfacht weitergeben — M2 1d | 3
Lesen Sie und informieren Sie Ihren Partner / Ihre Partnerin mit einfachen Worten über den Inhalt des Textes.

Laufen ist gesund
Ein Blick in die Stadtparks zeigt, wie beliebt Laufen ist, und im Prinzip kann jeder seine Erfüllung in dieser Sportart finden. Trotzdem geben viele das Laufen schnell wieder auf, weil sie die Lust verlieren oder Verletzungen aufgetreten sind. Um das zu vermeiden, ist es wichtig, sich besonders am Anfang realistische Ziele zu stecken. Die ersten Wochen sollte man einem Laufplan folgen, um die Kondition aufzubauen. Außerdem sollte man sich ein gutes Paar Laufschuhe zulegen.

über sportliche Leistungen sprechen — M3 1a, 2c, 4
Berichten Sie über einen bekannten Sportler / eine bekannte Sportlerin aus Ihrem Land.

UND ICH KANN …

	KB	ÜB
über Ernährung sprechen.	M1 1a, c	
Informationen zu Ernährungstypen verstehen.		1b–d
eine Radiosendung über gesunde Ernährung verstehen.		4a–b
Berichten, was man tut, um gesund zu bleiben.		2b
Begriffe erklären.	M2 1a	
kurze Magazintexte zum Thema *Gesundheit* verstehen.	1b–c	2
eine kurze Präsentation halten.	2	4
auf eine Nachricht antworten.		3
Nachrichten und Ankündigungen verstehen.		5
Radiosendungen zu besonderen sportlichen Leistungen verstehen.	M3 2	
eine Textzusammenfassung vervollständigen.		1
über Witze und Humor sprechen/schreiben.	M4 1, 2d, 3c	2
einen Podcast zum Thema *Lachen ist die beste Medizin* verstehen.		2b–d
kurze Texte über Humor verstehen.		3a–b
[M] Informationen aus verschiedenen Quellen weitergeben.		4
die eigene Meinung zum Thema *So bleiben Sie gesund* ausdrücken.		3
über gesundheitliche Probleme sprechen.	K 1	
Gespräche in der Apotheke führen.	2	1a

8

MODUL 1 — ESSEN – ABER WIE?

die Ernährung (Sg.)

der Abstand, ¨-e *(in regelmäßigen Abständen)*

zusammen|stellen

qualitativ hochwertig

hauptsächlich

sich etwas gönnen

ab und zu

auf|gehen in etwas *(Sie geht völlig in ihrem Beruf auf.)*

bestehen aus (+ Dat.) (besteht, bestand, hat bestanden)

vergeblich *(Nährstoffe sucht man in Fast Food vergeblich.)*

greifen zu (+ Dat.) (greift, griff, hat gegriffen) *(Ich greife oft zu Fertiggerichten.)*

sich aus|tauschen

nebensächlich

MODUL 2 — GESUND UND MUNTER?

die Diagnose, -n

das Symptom, -e

der Laie, -n
die Laiin, -nen

der Blutdruck (Sg.)

verlässlich

der Knochen, -

das Gelenk, -e

registrieren *(Ich habe registriert, dass …)*

die Stimmung, -en

empfinden (empfindet, empfand, hat empfunden)

beeinträchtigen

die Folge sein

MODUL 3 — MACH MIT!

die Mannschaft, -en

der Wettkampf, ¨-e

die Praxis (Sg.)

basieren auf (+ Dat.)

die Spielregel, -n

die Erlaubnis (Sg.)

sich verlassen auf (+ Akk.) (verlässt sich, verließ sich, hat sich verlassen)

an|kommen auf (+ Akk.)

gewinnen an (+ Dat.) (gewinnt, gewann, hat gewonnen)

überqueren *(die Alpen überqueren)*

gehbehindert sein

die Leistung, -en *(eine sportliche Leistung)*

die Ausrüstung (Sg.)

das Turnier, -e

der Zuschauer, -
die Zuschauerin, -nen

WORTSCHATZ

das Tor, -e

strapazieren
(die Lachmuskeln strapazieren)

sich halten an (+ Akk.)
(hält sich, hielt sich, hat sich gehalten)

strikt (= streng)

schlagen (schlägt, schlug, hat geschlagen)
(Das Herz schlägt bis zum Anschlag.)

der Absprung, "-e

der Fallschirm, -e

MODUL 4 — LACHEN IST GESUND

die Verspannung, -en

das Virus, die Viren

die Bakterien (Pl.)

der Sauerstoff (Sg.)

der Organismus, die Organismen

das Stresshormon, -e

der Muskel, -n

das Blut (Sg.)

gelangen (= kommen)
(ins Blut gelangen)

der Witz, -e
(einen Witz erzählen)

sich aus|wirken auf (+ Akk.)

der Humor (Sg.)

ab|hängen von (+ Dat.)
(hängt ab, hing ab, hat abgehangen)

die Gesellschaft, -en

Weitere Wörter, die für mich wichtig sind

....

....

Welche Wörter aus Kapitel 8 passen in diese Gruppen?

	Medizin	Sport	Ernährung
Nomen	der Blutdruck		
Verben			bestehen aus

9 ENTSCHEIDE DICH!

WORTSCHATZ WIEDERHOLEN UND ERARBEITEN

1 a **Wie treffen Sie Entscheidungen? Machen Sie den Test und lesen Sie die Auswertung auf Seite 177.**

Online Ü1

1. Treffen Sie leicht Entscheidungen?
   a Ja, ich bin sehr entscheidungsfreudig.
   b Nein, damit tue ich mich oft schwer.
   c Bei klaren Argumenten ist das kein Problem.

2. Helfen Ihnen Pro- und Contra-Listen?
   a Ja, klar, ohne geht es nicht!
   b Eher nicht, viele Argumente für etwas bedeutet noch nicht, dass es gut ist.
   c Bei sachlichen Entscheidungen ja, bei emotionalen eher nein.

3. Wie wichtig ist Ihnen die Meinung anderer?
   a Die höre ich mir gerne an, aber dann treffe ich meine eigene Entscheidung.
   b Die Meinung meiner Freunde und Eltern ist für mich sehr wichtig.
   c Nicht wichtig. Ich muss ja mit meiner Entscheidung zufrieden sein.

4. Sie wollen eine längere Reise machen. Wie gehen Sie vor?
   a Ich reserviere alles im Voraus.
   b Ich reserviere für die erste Übernachtung und entscheide dann spontan.
   c Ich fahre einfach los und lasse mich überraschen.

5. Ein Freund / Eine Freundin steht vor einer großen Entscheidung. Welchen Tipp geben Sie?
   a Schlaf erst einmal eine Nacht darüber.
   b Mach eine Liste mit Vor- und Nachteilen.
   c Denk nicht so viel, handle spontan.

6. Haben Sie schon Entscheidungen bereut?
   a Nein, ich überlege mir alles sehr gut.
   b Ich überlege oft, was passiert wäre, wenn …
   c Das Gefühl habe ich manchmal.

> **TIPP**
>
> **Wortschatz erweitern**
> Notieren Sie Wörter und Wendungen aus Texten:
> - Nomen immer mit Artikel und Plural
> - unregelmäßige Verben mit Präsens, Präteritum und Perfekt
> - Wörter und Wendungen immer mit Beispielsätzen

b **Notieren Sie aus dem Test und Ihrer Auswertung acht Wörter oder Wendungen, die Sie lernen möchten: Schreiben Sie damit je einen Beispielsatz.**

2 a **Klick-Klack – Sprechen Sie zu zweit. Person A beginnt (Klick), Person B reagiert (Klack). Dann wechseln Sie.** oder **Hören Sie (Klick) und reagieren Sie (Klack).**

2.23

Klick

1. Hast du dich schon entschieden, ob du heute Abend ins Kino gehen willst?
2. Steht deine Entscheidung für das Studienfach jetzt wirklich fest?
3. Ich weiß einfach nicht, wie ich mich entscheiden soll. Was soll ich nur machen?
4. Und, bist du zufrieden mit deiner Entscheidung, nicht umzuziehen?
5. Rohan bricht sein Studium ab und gründet eine Firma.
6. Ich hätte die Firma nicht wechseln sollen. Das war die falsche Entscheidung.

Klack

A Denk doch einfach nochmal in Ruhe darüber nach. Du hast doch Zeit.
B Ehrlich? Das ist ja eine mutige Entscheidung.
C Ach, ich weiß noch nicht. Vielleicht sehen wir hier einen Film und bestellen eine Pizza?
D Das konntest du doch nicht wissen. Es hat sich ja alles so gut angehört.
E Ich weiß nicht, vielleicht hätte ich doch die andere Wohnung nehmen sollen …
F Ja, ich habe mich gut informiert und glaube, dass Jura die beste Wahl für mich ist.

b Welche Fortsetzung ist richtig? Unterstreichen Sie.

1. Ich überlege schon seit 20 Minuten, was ich anziehen soll. Ich muss jetzt eine Entscheidung treffen | kommen | machen.
2. Das brauchen wir nicht mehr zu besprechen. Die Entscheidung ist fertig | fest | endgültig.
3. Wir haben uns jetzt schon drei Mal getroffen, um das Thema zu besprechen. Wir müssen jetzt wirklich mal zu einer Entscheidung gehen | treffen | kommen.
4. Ich verkaufe mein Auto. Wenn ich eines brauche, leihe ich es. Die Entscheidung war ganz schnell gefallen | genommen | gehabt.
5. Ich weiß nicht, welches Praktikum ich machen soll. Ich habe zwei Zusagen bekommen und jetzt brauche | habe | gebe ich die Wahl.
6. Es gab viele Bewerber, aber zum Glück machte | fiel | kam die Entscheidung zu meinen Gunsten aus.
7. Toll, dann haben wir jetzt eine Lösung getroffen | gefunden | gemacht.

3 Am Schwarzen Brett an der Uni – Was passt wo? Ergänzen Sie.

Gespräche (Pl.) • Unterlagen (Pl.) • Firmen (Pl.) • Motivationsschreiben • Verfassen • ~~Beratung~~ • Prüfungsangst • Kontakte (Pl.) • Einschreibung

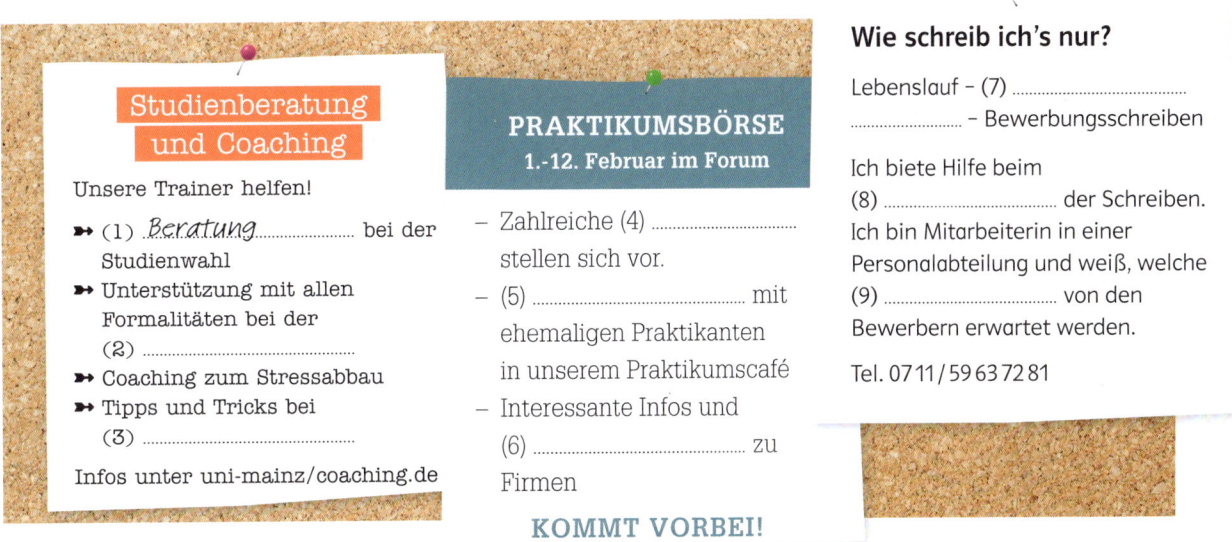

Studienberatung und Coaching
Unsere Trainer helfen!
→ (1) *Beratung* bei der Studienwahl
→ Unterstützung mit allen Formalitäten bei der (2) ....
→ Coaching zum Stressabbau
→ Tipps und Tricks bei (3) ....
Infos unter uni-mainz/coaching.de

PRAKTIKUMSBÖRSE
1.-12. Februar im Forum
– Zahlreiche (4) .... stellen sich vor.
– (5) .... mit ehemaligen Praktikanten in unserem Praktikumscafé
– Interessante Infos und (6) .... zu Firmen
KOMMT VORBEI!

Wie schreib ich's nur?
Lebenslauf – (7) .... – Bewerbungsschreiben
Ich biete Hilfe beim (8) .... der Schreiben. Ich bin Mitarbeiterin in einer Personalabteilung und weiß, welche (9) .... von den Bewerbern erwartet werden.
Tel. 0711/5963 7281

4 a Ersetzen Sie die markierten Wörter und Wendungen mit dem passenden Verb in der richtigen Form.

bestimmen • abwägen • abstimmen • sich festlegen • aussuchen

1. Wie geht es denn jetzt weiter? Planen wir das Projekt oder nicht? Ich finde wir sollten fragen, wer dafür ist und wer nicht.
2. Ich denke, wir sollten diese Entscheidung gut überlegen.
3. Jetzt haben wir viele Ideen, also müssen wir entscheiden, welche wir nehmen.
4. Oder soll das einfach einer von uns allein entscheiden?
5. Nein, wir müssen jetzt gemeinsam sagen, was wir wollen, und dann dazu stehen. Wir müssen uns entscheiden.

1. ....
2. ....
3. ....
4. ....
5. ....

b Zu welchen Verben in 4a finden Sie Nomen? Notieren Sie.

abwägen – die Abwägung,

# MODUL 1

EINFACH MACHEN!

1 Lesen Sie die Wörter aus dem Podcast im Kursbuch. Welche Umschreibung passt? Ordnen Sie zu.

1. der Zufall
2. aus gesundheitlichen Gründen
3. alles hinter sich lassen
4. von einem Moment auf den nächsten
5. der Marktstand
6. die Staffel
7. der/die Gastronom/in
8. der/die Goldschmied/in
9. der Soziologe / die Soziologin

A ganz neu beginnen
B jemand, der Schmuck macht
C mehrere Folgen einer Serie
D jemand, der ein Restaurant, eine Bar oder einen Verkaufsstand mit Speisen betreibt
E weil jemand krank ist
F ganz plötzlich
G etwas Unerwartetes und Ungeplantes
H jemand, der das Zusammenleben der Menschen erforscht
I ein Ort, wo man im Freien etwas verkauft.

2 a Was würden Sie tun? Ergänzen Sie die Aussagen. Nutzen Sie auch die Redemittel aus dem Kursbuch.

1. Sie können ein Jahr Urlaub machen:

   Wenn ich in dieser Situation ……………, würde ich ……………

2. Ein Freund hat einen Diamanten im Müll gefunden und ihn zur Polizei gebracht:

   Ich glaube, an seiner …………… …………… ich ……………

3. Eine Bekannte bekommt ein Auto geschenkt und will es nicht:

   Wenn mir jemand ein Auto …………… ……………, dann würde ich ……………

4. Ihre Nachbarin erbt ein Haus am Meer:

   Wenn ich ……………

5. Ein Freund hat ein Abendessen mit einem berühmten Schauspieler gewonnen. Er geht nicht hin, weil er zu nervös ist:

   Wenn ich ……………

6. Eine Kollegin hat ein tolles Jobangebot im Ausland erhalten. Sie weiß nicht, was sie tun soll:

   Ich glaube, an ……………

b Optimist oder Pessimist? – Eine Freundin eröffnet ein Café. Welche Reaktion passt zu wem? Notieren Sie O (Optimist) oder P (Pessimist).

1. Ich bezweifle, dass das alles glatt geht.
2. Ich denke, dass das alles gut gehen wird, weil sie sich das gut überlegt hat.
3. Ich glaube nicht, dass sie Probleme haben wird.
4. Ich bin mir nicht sicher, ob das die richtige Entscheidung ist.
5. Ich bin überzeugt, dass es richtig ist, denn sie hat genug Energie.
6. Ich bin sicher, dass es gelingen wird, weil sie schon immer davon geträumt hat.
7. Also, ich weiß nicht, ob das gut geht.

c Hören Sie zur Kontrolle und sprechen Sie nach. Betonen Sie passend: optimistisch, fröhlich oder pessimistisch, resigniert.

MODUL 1

3 a Noch mal neu starten! – Diese Personen haben beschlossen, ihr Leben zu ändern. Schreiben Sie die Sätze im Futur I.

Klaus ist Grafiker. Er mag seinen Bürojob, aber noch lieber ist er draußen in der Natur.
1. Deshalb / er / eine Prüfung zum Ranger / ablegen.
2. Danach / Touristen und Touristinnen / mit ihm / viele interessante Touren / im Schweizer Nationalpark / erleben.
3. Er sagt: Ich / mich viel bewegen / und / nicht mehr so viel / am Computer sitzen.

Katharina hat vier Jahre in einem Büro gearbeitet. Jetzt hat sie gekündigt.
4. Sie und ihr Mann / in zwei Wochen / nach Hamburg / ziehen.
5. Sie / in Hamburg / Soziale Arbeit / studieren.
6. Nach dem Studium / Katharina / als Streetworkerin / arbeiten.
7. Sie erzählt: Wir / uns / dort / sicherlich / wohlfühlen.

1. *Deshalb wird er eine Prüfung zum Ranger ablegen.*

b Und Sie? Was werden Sie in fünf Jahren machen? Das Gleiche wie heute oder etwas ganz anderes? Schreiben Sie drei Sätze mit Futur I.

4 a Vermutungen ausdrücken – Lesen Sie den Dialog und formulieren Sie die unterstrichenen Vermutungen mit *werden* + Infinitiv.

- Weißt du, was es heute in der Kantine gibt?
○ Heute ist Freitag. (1) <u>Ich glaube, es gibt wieder Fisch oder Kaiserschmarrn</u>.
- Ah, lecker Kaiserschmarrn. Weißt du, wo Lukas und Caro sind?
○ (2) <u>Die müssten schon in der Kantine sein</u>. Sollen wir auch jetzt gleich gehen?
- (3) <u>Vielleicht will Elea auch mitkommen</u>. Warte, ich rufe sie kurz an.
○ Okay, dann gehe ich schon mal vor. (4) <u>Wahrscheinlich ist in der Kantine viel los</u>.
- Ja, gut. Halte uns einen Platz frei. (5) <u>Wir kommen vermutlich gleich nach</u>.
○ Klar, (6) <u>das ist wohl kein Problem</u>. Bis gleich.

> **TIPP**
> **Vermutungen ausdrücken**
> - mit Modalwörtern wie *vielleicht, wohl, vermutlich* oder *wahrscheinlich*
> - mit Verben wie *denken, glauben, vermuten, meinen*
> - mit Modalverben (*müssen, können, dürfen*) im Konjunktiv
> - mit *werden* + Infinitiv

1. *Es wird …*

b Wie kann das sein? – Lesen Sie das Rätsel und schreiben Sie dann, was Sie vermuten. Verwenden Sie auch *werden* + Infinitiv. Vergleichen Sie Ihre Lösung mit einem Partner / einer Partnerin.

Das „Traumblick" ist ein sehr gutes Restaurant. Heute geht es plötzlich allen Leuten, die in dem Restaurant zu Mittag essen, sehr schlecht. Aber alle Speisen sind völlig in Ordnung. Was ist passiert?

Ich denke, jemand wird vielleicht …

STUDIEREN IN DEUTSCHLAND

1 a Ergänzen Sie die Lücken (1–12) im Motivationsschreiben.

Bereits in meiner Schulzeit • empfohlen wurde • über eine Einladung • erfolgreich abgeschlossen • interessiere • Mein besonderes Interesse gilt • Deutschkenntnisse • als Bewerberin für • Aufgaben übernehmen • bin hoch motiviert • an Ihrer Hochschule • Abschluss des Studiums

---

Teresa Raposo · Rua Fuentes 3 · 4000-013 Porto

23. Februar 20…

Universität …
Herrn Dr. Jens Neuburger
Fachbereich Maschinenbau
Bergstr. 7
10243 Berlin

Maschinenbaustudium an Ihrer Universität – Warum ich?

Sehr geehrter Herr Dr. Neuburger,

vor einem halben Jahr habe ich die Schule mit dem portugiesischen Abitur (1) ……………………………………………… . Nun stelle ich mich (2) ……………………… den Bachelor-Studiengang Maschinenbau vor.

(A)
(3) ……………………………………………… haben mich die Fächer Mathematik und Physik begeistert und ich habe im Rahmen eines Schulwettbewerbs selbstständig kleinere Maschinen entwickelt. (4) ……………………………………………… schon lange dem Anlagenbau und dem Erforschen von neuen und komplexen Lösungen.

(B)
Am Maschinenbaustudium reizt mich die Vielseitigkeit und ich (5) ……………………………………………… , die komplexen mathematischen Fragestellungen zu verstehen und zu lösen.

(C)
Seit meinem Schulabschluss arbeite ich in einer Firma, die Maschinen für die Lebensmittelproduktion herstellt. Nach erfolgreichem (6) ……………………………………………… möchte ich in dieser Firma gerne verantwortungsvolle (7) ……………………………………………… .

(D)
Ich (8) ……………………………………………… mich für Ihre Hochschule, weil sie mir vom Leiter der Produktionsabteilung (9) ……………………………………………… . Er hat vor einigen Jahren auch an Ihrer Universität studiert. Darüber hinaus freue ich mich, wenn ich meine (10) ……………………………………………… im Studium anwenden und ausbauen kann.

Ich hoffe sehr, dass ich das Studium (11) ……………………………………………… im kommenden Semester beginnen kann. Für weitere Rückfragen stehe ich jederzeit gerne zur Verfügung und ich freue mich (12) ……………………………………………… zu einem persönlichen Gespräch.

Mit freundlichen Grüßen

Teresa Raposo

MODUL 2

b Wo passt welche Überschrift im Motivationsschreiben? Ordnen Sie sie den Abschnitten A bis D zu.

1. Was sind meine Ziele?
2. Warum will ich studieren?
3. Warum möchte ich an Ihrer Universität studieren?
4. Warum Maschinenbau?

TIPP

Gliedern Sie Ihr Motivationsschreiben mit Überschriften. Die Überschriften können Sie als Fragen oder Aussagen (z.B. *Über mich / Meine Motivation*) formulieren.

c Welche Umschreibungen passen alternativ in welche Lücke in 1a? Notieren Sie die Nummer der Lücke. Es gibt nicht zu jeder Lücke eine Alternative.

a. Studienabschluss
b. als angehende Studentin für
c. an Ihrer Universität
d. Tätigkeiten ausführen
e. schon als Schülerin
f. freue mich sehr darauf
g. mit (sehr) gutem Abschluss beendet

2 Rund ums Studium – Wie heißen die Wörter?

RIMPRAKTIKUMÖRILSTUDIENGANGELOSSEMESTERONALSEMINARÜB
ICAMPUSEKRATABITURÜLANSTUDIERENDEN

TIPP

Personen gleichberechtigt ansprechen
Statt *Studenten* und *Studentinnen* verwendet man oft das nominalisierte Partizip I: *Studierende*, *Unterrichtende*, *Lehrende* oder *Teilnehmende*.

1. der Schulabschluss, der zum Studieren an Universitäten berechtigt.
   → das ....
2. das Universitätsgelände → der ....
3. Personen, die an der Universität lernen → die .... (Pl.)
4. Zeitabschnitt, mit dem die Studienzeit berechnet wird → das ....
5. eine Veranstaltung an der Universität → das ....
6. Wenn man studiert, entscheidet man sich für einen bestimmten … → der ....
7. Tätigkeit während des Studiums, um praktische Erfahrungen zu sammeln → das ....

3 Sie nehmen an einer Führung durch die Staatsbibliothek in München teil. Hören Sie den Text und lösen Sie die Aufgaben. Wählen Sie bei jeder Aufgabe die richtige Lösung a, b oder c. Lesen Sie zuerst die Aufgaben 1–5.

1. In der Bibliothek …
   a finden auch Prüfungen statt.
   b lernen gerade viele Menschen.
   c ist wenig los.

2. Während der Führung …
   a wird auch erklärt, wie die Bücher sortiert sind.
   b können sich die Teilnehmenden auch allein umsehen.
   c können die Teilnehmenden jederzeit Fragen stellen.

3. Die Teilnehmenden …
   a lernen die elektronischen Suchmöglichkeiten kennen.
   b erfahren viel über die Geschichte der Bibliothek.
   c besichtigen auch das Archiv.

4. Nachdem alle ihre Taschen abgegeben haben, treffen sie sich …
   a an der Glastür.
   b oben an der Treppe.
   c am Eingang.

5. Die Bibliotheksführerin empfiehlt den Teilnehmenden, nach der Führung …
   a ein Picknick im Park zu machen.
   b in ein Café zu gehen.
   c in der Mensa zu essen.

MODUL 3
WER DIE WAHL HAT, HAT DIE QUAL

1 a n-Deklination: das neue Büro – Was passt? Kreuzen Sie an.

- Hallo Alexandra, können wir kurz die Checkliste für unsere Eröffnung durchgehen?
- Klar, gern. Ich habe gerade mit dem ☐ Journalist ☐ Journalisten gesprochen. Er kommt morgen um 09:30 Uhr. Und der ☐ Fotograf ☐ Fotografen hat auch zugesagt.
- Hast du auch ☐ Herr ☐ Herrn Lanzenberger von der Stadt eingeladen?
- Ja, klar. Er ist morgen dabei. Auch unser wichtigster ☐ Kunde ☐ Kunden, die Firma Meyer & Co, wird kommen.
- Was ist mit den Getränken und dem Buffet?
- Ich habe gerade mit unserem ☐ Praktikant ☐ Praktikanten die Getränke geholt. Das Buffet wird morgen früh geliefert.
- Perfekt. Und was ist mit dem ☐ Kaffeeautomat ☐ Kaffeeautomaten? Kommt der auch noch rechtzeitig?
- Ja, der ☐ Lieferant ☐ Lieferanten hat versprochen, ihn heute noch zu bringen.
- Toll, vielen Dank. Dann kann ja nichts mehr schief gehen.

CHECKLISTE ERÖFFNUNG:
- Presse
- Gäste
- Getränke
- Buffet
- Kaffeeautomat

b Bilden Sie den Genitiv.

1. Die Reparatur (der Automat / das Gerät / die Maschine) wurde durchgeführt.
2. Die Bestätigung (der Lieferant / der Produzent / der Verkäufer) liegt vor.
3. Die Arbeitszeiten (der Mitarbeiter / der Student / der Assistent) sind ganz unterschiedlich.
4. Die Anschrift (die Firma / der Kunde / der Praktikant) ist falsch.
5. Die Antwort (der Experte / der Ingenieur / der Spezialist) war sehr ausführlich.

1. Die Reparatur des Automaten / des ... wurde durchgeführt.

c Unsere Kursteilnehmenden berichten – Ergänzen Sie die Endungen, falls notwendig.

Hi Leute, das ist unser Deutschkurs. Hier lernen nur nette Mensch......... 😊. Wir haben einen Türke........., einen Afghane........., einen Pole........., einen Portugiese......... und einen Kubaner......... im Kurs. Vier Teilnehmerinnen kommen aus Russland, zwei aus China und drei aus den USA. Viele haben bereits einen Beruf. Es gibt einen Architekt........., zwei Krankenschwestern, einen Student........., einen Biologe........., einen Professor........., einen Praktikant......... und zwei Ärztinnen. Unser Lehrer ist Doktorand......... und möchte später an der Uni arbeiten. Wir verstehen uns im Kurs alle supergut und sind ein tolles Team. Ich bin total froh, dass ich mich für den Kurs entschieden habe.

MODUL 3

d Flüssig sprechen – Arbeiten Sie zu zweit. Formulieren Sie Fragen und antworten Sie wie im Beispiel.

1. Kunde – informieren?
2. Assistent – sprechen mit?
3. Lieferant – anrufen?
4. Spezialist aus Berlin – kennenlernen?
5. dein Kollege – Termin mitteilen?
6. Praktikant – einweisen?
7. Herr Schmidt – antworten?
8. Experte – kontaktieren

> Hast du den Kunden schon informiert?

> Ja, klar, den Kunden habe ich gestern schon informiert.

2 In dieser Aufgabe sollen Sie gemeinsam etwas planen. Bearbeiten Sie zuerst die Teilaufgaben und führen Sie dann das Gespräch.

a Lesen Sie die Aufgabe genau und unterstreichen Sie Antworten auf die Fragen: Was? Warum? Mit wem?

Die Firma, in der Sie arbeiten, besteht nun schon seit zwanzig Jahren. Im nächsten Monat begeht sie ihr zwanzigjähriges Firmenjubiläum. An diesem Tag soll es eine große Feier geben. Sie sind in einem Team, das die Feier organisieren soll. Überlegen Sie mit Ihrer Gesprächspartnerin/Ihrem Gesprächspartner, was Sie an diesem Tag machen können und wer welche Aufgaben übernimmt.

Gemeinsam ein Fest planen
- *Buffet?*
- *einkaufen?*
- *Musik?*
- *kleines Programm?*
- *Einladung?*
- *…*

b Notieren Sie kurz Ideen zu den Stichpunkten in Aufgabe 2a.

1. Buffet: International? Bestellen? ...

c Lesen Sie die Redemittel und ordnen Sie sie in die Tabelle. Ergänzen Sie dann weitere Redemittel.

Das ist eine gute Idee. • Wir könnten ja Folgendes machen: … • Wie soll das funktionieren? • Meinst du nicht, wir sollten lieber …? • Das klingt doch gut. • Wie wäre es mit einem Kompromiss? • Wie wäre es, wenn wir …? • Ich glaube, das schaffen wir nicht alles. • Es wäre bestimmt viel besser, wenn wir … • Vielleicht können wir uns auf Folgendes einigen: …

zustimmen	zweifeln	einen Vorschlag machen

einen Gegenvorschlag machen	sich einigen

d Führen Sie jetzt das Gespräch zu zweit. Nutzen Sie dabei die Redemittel aus 2c und Ihre Notizen aus 2b.

9
MODUL 4

DIE ENTSCHEIDUNG

1 Rund um Literatur – Wie heißen die Wörter?

1. Person, aus deren Sicht eine Geschichte erzählt wird   der/die E r ..../in
2. Person, die ein Buch schreibt   der/die A ...... t ..../in
3. ein Buch, in dem eine längere Geschichte erzählt wird   der ...... o ....
4. das, was in einem Buch steht   der I ...... h ....
5. eine kurze Beschreibung dessen, was in einem Buch passiert   die Z ...... s .... f ....
6. was in einem Buch passiert   die H .... g

2 Schreiben Sie Ihre eigene kurze Geschichte. Bearbeiten Sie dazu die Schritte a bis e.

a **Sehen Sie die Fotos an. In welchen Situationen befinden sich die Personen? Sammeln Sie Ideen.**

b **Lesen Sie die Anfänge der Kurzgeschichten und ordnen Sie sie den Fotos zu.**

A Es war der erste heiße Tag im Sommer nach dem langen Regen. Unser Umzug war noch in vollem Gange. Die Handwerker räumten Möbel ins Haus. Da klingelte mein Handy. Nach kurzem Suchen fand ich es auf meinem Schreibtisch, der mit anderen Möbeln noch im Garten stand.

B Ich habe in meinem Leben schon einige Geschenke bekommen. Normalerweise gibt es dafür ja immer einen Anlass. Aber Weihnachten war erst in fünf Wochen und mein Geburtstag längst vorbei. Außerdem stand dieses Geschenk einfach so vor der Tür – ohne Anlass, ohne Namen. War es überhaupt für mich? Oder war das Ganze einfach nur ein Irrtum?

C Plötzlich verschwand die Straße im grauen Nebel. Ich stellte mein Rad ab und schaute mich um. Der Nebel schien regelrecht auf mich zuzukommen. Es war unheimlich. Und dann sah ich plötzlich etwas im Nebel. Was war das?

D Eigentlich sollte es der schönste Tag in unserem Leben werden. Das erwartet man jedenfalls von dem Tag, an dem man heiratet. Doch dieser Tag entwickelte sich ganz anders. Es fing schon am frühen Morgen an.

MODUL 4

c Ordnen Sie die Wörter den Geschichten in 2b zu. Ergänzen Sie weitere Wörter aus Ihren Ideen in 2a.

der Schlüssel • der Fluss • die Trauung • der Unfall • der Postbote • der Wecker • der Himmel • die Verpackung • die Überschwemmung • die Stille • die Tür • der Unbekannte • das Hochzeitskleid • die Welle • die Katastrophe • das Wesen • das Unglück • per Anhalter

d Das Ende einer Kurzgeschichte überrascht oft. Lesen Sie die Beispiele. Welches Ende passt zu welchem Anfang in 2b?

1 *Die Stimme kam näher und näher – und dann erkannte ich sie: Ich öffnete meine Augen und meine Frau küsste mich: „Du bist heute sehr spät dran, mein Schatz. Erleichtert ließ ich mich zurückfallen. Ich hatte zum Glück keine nassen Füße und alle Möbel standen im Haus. Was für ein Albtraum.*

2 Wahnsinn! Ich kam aus dem Staunen nicht mehr raus. So eine tolle Überraschung hatte mir bis dahin noch niemand gemacht. Das war jedenfalls typisch für meine Tante. Eigentlich hätte ich gleich darauf kommen können, dass das wieder so eine verrückte Idee von ihr war. Gleichzeitig musste ich über mich schmunzeln. Drei Tage hatte ich mich nicht getraut in die Schachtel zu sehen. Aber jetzt musste ich erst einmal meine Tante anrufen.

3 Und es hielt auch wirklich gleich das erste Auto an. Wir öffneten die Tür und glaubten es nicht. Alle mussten laut lachen. Unser Standesbeamte saß im Auto. Er war wegen eines Staus selbst zu spät und sehr in Sorge, nicht rechtzeitig im Rathaus zu sein. Aber ohne ihn hätte die Trauung nicht stattfinden können, meinte er. Aber ohne Brautpaar auch nicht, antworteten wir.

4 Der Nebel lichtete sich und ich stand direkt davor. Und plötzlich verstand ich… Ich musste mich vor Erleichterung erst mal auf den Boden setzten. Ich stand nicht vor einem Alien, sondern vor einer Vogelscheuche aus Stroh. Diese Geschichte kann ich wirklich niemandem erzählen.

e Wählen Sie nun ein Foto aus 2a und schreiben Sie Ihre Geschichte. Wählen Sie dafür einen vorgegebenen Anfang und ein Ende aus **oder** schreiben Sie Anfang und/oder Ende selbst. Die folgenden Sätze helfen Ihnen dabei.

Wie es der Zufall wollte … • Damit hatte ich wirklich nicht gerechnet. • Ich wusste, das konnte nicht das Ende sein. • Irgendwie kam mir das bekannt/merkwürdig/… vor. • Noch nie in meinem Leben hatte ich mich so geärgert/gefreut/gewundert/… • So etwas konnte man überhaupt nicht verstehen. • Konnte das wirklich stimmen? • Ich war so glücklich/wütend/verwirrt … Das konnte/durfte doch alles nicht wahr sein! • Sofort öffnete ich die Tür, um nachzusehen. • Es war so dunkel, dass man die Hand vor Augen nicht sehen konnte.

f Lesen Sie Ihre Geschichte im Kurs vor. Welche Geschichte hat Sie am meisten überrascht?

9

SPRECHEN · SCHREIBEN · AUSSPRACHE

1 a [RICHTIG SPRECHEN] **In der Studienberatung. Lesen Sie den Dialog und ergänzen Sie die Redemittel. Hören Sie dann zur Kontrolle. oder Hören Sie zuerst den Dialog und ergänzen Sie dann.**

2.26

A Das klingt gut. • B Aber ich kann mich nicht entscheiden. • C Das ist eine interessante Auswahl. • D Können Sie mir weiterhelfen? • E Vielen Dank für Ihre Hilfe. • F Vielleicht wäre das eine gute Entscheidung.

- Studienberatung der PH Freiburg. Eberle. Was kann ich für Sie tun?
- ○ Ja, guten Tag. Mein Name ist Matej Slavik. Ich rufe an, weil ich in Freiburg studieren möchte. Ich habe da noch einige Fragen. _D_
- Sehr gern, Herr Slavik. Für welchen Studiengang interessieren Sie sich denn?
- ○ Ich würde gern Sozialpädagogik oder Lehramt studieren. ....
- ……… Ist das Ihr Erststudium oder haben Sie schon einmal studiert?
- ○ Ich habe in Bratislava meinen Bachelor in Sozialpädagogik gemacht.
- ……… Dann könnten Sie hier bei uns Ihren Master in Sozialpädagogik machen.
- ○ ……… Dann muss ich nicht mit einem neuen Studium beginnen. Was brauche ich dafür?
- Die wichtigsten Dokumente sind Ihr Bachelor-Zeugnis, Ihr Motivationsschreiben und ein Nachweis über Ihre Deutschkenntnisse.
- ○ Ah ja, dann weiß ich erst mal Bescheid. ……… Auf Wiederhören, Frau Eberle.
- Auf Wiederhören, Herr Slavik.

b Sprechen Sie den Dialog zu zweit und achten Sie auf Artikulation und Intonation.

2 a [RICHTIG SCHREIBEN] **Die wörtliche Rede – Ordnen Sie die Beispiele 1 bis 3 den Regeln A bis C zu.**

Die wörtliche Rede gibt wieder, was jemand gesagt hat. Sie steht oft mit einer Erklärung, wer etwas sagt oder denkt: *Er sagte: … / Sie fragt: …* Das Gesagte steht in Anführungszeichen.

A Die Erklärung ist vorangestellt:
→ nach der Redeeinleitung kommt ein Doppelpunkt
B Die Erklärung ist eingeschoben:
→ die wörtliche Rede wird durch Kommas getrennt
C Die Erklärung ist nachgestellt:
→ sie wird durch ein Komma getrennt

1. „Wir alle freuen uns auf die Ferien", sagte er.
2. „Wir alle", sagte er, „freuen uns auf die Ferien."
3. Er sagte: „Wir alle freuen uns auf die Ferien."

b Schreiben Sie die Sätze als wörtliche Rede.

1. Der Reiseleiter fragte / Wie alt bist du?
2. Neun / antworte ich
3. Komm / sagte er / Wir rufen deine Eltern an
4. Dein Vater will dich sprechen / sagte er

3 [AUSSPRACHE] **Wortakzent bei Fremdwörtern – Hören Sie die Wörter. Sprechen Sie nach und markieren Sie den Wortakzent.**

2.27

der Konsument • der Student • der Demonstrant • der Praktikant • der Bürokrat • der Diplomat • die Region • die Nation • die Chemie • die Biologie

> **TIPP**
>
> **Fremdwörter aussprechen**
> Bei vielen Fremdwörtern ist der Wortakzent auf der letzten Silbe.

130   B1.2+ › 132

SELBSTEVALUATION

DAS KANN ICH NACH KAPITEL 9

		KB	ÜB
💬 **über Zukünftiges sprechen**		M1 3a–c	3a–b
Wählen Sie einen Kurspartner / eine Kurspartnerin und sagen Sie voraus, was er/sie in zehn Jahren machen wird. Gehen Sie auf die folgenden Punkte ein: • Beruf • Familie • Freizeit			
ein Motivationsschreiben verfassen		M2 2, 3	1
Sie möchten in Deutschland studieren. Wählen Sie ein Studienfach und schreiben Sie in 4–5 Sätzen, warum Sie sich für dieses Fach entschieden haben.			
💬 **über eine Entscheidung sprechen**		M1 1	2a
Was tun Sie in dieser Situation? Erzählen Sie und begründen Sie Ihre Entscheidung.		M3 1, 3c	
Sie sind auf dem Weg in die Arbeit und spät dran. An der Bushaltestelle kommt ein völlig überfüllter Bus. In ein paar Minuten kommt der nächste Bus. Was machen Sie?			

UND ICH KANN …

		KB	ÜB
🔊 einen Trailer zu einem Podcast verstehen.		M1 2a–d	
💬 Zweifel und Zuversicht ausdrücken.		2e	2b
✏️💬 Vermutungen äußern.		3a–b, d	4
💬 ein Sprachrätsel lösen.			4b
📖 Informationen über ein Studium in Deutschland verstehen.		M2 1	
🔊 den Beginn einer Bibliotheksführung verstehen.			3
📖 Forumsbeiträge über Alltagsentscheidungen verstehen.		M3 2a–b	
📖 Tipps zur Entscheidungsfindung verstehen		3	
💬 ein Fest gemeinsam planen.			2
🔊 ein Gespräch über ein Buch verstehen.		M4 1	
📖 einen Auszug aus einem Roman verstehen.		2, 3	
💬[M] über das Verhalten eines Protagonisten sprechen.		3b	
✏️ eine kreative Kurzgeschichte schreiben.			2
💬 ein Beratungsgespräch führen.		K 1	

9

MODUL 1 — EINFACH MACHEN!

- die Entscheidung, -en *(eine Entscheidung treffen)*
- die Wahl, -en *(die Wahl haben)*
- beschließen *(beschließt, beschloss, hat beschlossen)*
- der Zufall, ¨-e
- das Schicksal (Sg.) *(das Schicksal schlägt zu)*
- die Veränderung, -en
- entscheidend *(ein entscheidender Moment)*
- der Besitzer, - / die Besitzerin, -nen
- alles hinter sich lassen
- verrückt *(Das ist ja total verrückt!)*
- die Staffel, -n
- der Trailer, -
- gesundheitlich *(aus gesundheitlichen Gründen)*
- übernehmen *(übernimmt, übernahm, hat übernommen)*
- unvermittelt

MODUL 2 — STUDIEREN IN DEUTSCHLAND

- das Studienfach, ¨-er
- der Studiengang, ¨-e
- grundlegend *(eine grundlegende Frage)*
- das (Fach-)Abitur (Sg.)
- die Hochschule, -n
- der Notendurchschnitt, -e
- das Motivationsschreiben, -
- die Unterlagen (Pl.)
- der Praktikumsbericht, -e
- die Schullaufbahn, -en
- aufmerksam werden auf (+ (Akk.)
- genau das Richtige sein
- schätzen *(Ich schätze sehr, dass …)*
- empfehlen *(empfiehlt, empfahl, hat empfohlen)*
- tiefergehende Kenntnisse erlangen
- absolvieren *(ein Praktikum absolvieren)*

MODUL 3 — WER DIE WAHL HAT, HAT DIE QUAL

- automatisch
- blitzschnell
- unbewusst
- generell
- die Auswahl (Sg.)
- die Qual, -en *(die Qual der Wahl)*
- streichen *(streicht, strich, hat gestrichen)*
- etw. bereuen

WORTSCHATZ

etw. nervt
(Deine Unpünktlichkeit nervt mich.)

die Frist, -en

aufmerksam machen auf (+ Akk.)

MODUL 4 DIE ENTSCHEIDUNG

die Anekdote, -n

die Kindheit

der Klang, "-e

gemein

schlendern

seltsam

hassen

die Aufführung, -en

das Kunststück, -e

die Piste, -n

schmelzen
(schmilzt, schmolz, ist geschmolzen)

tropfen

das Heimweh (Sg.)

weinen

schluchzen

heulen

sich Sorgen machen

etwas hin|kriegen *(Das kriegen wir schon hin.)*

treu

sich wehren

Weitere Wörter, die für mich wichtig sind

Wählen Sie zehn Wörter aus dem Kapitel, die Sie lernen möchten, und notieren Sie sie auf Wortkarten wie im Beispiel.

Wort → *die Entscheidung, –en*

Beispielsatz → *Das war eine schwere Entscheidung.*

Wortfamilie → *sich entscheiden; entscheidend*

Beispiele → *Ich kann mich oft nicht entscheiden.*
Das ist ein entscheidendes Argument.

10. ALLE ZUSAMMEN

WORTSCHATZ WIEDERHOLEN UND ERARBEITEN

1 a Lesen Sie die Nachrichten aus der Nachbarschaftsgruppe und ergänzen Sie.

(sich) einigen • abstimmen • unterstützen • schaffen • (sich) beteiligen • kennenlernen • (sich) unterhalten • untersagt

Hallo, ich bin der neue Nachbar. Schön, dass ich schon so viele nette Leute aus dem Haus (1) .... konnte!

Können wir uns darauf (2) ...., dass ab 22 Uhr im Hof Ruhe ist? Wenn sich Leute da nachts noch laut (3) ...., kann niemand schlafen!

Weiß eigentlich jemand, wie es Frau Nolte aus dem 2. Stock geht? Vielleicht könnten wir sie ja ein bisschen (4) ...., z. B. abwechselnd für sie einkaufen?

Toll, was man alles gemeinsam (8) .... kann! Der Hof sieht aufgeräumt wirklich viel schöner aus! Danke an alle, die mitgeholfen haben!

Laut Hausordnung ist es übrigens (5) ...., im Hof zu grillen. Ich spreche mal mit der Hausverwaltung. Vielleicht kann man da mal eine Ausnahme machen.

Wer ist eigentlich dafür, dass wir einen Garten im Hof anlegen? Lasst uns doch mal (7) .... !

Vielleicht können sich beim nächsten Mal alle Nachbarn und Nachbarinnen an der Aufräumaktion (6) ....? Es steht ja auch immer wieder Zeug von allen rum …

b Wie heißen die Wörter? Bilden Sie Nomen und notieren Sie diese mit Artikel. Wählen Sie dann drei Nomen und schreiben Sie Beispielsätze.

Online Ü1

Zusammen- : –leben, –hang, –sein, –arbeit, –halt, –kunft

die Zusammenarbeit:
Die Zusammenarbeit im Team macht Spaß.

2 Ich bin bald weg – Welcher Satz passt wo im Text? Ordnen Sie zu.

A Aber das gehört wohl einfach dazu.
B Und ich möchte unbedingt viel über sie erfahren.
C Alles ist so vertraut.
D Für mich wird sich also viel verändern.

„Ich bin in einer Kleinstadt aufgewachsen und ich lebe sehr gern dort. Ich kenne fast jede Ecke und Straße und wenn ich unterwegs bin, treffe ich immer zufällig Leute, die ich kenne. ___ Vor Kurzem habe ich mich allerdings auf eine Stelle im Ausland beworben. ___ Ich werde umziehen und in einer ganz anderen Umgebung leben. Ich werde auch eine andere Kultur kennenlernen. ___ Darauf freue ich mich sehr. Wahrscheinlich werde ich trotzdem Heimweh haben, zumindest am Anfang."

3 Welche Wörter haben eine ähnliche Bedeutung? Notieren Sie die Paare.

der Club • die Stimmung • der Konflikt • die Heimat • die Bekannten (Pl.) • das Zuhause • der Verein • das Problem • die Vorschrift • der Streit • die Freunde (Pl.) • die Verwandten (Pl.) • das Gesetz • die Schwierigkeit • die Familie • die Atmosphäre

der Club – der Verein,

4 a Welches Verb passt wo? Ordnen Sie zu.

fühlen • teilnehmen • gewöhnen • entschuldigen • ziehen • kümmern • vertrauen • betreuen

1. in eine andere Wohnung / in eine andere Stadt / in ein anderes Land
2. sich an eine Veränderung / sich an eine Situation / sich an eine neue Umgebung
3. sich um die Familie / sich um den kranken Nachbarn / sich um ein Haustier
4. an einer Versammlung / an einem Treffen / an einer Demonstration
5. Kinder / Kunden / ein Projekt
6. sich für die Verspätung / sich nach einem Streit / sich für einen Fehler
7. sich wohl / sich fremd / sich heimisch
8. den Freunden / den Geschwistern / dem Partner / der Partnerin

b **Wählen Sie vier Verben aus 4a und schreiben Sie Beispielsätze.**

5 Klick-Klack – Sprechen Sie zu zweit. Person A beginnt (Klick), Person B reagiert (Klack). Dann wechseln Sie. oder Hören Sie (Klick) und reagieren Sie (Klack).

Klick
1. Und, wie gefällt es dir jetzt in Wien?
2. Also, manchmal verstehe ich diese ganzen Gesetze nicht.
3. Wie kommst du eigentlich mit der neuen Dozentin zurecht?
4. Meinetwegen können wir uns gerne duzen.
5. Puh, ich finde Piets Verhalten manchmal ziemlich unhöflich.
6. Mensch, ich finde diesen Plan echt nicht so toll.
7. Ich habe so nette Leute in Berlin kennengelernt.
8. Ach, ich vermisse wirklich meine alten Freunde.

Klack
A Ja, manche Regeln kann man echt nicht nachvollziehen.
B Oh ja, gerne. Das wollte ich auch schon vorschlagen.
C Stimmt, er benimmt sich manchmal wirklich sehr komisch.
D Okay, aber das kann man jetzt leider nicht mehr ändern.
E Toll, dass du schnell neue Kontakte geknüpft hast!
F Das Gefühl kenne ich. Mir fehlt besonders meine Familie.
G Ach, ich habe mich eigentlich schon ganz gut eingewöhnt.
H Gut, ich finde sie sehr sympathisch.

10 MODUL 1

DAS FINDE ICH WICHTIG

1 a Werte in einer Gesellschaft – Welche Erklärung passt wo? Ordnen Sie zu.

1. die Meinungsfreiheit
2. die Bildung
3. die Sicherheit
4. die Gleichberechtigung
5. die Rücksicht

A Verhalten, bei dem man auch an die Gefühle anderer denkt
B Alle Menschen haben die gleichen Rechte.
C Wissen, das man z. B. in der Schule erworben hat
D Jeder Mensch kann seine persönlichen Ansichten frei äußern.
E Zustand, in dem es keine Gefahr gibt

b Welche Adjektive finden Sie in der Wortschlange? Markieren Sie und ergänzen Sie sie in den Dialogen. Fünf Adjektive bleiben übrig. Schreiben Sie damit eigene Dialoge.

GERECHTKWNTZUVERLÄSSIGUWTEHRLICHJHILFSBEREITZWOTHÖFLICHBNWJGETRESPEKTVOLLTE
QMDRÜCKSICHTSVOLLNEIPÜNKTLICHAGPFLICHTBEWUSST

1. ● Mein Fahrrad ist heute mitten im Park kaputt gegangen. Aber zum Glück hat gleich jemand geholfen und der hatte sogar Werkzeug dabei.
   ○ Toll, wenn Leute so .... sind!

2. ● Herr Schmidtke sagt wirklich nie „Guten Morgen", wenn man ihn trifft.
   ○ Das stimmt! Besonders .... ist er wirklich nicht.

3. ● Glaubst du, Paolo kommt heute?
   ○ Natürlich, er macht, was er sagt. Er ist wirklich sehr ....

4. ● Kannst du mal die Musik leiser machen? Denk mal an die Nachbarn, das ist echt nicht besonders ....
   ○ Okay, tut mir leid.

2 Relativsätze – Welches Relativpronomen ist richtig? Unterstreichen Sie.

Mira: 13:12 Ich will in einer Gesellschaft leben, (1) die | der bunt, offen und gerecht ist. Ich möchte am liebsten nur Menschen treffen, (2) die | denen sich höflich und rücksichtvoll verhalten. Und wenn man jemanden sieht, (3) der | dem man in irgendeiner Art und Weise helfen kann, sollte man nicht einfach weitergehen, sondern seine Hilfe anbieten. Aber leider ist die Realität doch oft anders. Oder was meint ihr?

Rufus: 13:24 Na ja, natürlich gibt es nicht nur Leute, (4) die | denen ehrlich und verantwortungsbewusst sind und (5) die | denen man hundertprozentig vertrauen kann. Aber die meisten Leute, (6) die | denen man im Alltag begegnet, sind doch nett, oder? Mein Nachbar, (7) den | dessen Wohnung viel zu groß ist, hat jetzt z. B. zwei Zimmer an zwei Studierende vermietet. Aber weil die beiden kaum Geld haben, müssen sie für die Zimmer, (8) die | denen schön und groß sind, nicht viel Miete zahlen. Dafür helfen sie dem Vermieter, (9) der | den ein paar gesundheitliche Probleme hat, im Haushalt.

Kjell: 13:43 Ich finde, Rufus hat recht. Die meisten Menschen sind nett! Ich bin gerade in eine andere Stadt gezogen. Ein Freund von mir, (10) der | den ich noch aus der Schule kenne und (11) der | den auch hier wohnt, engagiert sich ehrenamtlich in verschiedenen Projekten. Neulich hat er mich zu einem Kulturprojekt mitgenommen, (12) das | dem ich besonders interessant finde. Alle Leute, (13) die | dessen ich dort kennengelernt habe, waren supernett. Für mich ist das ein guter Start hier.

MODUL 1

3 a Flüssig sprechen – Sprechen Sie zu zweit. Fragen und antworten Sie abwechselnd. oder Hören Sie die Fragen und antworten Sie.

1. A: Anna?
   B: eine Freundin: Sie studiert mit mir an der Uni.
2. B: Karim?
   A: ein Freund: Er kommt aus Algerien.
3. A: Luca?
   B: der Nachbar: Sein Hund bellt immer.
4. B: Martha?
   A: die Nachbarin: Ihre Familie lebt in Polen.
5. A: Frau Yilmaz?
   B: eine Kollegin: Ich mag sie sehr.
6. B: Herr Lindner?
   A: ein Kollege: Ich treffe ihn jeden Tag im Bus.
7. A: Onur?
   B: mein Freund: Ich habe viel von ihm gelernt.
8. B: Milena?
   A: meine Freundin: Ich kann mit ihr über alles diskutieren.

> Wer ist eigentlich Anna?

> Eine Freundin, die mit mir zusammen an der Uni studiert.

b Ergänzen Sie die Relativpronomen.

1. ● Der Student, ... gerade in unserer Abteilung ein Praktikum macht, ist echt sympathisch.
   ○ Ja, ich weiß. Und er macht seine Sache auch wirklich gut.
2. ● Sieh mal, da drüben ist die neue Abteilungsleiterin, ... alle so toll finden.
   ○ Ich habe auch schon gehört, dass sie sehr nett ist.
3. ● Paul ist ein Mensch, ... man echt nichts glauben kann. Er erzählt immer Geschichten, die gar nicht stimmen.
   ○ Stimmt, er übertreibt wirklich oft.
4. ● Oh, warum bist du denn heute hier?
   ○ Ich springe für Herrn Kollmann ein, ... Kinder krank sind.
5. ● Wie heißt eigentlich die Kollegin, mit .... du gerade gesprochen hast?
   ○ Jolie Nguyen. Kennst du sie noch gar nicht?

c Wo steht der Relativsatz? Markieren Sie und schreiben Sie die Sätze.

1. Werte sind zum Beispiel Bildung und Gesundheit. – Sie sind für unsere Gesellschaft wichtig.
2. Wie alle meine Freunde bin ich auf eine Schule gegangen. – Sie kostet nichts.
3. Auch für mein Studium habe ich fast nichts bezahlt. – Ich habe es an der Uni Jena abgeschlossen.
4. Jeder Mensch muss Zugang zu medizinischer Hilfe haben. – Er ist krank.
5. Der Krankenkassenbeitrag richtet sich nach dem Einkommen. – Alle Angestellten bezahlen ihn.
6. Man bekommt die ärztliche Behandlung. – Sie ist notwendig.

1. Werte, die für unsere Gesellschaft wichtig sind, sind zum Beispiel Bildung und Gesundheit.

TIPP

Position Relativsatz
Der Relativsatz steht nah bei dem Nomen, das er beschreibt. Wenn nach dem Nomen noch ein Verb oder Verbteil kommt, steht der Relativsatz meistens dahinter. Wenn der Relativsatz in der Mitte des Hauptsatzes steht, muss vor und nach dem Relativsatz ein Komma stehen.

MODUL 1

d Bilden Sie Relativsätze mit Präposition.

1. Bei uns im Viertel gibt es viele Probleme, *über die sich die Leute aufregen.*
   (die Leute / sich aufregen über + Akk.)

2. Viele Menschen, ..., ärgern sich über den Müll im Park.
   (ich / sich unterhalten mit + Dat.)

3. Aber es gibt auch schöne Dinge, ...
   (man / können / sich freuen über + Akk.)

4. Einmal im Monat gibt es jetzt zum Beispiel eine Müllaufräumaktion, ...
   ....
   (viele Menschen / sich beteiligen an + Dat.)

5. Außerdem wollen wir ein Stadtteilfest organisieren, ...
   ....
   (alle Bewohner und Bewohnerinnen / sollen / kommen zu + Dat.)

4 Lesen Sie den Text und die Aufgaben 1 bis 3 dazu. Wählen Sie bei jeder Antwort die richtige Lösung a, b oder c.

ZUSAMMENLEBEN FÜR ALLE

Viele Erwachsene mit Behinderung leben bei ihren Eltern oder in einem Pflegeheim. Dabei gibt es auch andere Möglichkeiten, wie der Besuch in einer inklusiven WG in Köln zeigt.
5 Einer der Bewohner ist der Student Felix Baumann. Als er bei einem Praktikum vor zwei Jahren einen Kommilitonen kennenlernte, der gerade einen Verein für inklusives Wohnen ins Leben gerufen hatte, war er sofort begeistert
10 und wollte mehr wissen. Jetzt lebt er in einer WG zusammen mit vier Mitbewohnern/innen mit Behinderung und drei ohne. Die Menschen wohnen nicht nur zusammen, sie machen auch Ausflüge, feiern Partys und essen
15 jeden Abend gemeinsam. Der Küchendienst wechselt wöchentlich. Was es gibt, entscheiden immer diejenigen, die gerade dran sind. Sie kaufen ein und kochen gemeinsam.

Zusätzlich muss sich jeder für einen weiteren Dienst pro Woche eintragen, also z. B. putzen
20 oder etwas reparieren. Dabei teilen sich immer zwei Menschen eine Aufgabe, eine Person mit und eine ohne Behinderung.
Das Konzept ist mittlerweile so beliebt, dass es Wartelisten gibt. Wenn ein Zimmer frei
25 wird, gibt es ein richtiges Casting. Die Bewohner/innen bestimmen zusammen, wer dort wohnen darf. Für Studierende ist die WG sogar mietfrei. Man muss allerdings ein gewisses Engagement mitbringen und die wöchent-
30 lichen Dienste gewissenhaft ausführen. Die Gemeinschaft steht in dieser WG klar im Vordergrund. Ganz ohne Profis geht es aber nicht. Eine ausgebildete Pflegekraft kommt täglich und unterstützt zusätzlich, wo es nötig ist. 35

Beispiel
0 Felix Baumann …
   a hat den Verein gegründet.
   b macht gerade ein Praktikum.
   ✗ lebt in einer WG.

1 In dem Text geht es um …
   a günstige Wohnmöglichkeiten für Studierende.
   b eine WG für Menschen mit und ohne Behinderung.
   c ein Pflegeheim für Menschen mit Behinderung.

2 Die WG entscheidet gemeinsam, …
   a wer dort einziehen darf.
   b was gekocht wird.
   c wer welchen Dienst übernehmen muss.

3 Studierende, die in der WG wohnen, müssen …
   a eine spezielle Ausbildung haben.
   b ganz normal Miete zahlen.
   c bestimmte Aufgaben übernehmen.

AM ENDE DER WELT

1 a 18 Monate am Ende der Welt – Wie heißen die Wörter? Ergänzen Sie. Kontrollieren Sie anschließend mit dem Text im Kursbuch Aufgabe 2a.

1. die Forschungsst ....
2. der Arbeitspl ....
3. der Auslandsauf ....
4. die Herausfor ....
5. der Bewerbungspro ....
6. die Kompromissberei ....

b Lesen Sie den Text im Kursbuch Aufgabe 2a noch einmal. Welche Aussagen sind richtig? Kreuzen Sie an.

1. Aurelia Reichardt hat in ihrem Beruf schon viel Erfahrung gesammelt, bevor sie in die Antarktis gekommen ist.
2. Zu ihren Aufgaben gehört es, bei Tauchgängen Proben zu nehmen.
3. Im Winter ist das Zusammenleben in der Forschungsstation einfacher als im Sommer.
4. Aurelia Reichardt findet, man sollte Dinge, die einen stören, lieber nicht sagen.
5. Im Sommer gibt es in der Station mehr Platz.
6. Aurelia Reichardt möchte noch einmal in der Antarktis arbeiten.

c Was bedeuten die Ausdrücke? Kreuzen Sie an. Der Text im Kursbuch hilft.

1. etwas meistern
   - a eine schwierige Situation bewältigen
   - b überfordert sein von etwas
2. aufs Gemüt drücken
   - a gute Laune machen
   - b traurig machen
3. etwas in sich hineinfressen
   - a etwas für sich behalten und nicht sagen
   - b zu viel essen
4. wehmütig sein
   - a traurig sein, weil etwas vorbei ist
   - b etwas tut einem weh
5. etwas klappt
   - a etwas funktioniert nicht
   - b etwas gelingt wie geplant

2 Sie waren für ein paar Monate im Ausland und haben einen Sprachkurs besucht. Sie berichten einem Freund / einer Freundin über Ihren Aufenthalt.

- Beschreiben Sie: Wie war der Sprachkurs?
- Begründen Sie: Was hat Ihnen am besten gefallen?
- Machen Sie einen Vorschlag für ein Treffen.

Schreiben Sie eine E-Mail (circa 80 Wörter).
Schreiben Sie etwas zu allen drei Punkten.
Achten Sie auf den Textaufbau (Anrede, Einleitung, Reihenfolge der Inhaltspunkte, Schluss).

10 MODUL 3

NEU HIER?!

1 Warum ins Ausland? Lesen Sie die drei Forumsbeiträge und ordnen Sie die Wörter zu.

Text A
1 aufregende
___ fasziniert
___ fremd
___ zugreifen
___ zurechtgefunden

Text B
___ Angebote
___ Aufenthaltsgenehmigung
6 Gesundheitsversorgung
___ sorgen
___ verlassen

Text C
___ engagiert
___ gründen
___ Integration
___ sammeln
___ verantwortlich

Juliana Stenzel

A Ich habe für meine Firma zwei Jahre in China gearbeitet. Das war eine tolle Erfahrung und eine (1) Zeit. Ich hatte Kollegen und Kolleginnen aus der ganzen Welt. Sie haben mir am Anfang sehr geholfen und ich habe mich schnell (2). In meiner Freizeit bin ich viel unterwegs gewesen. Die chinesische Kultur hat mich sofort (3), die traditionelle Architektur, die Musik, die Malerei … Die Küche war erst mal (4) für mich, aber ich fand sie von Anfang an sehr gut. Jetzt bin ich zurück in Deutschland und meine Firma hat mir vorgeschlagen, dass ich eine Filiale in China leiten kann. Ich weiß nicht, ob ich (5) soll.

B Ich bin Krankenpfleger und nach meiner Ausbildung habe ich mehrere Jahre in Krisengebieten gearbeitet, meistens in Flüchtlingslagern ohne gute (6). Heute engagiere ich mich ehrenamtlich in meinem Urlaub für Flüchtlinge im Ausland. Die Organisation, für die ich dort arbeite, hilft mir bei der Einreise. Sie erledigt den ganzen Papierkram für mich, wie das Visum und die (7). Wenn ich dann vor Ort bin, unterstütze ich Ärztinnen und Ärzte bei dringenden Behandlungen oder kleinen Operationen. In vielen Regionen gibt es oft zu wenig medizinisches Personal, weil viele Leute bessere (8) für eine Arbeit im Ausland bekommen haben und deswegen ihr Land (9) haben. Mit dem Geld, das sie verdienen, (10) sie meistens auch für ihre Eltern und Geschwister.

Steffen Koops

Iryna Ciobanu

C Vor vier Jahren bin ich aus Rumänien nach Deutschland gekommen, um die Arbeit auf einem ökologischen Bauernhof kennenzulernen. Zu Hause habe ich schon in der Landwirtschaft gearbeitet und mich im Umweltschutz (11). Jetzt kann ich in einem deutschen Bio-Betrieb neue Erfahrungen (12) und mich weiterentwickeln. Zuerst hatte ich noch Probleme mit der deutschen Sprache, aber der Betrieb hat mir Kurse finanziert und der tägliche Kontakt zu den Mitarbeiterinnen und Mitarbeitern hat mir sehr geholfen. Die Sprachkenntnisse und die Menschen waren für meine (13) in den Alltag sehr wichtig. Heute bin ich für den gesamten Anbau des Gemüses (14) und leite ein Team mit 20 Personen. In ein paar Jahren möchte ich in meine Heimat zurückkehren und einen eigenen Betrieb (15). Ich denke, dass biologische Lebensmittel in Rumänien eine gute Chance haben, ökologisch und finanziell. Bis dahin möchte ich aber noch mehr lernen.

2 a *Wenn* oder *als*? Unterstreichen Sie. Die Texte in 1 helfen.

1. Wenn | Als Juliana Stenzel in China war, hat sie in einem internationalen Team gearbeitet.
2. Wenn | Als sie wieder nach Deutschland zurückkam, wurde ihr ein neuer Job in China angeboten.
3. Wenn | Als Steffen Kops mit seiner Ausbildung fertig war, ist er für längere Zeit zum Arbeiten ins Ausland gereist.
4. Heute hilft er ehrenamtlich in Krisengebieten, wenn | als er Urlaub hat.
5. Wenn | Als er dort ist, unterstützt er Kolleginnen und Kollegen in der Region.

> **TIPP**
>
> *wenn* und *als*
>
> einmal in der Vergangenheit → als
>
> mehrfach in der Vergangenheit → wenn
>
> in der Gegenwart oder Zukunft → wenn

MODUL 3

b Was wissen Sie über Iryna Ciobanu aus Übung 1? Verbinden Sie die Sätze. Verwenden Sie *bevor*, *während*, *als* und *seitdem*.

1. Iryna ist nach Deutschland gekommen. Zu Hause hat sie als Landwirtin gearbeitet.
2. Sie war gerade angekommen. Ihr Deutsch war noch nicht so gut.
3. Sie hat Deutsch gelernt. Der Kontakt zum Team war eine große Hilfe.
4. Sie hat in dem Bio-Betrieb angefangen. Sie sammelt Erfahrungen.
5. Sie ist für den Gemüseanbau verantwortlich. Sie leitet ein Team.
6. Sie gründet einen eigenen Betrieb. Sie will noch weiter lernen.

1. *Bevor Iryna nach Deutschland gekommen ist, hat sie ...*

c Lesen Sie die Mail von Jessica Paulsen an ihre Freundin Mona. Welcher Konnektor passt? Ergänzen Sie *bis*, *solange* oder *nachdem*.

Liebe Mona,

jetzt habe ich noch zehn Tage, (1) .... ich nach Island abreise. Aber ich muss so viel erledigen, (2) .... ich noch hier bin. (3) .... die Umzugsfirma letzte Woche meine Sachen abgeholt hatte, war ich überrascht, wie viel noch in der Wohnung stand. Und (4) .... in der Wohnung noch Sachen stehen, kann ich sie nicht zurückgeben. Kannst du mir helfen, sie auszuräumen? (5) .... du neulich erzählt hast, dass du wieder Zeit hast, dachte ich, ich kann dich fragen. Zur Belohnung lade ich dich zum Essen ein, (6) .... ich noch hier bin. Denn es wird bestimmt etwas dauern, (7) .... wir uns wiedersehen. Ich würde mich sehr freuen, wenn es klappt.

Liebe Grüße, Jessi

d Jessica und Mona – Welcher Nebensatz passt? Kreuzen Sie an.

1. Jessica muss ihre Sachen ausräumen,
   a nachdem sie die Wohnung übergeben hat.
   b als sie die Wohnung übergibt.
   c bevor sie die Wohnung übergeben kann.

2. Sie muss ihre alte Wohnung übergeben,
   a seitdem sie da ist.
   b sobald sie in Island ist.
   c solange sie noch da ist.

3. Mona hilft Jessica gerne,
   a bis sie Zeit hat.
   b sobald sie Zeit hat.
   c bevor sie Zeit hat.

4. Jessica fängt mit ihrer neuen Arbeit an,
   a bis sie in Island angekommen ist.
   b ehe sie in Island angekommen ist.
   c nachdem sie in Island angekommen ist.

5. Mona besucht Jessi,
   a als sie Urlaub hatte.
   b sobald sie Urlaub hat.
   c bis sie Urlaub hat.

6. Jessica will Mona viel auf Island zeigen,
   a wenn sie da ist.
   b bis sie da ist.
   c nachdem sie da war.

e Wählen Sie sechs Sätze aus den Übungen 2b–d. Schreiben Sie zwei Versionen wie im Beispiel. Achten Sie auf die Position der Wörter in den Sätzen.

A *Ich muss so viel erledigen, solange ich noch hier bin.*
B *Solange ich noch hier bin, muss ich so viel erledigen.*

10 MODUL 4

ANDERS ALS GEDACHT

1 a Was ist für Sie *höflich, unüblich, merkwürdig* oder *ganz normal*? Sehen Sie die Bilder an und entscheiden Sie, welches Adjektiv Ihrer Meinung nach passt.

1

2

3

feste Arbeits- und Öffnungszeiten
→ ....

Tür aufhalten
→ ....

Parkplätze für Frauen
→ ....

4

5

6

jemandem mit Kinderwagen helfen
→ ....

Ruhezonen beachten
→ ....

in einer Schlange warten
→ ....

b Wählen Sie drei Situationen aus 1a und schreiben Sie je einen Satz.

Anderen Personen die Tür aufzuhalten, ist höflich und für mich ganz normal.

2 a Alles falsch – Lesen Sie die Aussagen 1 bis 5 und den Text im Kursbuch Aufgabe 2a. Wie heißen die Aussagen richtig?

1. Samer Tannous lebt in Süddeutschland.
2. Er kommt aus Saudi-Arabien.
3. Er beschreibt alltägliche Probleme.
4. Die Kolumne hat er allein geschrieben.
5. Die Fans seiner Texte leben in Rotenburg.

b Lesen Sie die Texte im Kursbuch Aufgabe 2b und c noch einmal. Was bedeuten die Wörter 1 bis 10? Schreiben Sie eigene Erklärungen oder Synonyme ins Heft.

1. etwas stimmt
2. das Berühren
3. nicken
4. angemessen
5. interpretieren
6. sich einfühlen in
7. blumig
8. einen draufsetzen
9. knapp

Etwas stimmt bedeutet, dass etwas richtig oder wahr ist.

MODUL 4

C Vergleichen Sie Ihre Lösungen aus 2b mit den Umschreibungen A bis I. Was ist ähnlich oder gleich? Ordnen Sie dann die Wörter aus 2b den Umschreibungen zu.

A das Anfassen
B versuchen, wie andere Menschen zu fühlen
C passend zur Situation
D kurz, emotional kühl
E etwas ist wahr/richtig
F nach einer Bedeutung suchen
G den Kopf von oben nach unten bewegen
H mehr von etwas haben/zeigen
I poetisch

3 Tipps und Ratschläge für einen Reiseführer schreiben – Lesen Sie den Text und ergänzen Sie passende Redemittel.

Aus meiner Erfahrung kann ich sagen, … • Wenn man …, dann sollte man … •
Es wäre also wichtig, darauf zu achten, … • … ist es anders als … •
Für … ist es oft überraschend, … • Eine Freundin hat einmal berichtet, dass …

TIPPS FÜR ÖFFENTLICHE VERKEHRSMITTEL

(1) .... in meinem Heimatland öffentliche Verkehrsmittel benutzen möchte, ... ein paar Regeln beachten. Beim Reisen mit dem Zug (2) .... in Deutschland. Man braucht nicht nur eine Fahrkarte, sondern immer auch eine Reservierung. (3) .... sie die Reservierung vergessen hatte und dann keinen Sitzplatz bekommen hat. Bei langen Strecken ist das natürlich nervig!
Und auch, wenn man mit dem Bus fährt, sind manche Dinge anders als in Deutschland.
(4) .... viele ...., dass es zwar Fahrpläne gibt, die Busse aber nicht immer pünktlich fahren. Darum muss man an der Haltestelle warten. Da ist es wichtig, eine Schlange zu bilden und die Reihenfolge beim Einsteigen einzuhalten, wenn der Bus kommt. Sonst können die anderen Fahrgäste unfreundlich reagieren.
(5) ...., wer wann an die Haltstelle gekommen ist und sich in der Schlange anzustellen. Beim Warten gibt es aber auch Vorteile: Man kommt schnell ins Gespräch. (6) ...., dass ich dabei schon viele nette Menschen kennenlernt habe.

4 Sie hören nun ein Gespräch. Dazu sollen Sie zehn Aufgaben lösen. Hören Sie das Gespräch zweimal. Entscheiden Sie beim Hören, ob die Aussagen richtig oder falsch sind. Kreuzen Sie Ihre Lösung an.

2.30
Online Ü 5

1. Der multikulturelle Gartenverein „Grüne Freude" feiert ein Jubiläum. richtig falsch
2. Die Reporterin befragt einen Vertreter des Vereins. richtig falsch
3. Der Garten wurde in einem alten Park angelegt. richtig falsch
4. Jetzt muss man ein Jahr warten, bis man einen Garten mieten kann. richtig falsch
5. Der Verein bietet auch Deutschkurse für Mitglieder an. richtig falsch
6. Die Mitglieder streiten sich immer wieder über die Regeln im Verein. richtig falsch
7. Im Sommer liefern die Mitglieder ihre Ernte an Restaurants. richtig falsch
8. Die Mieteinnahmen reichen nicht für die Ausgaben des Vereins. richtig falsch
9. Der Verein führt Kochkurse für Schulen durch. richtig falsch
10. Die Bürgermeisterin eröffnet das Fest ab 10 Uhr. richtig falsch

10

SPRECHEN · SCHREIBEN · AUSSPRACHE

1 a [RICHTIG SPRECHEN] Was möchte Mila tun? Welchen Begriff versucht sie zu erklären? Hören Sie das Gespräch und wählen Sie aus. Hören Sie dann die Lösung.

Sie möchte sich bei der Universität …
- ☐ über einen Studiengang informieren.
- ☐ für einen Studiengang einschreiben.
- ☐ für einen anderen Studiengang bewerben.

b Hören Sie noch einmal das ganze Gespräch. Welche Redemittel werden verwendet? Kreuzen Sie an.

nach einem Begriff suchen
- ☐ Ich weiß nicht (mehr), wie das heißt …
- ☐ Mir fällt das Wort nicht ein …
- ☐ Das ist ein anderes Wort für …
- ☐ Das ist so ähnlich wie …

eine Aktion umschreiben
- ☐ Das muss/möchte ich machen, um … zu …
- ☐ Dafür muss man …
- ☐ Das ist wichtig, damit …
- ☐ Wenn ich das gemacht habe, dann …

c Arbeiten Sie zu zweit. Jede/r wählt ein Verb und erklärt es wie in 1a. Sie dürfen die Verben nicht nennen. Der/Die andere rät, welches Verb Sie beschreiben.

etwas beantragen • sich über etwas beschweren • etwas reklamieren • etwas übersetzen • etwas stornieren • etwas umbuchen • etwas herunterladen • etwas reservieren • jdm. gratulieren

2 a [RICHTIG SCHREIBEN] Fehler korrigieren – Lesen Sie die Mail dreimal und achten Sie bei jedem Lesen auf einen anderen Aspekt: 1. Rechtschreibung, 2. Position und Konjugation der Verben, 3. korrekte Bedeutung. Welche acht Fehler haben Sie gefunden? Sprechen Sie zu zweit und korrigieren Sie die Fehler.

> Lieber Leo,
> gestern habe ich dich angeruffen, aber du hast nicht gesagt. Schade. Ich habe zwei Karten für das Fußball-Finale am Samstag eingekaufen. Hast du Lust, mit zu kommen? Ich wurde mich sehr freuen, wenn du hättest Zeit. Danach könnten wir zusammen in unseren alten Club gehen. Das bestimmt ein toller Abend wird. Bitte mälde dich schnell zurück.
> Liebe Grüße
> Sabina

TIPP

Fehler korrigieren
Lesen Sie Texte mehrmals. Achten Sie bei jedem Lesen auf einen Aspekt, z. B. die Verben (Position, Konjugation, Rechtschreibung), den Satzbau falsche Vokabeln oder Fehler, d Sie häufig machen. Korrigieren Sie dann Satz für Satz.

b Wählen Sie einen eigenen Text, den Sie schon geschrieben haben. Lesen und korrigieren Sie in mehreren Schritten einzelne Aspekte (Verben, Satzbau, Artikel/Pronomen, Kasus, Rechtschreibung, …).

3 a [AUSSPRACHE] Nachfragen stellen – Wo ist der Satzakzent? Wie ist die Satzmelodie? Hören und markieren Sie in den Fragen wie im Beispiel.

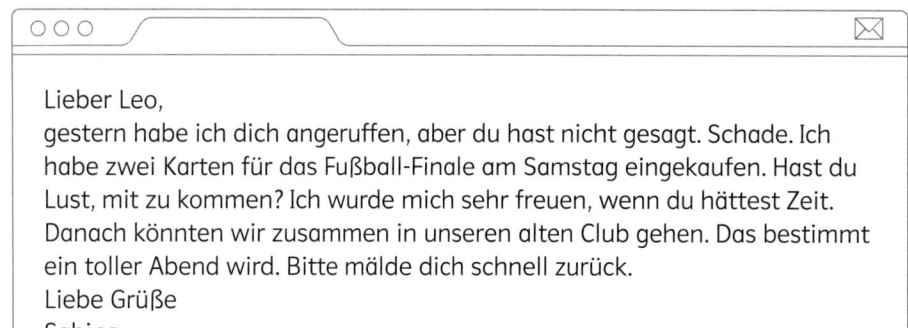

1. • Mila hat sich an der Universität eingeschrieben.
   ○ Wie bitte? ↗ <u>Was</u> hat sie gemacht? ↗
2. • Ich habe mich für eine neue Stelle beworben.
   ○ Wofür hast du dich beworben? ……
3. • Sabina hat auf Leos Antwort gewartet.
   ○ Entschuldigung. ……… Worauf hat Sabina gewartet? ……
4. • Meine Schwester arbeitet als Lehrerin.
   ○ Bitte? ……… Als was arbeitet deine Schwester? ……

b Sprechen Sie die Dialoge aus 3a zu zweit. Achten Sie auf Satzakzent und Satzmelodie.

SELBSTEVALUATION

DAS KANN ICH NACH KAPITEL 10

                  KB   ÜB

über Regeln zum Zusammenleben diskutieren — M2 3a–b
Welche Regeln wären für Sie beim Zusammenleben in einer WG besonders wichtig? Diskutieren Sie zu zweit.

- Für mich wäre sehr wichtig, dass …
- Ein wichtiger Punkt ist …

Vorschläge machen, wie sich Menschen in einem Land wohl fühlen — M3 2
Schreiben Sie je einen Vorschlag zu den Themen
- Ausbildung
- Gesundheit
- Familie

Damit man sich gut fühlt, …
Eine Gesellschaft muss darauf achten, dass …

darüber sprechen, was wann passiert (ist) — M3 3
Was machen Sie wann? Berichten Sie.

früher: Als ich … / Bevor ich …
jetzt: Solange ich … / Während ich …
bald: Bis ich … / Nachdem ich …

UND ICH KANN …

                  KB   ÜB

- eine Straßenumfrage zum Thema *Werte* verstehen. — M1 1a
- über Werte diskutieren. — 1b–c
- über Werte schreiben. — 3
- eine Pressemeldung über ein inklusives WG-Projekt verstehen. — 4
- einen Zeitungsartikel verstehen. — M2 2a–b
- eine informelle Mail über einen Sprachkurs im Ausland schreiben. — 2
- Biografien in einem Radiogespräch verstehen. — M3 1b–d
- [M] biografische Daten aus einem Gespräch zusammenfassen. — 1e
- Forumsbeiträge zum Arbeiten im Ausland verstehen. — 1
- über Missverständnisse sprechen. — M4 1a
- [M] eine Kolumne über kulturelle Unterschiede verstehen. — 2b–c
- über kulturell unterschiedliche Reaktionen sprechen. — 2d
- [M] Tipps für einen Reiseführer für das Heimatland schreiben. — 3 3
- ein Radiointerview über einen multikulturellen Verein verstehen. — 4
- unbekannte Wörter erklären oder umschreiben. — K 1 1

10

MODUL 1 — DAS FINDE ICH WICHTIG

die Rücksicht (Sg.) *(Rücksicht nehmen)*	etwas bestimmen
den Weg versperren	etwas vor|schreiben *(schreibt vor, schrieb vor, hat vorgeschrieben)*
die Bildung (Sg.) *(Alle Menschen brauchen einen Zugang zu Bildung.)*	die Einstellung, -en *(= die Meinung)*
wertvoll	die Meinungsfreiheit (Sg.)
der Wert, -e	jmd. beleidigen
ermöglichen	anonym
die Vielfalt (Sg.)	selbstverständlich
die Bereicherung, -en	die Gerechtigkeit (Sg.)
die Selbstbestimmung (Sg.)	das Pflichtbewusstsein (Sg.)

MODUL 2 — AM ENDE DER WELT

die Finsternis (Sg.)	zwischenmenschlich
die Einsamkeit (Sg.)	etw. meistern
der Forscher, - / die Forscherin, -nen	aufs Gemüt drücken
auf|tauchen	eingeschränkt sein
der Eindruck, ¨-e *(der erste Eindruck)*	Freundschaften aufbauen
gigantisch	auf professioneller Ebene
der Bachelor	um|gehen mit (+ Dat.)
der Master *(einen Master in Meeresbiologie haben)*	sich zurück|nehmen *(nimmt zurück, nahm zurück, hat zurückgenommen)*
die Einrichtung, -en	
der Einfluss, ¨-e	wahr|nehmen *(nimmt wahr, nahm wahr, hat wahrgenommen)*
lediglich	
überwältigend *(eine überwältigend schöne Landschaft)*	der Aufenthalt, -e

WORTSCHATZ

MODUL 3 — NEU HIER?!

die Biografie, -n	die Sicherheit (Sg.)
aktuell	solange
verwirklichen *(einen Traum verwirklichen)*	die Zusage, -n
ein Angebot bekommen	momentan
zu|greifen *(greift zu, griff zu, hat zugegriffen)*	jdm. auf|fallen (+ Akk.) *(fällt auf, fiel auf, ist aufgefallen)*
etw. tun für jmd./etwas	etw. vertiefen
aus|wandern	die Aufenthaltsgenehmigung, -en

MODUL 4 — ANDERS ALS GEDACHT

üblich	mehrfach
alltäglich	nicken
die Ankunft (Sg.)	die Botschaft, -en
die Kolumne, -n	interpretieren
humorvoll	sich ein|fühlen
eigenartig	blumig
charmant	knapp
warmherzig	angemessen
etw. stimmt (nicht) *(Die Rechnung stimmt nicht.)*	ab|warten
berühren	sich richten nach (+ Dat.) *(Heute richte ich mich ganz nach dir.)*

Weitere Wörter, die für mich wichtig sind

....

....

Gesellschaft – Notieren Sie zehn Begriffe, die Ihnen spontan einfallen. Vergleichen Sie dann zu zweit. Ergänzen Sie Wörter von Ihrem/r Partner/in, die Sie wichtig finden.

....

....

....

....

11 NATÜRLICH!

WORTSCHATZ WIEDERHOLEN UND ERARBEITEN

1 Umweltprobleme – Sehen Sie das Bild an. Was ist nicht gut für die Umwelt? Sprechen Sie zu zweit. *oder* Schreiben Sie fünf Sätze.

Man sieht viele Autos mit nur einer Person. Es wäre besser, wenn …

2 Welche Wörter haben eine ähnliche Bedeutung? Notieren Sie die Paare.

die Gegend • der Müll • der Akku • die Früchte (Pl.) • der Ozean • die Umwelt • das Wetter • der Abfall • das Meer • das Klima • der Rasen • die Natur • die Region • das Obst • das Gras • die Batterie

....

....

....

3 Ordnen Sie die Oberbegriffe zu und notieren Sie für jede Kategorie ein weiteres Wort.

Verpackungen • Wetter • Gewässer • Insekten • Landschaften • Materialien • Tiere

1. .... : das Glas • das Plastik • das Leder • ....
2. .... : der Getränkekarton • die Mehrwegflasche • die Dose • ....
3. .... : der Sturm • der Regen • der Sonnenschein • ....
4. .... : die Berge • der Strand • der Wald • ....
5. .... : der Vogel • das Reh • der Hase • ....
6. .... : die Fliege • die Biene • die Mücke • ....
7. .... : der See • das Meer • der Bach • ....

4 Klick-Klack – Sprechen Sie zu zweit. Person A beginnt (Klick), Person B reagiert (Klack). Dann wechseln Sie. *oder* Hören Sie (Klick) und reagieren Sie (Klack).

Klick

1. Warum fliegen wir nicht nach Hamburg?
2. Schalte doch mal das Licht in deinem Zimmer aus. Das verbraucht unnötig Strom.
3. Wo kommt eigentlich der leere Joghurtbecher hin?
4. Ich gehe jetzt immer zu Fuß. Das ist am besten für die Umwelt.
5. Schrecklich, wie die Umwelt zerstört wird.
6. Übrigens bin ich seit einem Monat Mitglied im Naturschutzverein.
7. Schon wieder so viel Verpackungsmüll!
8. Hier riecht es aber komisch! Woher kommt denn das?

Klack

A Ja, das ist wirklich viel. Wie können wir den am besten reduzieren?
B Stimmt, aber jeder kann etwas dagegen tun!
C Warum? Das ist eine Energiesparlampe.
D Toll, dass du dich in einer Organisation engagierst.
E Das ist der Bio-Müll in der Tonne dort drüben.
F Weil das der Umwelt schadet. Wir fahren mit der Bahn.
G Na, zum Plastikmüll und dann wird er recycelt.
H Und bei schlechtem Wetter? Fährst du da mit den öffentlichen Verkehrsmitteln?

5 Was passt? – Kreuzen Sie an. Manchmal passen auch beide Wörter.

1. • Ich finde es toll, wie du dich für den Naturschutz ☐ engagierst. ☐ einsetzt.
   ○ Na ja, das machen ja viele andere auch.

2. • Wir müssen die Umwelt wirklich besser ☐ sichern. ☐ schützen.
   ○ Dann fang doch gleich mal an und fahr mehr mit dem Rad.

3. • Wer hat die Dose in den Restmüll geworfen? Wir ☐ trennen ☐ teilen doch den Müll.
   ○ Oh, daran habe ich gerade nicht gedacht.

4. • Wir könnten uns E-Bikes ☐ anschaffen. ☐ kaufen.
   ○ Gute Idee! Und dann verkaufen wir unser Auto.

5. • Super, dass so viele Leute gegen den Klimawandel ☐ protestieren, ☐ demonstrieren, oder?
   ○ Ja, aber das allein reicht nicht. Wir müssen auch unser Verhalten ☐ tauschen. ☐ ändern.

6. • Was meinst du, wie können wir am besten zu Hause Energie ☐ sparen? ☐ abnehmen?
   ○ Wir könnten zum Beispiel immer alle elektronischen Geräte ☐ ausschalten, ☐ ausmachen, wenn wir sie gerade nicht benutzen.

11 MODUL 1

KLIMAWANDEL

1 a Wie heißen die Verben bzw. Nomen? Ergänzen Sie.

1. sich verändern – die ....
2. (sich) erwärmen – die ....
3. .... – die Ursache
4. .... – die Messung
5. ansteigen – der ....

6. sich .... – die Häufung
7. zunehmen – die ....
8. (sich) abkühlen – die ....
9. ausstoßen – der ....
10. sich .... – die Verpflichtung

b Lesen Sie den Text im Kursbuch in Aufgabe 1b noch einmal. In welchem Abschnitt finden Sie die Informationen? Notieren Sie.

Abschnitt

1. Viele Länder wollen etwas gegen den Klimawandel tun.
2. Durch den Klimawandel kommt es öfter zu Naturkatastrophen.
3. Die Temperaturen auf der Erde haben sich auch früher schon verändert.
4. Besonders die Industrieländer produzieren viele Treibhausgase.
5. Durch den schnellen Temperaturanstieg hat die Natur keine Zeit, sich anzupassen.
6. Deutschland will die Treibhausgase um mehr als die Hälfte reduzieren.
7. Die zunehmenden Treibhausgase sind die Hauptursache für den Klimawandel.

2 a Relativsätze – Ergänzen Sie *was* oder *wo*.

Online Ü 3

Chris, 28 Ich lebe in einer Gegend, (1) .... man viel in der Natur unternehmen kann. Das Schönste, (2) .... man dort machen kann, ist rausgehen und wandern oder Rad fahren. Ich wünsche mir, dass das immer so bleibt.

Nisha, 32 Was können wir gegen den Klimawandel tun? Das Sinnvollste, (3) .... mir einfällt, ist, auf das Autofahren zu verzichten. In der Stadt, (4) .... es so ein gutes öffentliches Verkehrsnetz gibt, sollte das für niemanden ein Problem sein.

Colin, 23 Mit meinen Freunden spreche ich oft über Umweltschutz, (5) .... ich sehr wichtig finde. Aber wir tun auch etwas! Wir treffen uns zum Beispiel oft im Park, (6) .... wir dann Müll sammeln, damit die Natur wieder sauber ist.

MODUL 1

b Flüssig sprechen – Bilden Sie Fragen mit *was*. Arbeiten Sie dann zu zweit. Fragen und antworten Sie abwechselnd.

1. Verstehst du alles, (im Text / stehen)?
2. Hast du alles notiert, (du / einkaufen wollen)?
3. Kannst du dir alles merken, (du / lesen)?
4. Gibt es noch etwas, (du / zum Thema Klimawandel sagen wollen)?
5. Ist Umweltschutz etwas, (dich / interessieren)?
6. Ist der Klimawandel etwas, (dir / Angst machen)?
7. Hast du alles, (du / brauchen)?

> Verstehst du alles, was im Text steht?
> Natürlich verstehe ich alles, was im Text steht.

c Was passt? Unterstreichen Sie.

1. In der Stadt, wo | wohin | woher ich lebe, gibt es nur wenig Grünflächen.
2. Aber meine Eltern wohnen auf dem Land. Das Dorf, wo | wohin | woher ich komme, liegt mitten in einem Naturschutzgebiet.
3. Am Wochenende fahre ich oft in diese Gegend, wo | wohin | woher man viel draußen machen kann.
4. Ich genieße es, in der Natur zu sein, wo | wohin | woher ich mich entspannen und erholen kann.
5. Ein anderer schöner Ort, wo | wohin | woher ich manchmal reise, liegt direkt am Meer. Dieser Ort heißt Prerow.
6. In Prerow bin ich im Sommer, denn ich mache am liebsten dort Urlaub, wo | wohin | woher es tolle Strände gibt.

> **TIPP**
> **Weitere Relativpronomen**
> Die Fragewörter *woher* und *wohin* können auch als Relativpronomen verwendet werden.

3 a Relativsätze mit *wo(r)* + Präposition – Was passt wo? Ordnen Sie zu.

worauf • wofür • wogegen • worüber

1. Der Klimawandel ist nicht das Einzige, ... Umweltschützer protestieren.
2. Die Verbesserung der Luftqualität ist zum Beispiel etwas, ... sich viele Menschen einsetzen.
3. Die öffentlichen Verkehrsmittel sind viel zu teuer, ... sich viele Menschen aufregen.
4. Auch das Insektensterben ist etwas, ... viele Naturschutzvereine aufmerksam machen.

b Welches Relativpronomen (*was, wo* oder *wo(r)-*) passt? Ergänzen Sie, wenn nötig, auch die Präposition.

Es gibt vieles, (1) .... man für die Umwelt tun kann. In meinem Garten gibt es zum Beispiel viele Blumen, (2) .... sich die Bienen und Hummeln freuen. Für mich ist ein wilder Garten das Schönste, (3) .... es gibt. Außerdem fahre ich nur mit dem Rad, (4) .... bei Regen natürlich nicht immer so toll ist. Es gibt aber auch viele Vereine, (5) .... sich Menschen mit den gleichen Zielen treffen und sich gemeinsam für die Umwelt engagieren.

4 Wählen Sie Thema A *oder* Thema B und schreiben Sie.

A Umweltbewusster leben – Was kann man im Alltag für die Umwelt tun? Formulieren Sie sechs Tipps.

B Welches Umweltproblem finden Sie am dringlichsten? Was müsste zur Verbesserung getan werden? Schreiben Sie einen kurzen Text.

MODUL 2

WAS ZIEHE ICH AN?

1 Welche zwei Verben passen? Kreuzen Sie an.

1. eine Jeans
   - ☐ tragen
   - ☐ anhaben
   - ☐ aufsetzen

2. Kleidung
   - ☐ herstellen
   - ☐ schaffen
   - ☐ produzieren

3. Pestizide
   - ☐ beitragen
   - ☐ einsetzen
   - ☐ verwenden

4. Wasser
   - ☐ verbrauchen
   - ☐ ausgeben
   - ☐ verschwenden

5. Stoff
   - ☐ färben
   - ☐ bleichen
   - ☐ malen

6. Ware
   - ☐ überweisen
   - ☐ transportieren
   - ☐ liefern

2 a Ergänzen Sie den Text.

verbraucht • waschen • im Durchschnitt • braucht • Umwelt • eingesetzt • produziert • beeinflussen

ÖKOBILANZ EINES T-SHIRTS

Ein ganz normales T-Shirt – das kann doch nicht so schlecht für die (1) .... sein, oder? Forschende der TU Berlin haben den Lebensweg eines T-Shirts unter die Lupe genommen, das nicht in Europa (2) .... , aber in Deutschland gekauft wurde. Für die Herstellung eines T-Shirts (3) .... man Baumwolle, und beim Anbau von Baumwolle werden zahlreiche Pestizide (4) .... Außerdem werden riesige Mengen Wasser (5) .... Die Forschenden stellten fest, dass ein T-Shirt insgesamt 1670 Liter Wasser benötigt. Allerdings kann rund die Hälfte des Wasserverbrauchs auf das Waschen des T-Shirts zu Hause zurückgeführt werden. Ein T-Shirt wird (6) .... 44-mal gewaschen, bevor es entsorgt wird. Verbraucher sollten darauf achten, ihre Kleidung nur bei niedrigen Temperaturen und in einer vollen Waschmaschine zu (7) .... und die Sachen anschließend an der Luft zu trocknen. So können sie die Klimabilanz ihrer Kleidung positiv (8) ....

b Lesen Sie die Aussagen und reagieren Sie darauf. Schreiben Sie die Sätze.

1. „Die Jeans gehört zu den beliebtesten Kleidungsstücken."
   Problematisch dabei ist, dass …
2. „Weltweit werden in jeder Sekunde 60 Jeans verkauft."
   Man darf dabei nicht vergessen, dass …
3. „Jede/r Deutsche hat im Schnitt sieben Jeans im Schrank."
   Das Problem dabei ist …
4. „Man sollte mehr Jeans aus Öko-Baumwolle kaufen."
   Man muss auch sehen, dass …

1. Problematisch dabei ist, dass bei der Herstellung einer Jeans sehr viel Wasser verbraucht wird.

GUTE NACHT!

1 Welches Wort aus dem Text im Kursbuch in 2a passt? Ergänzen Sie.

anlockt • Nest • Ermüdung • Nachwuchs • geblendet • Verschwendung • die Vielfalt

1. Wenn man unnötig Energie verbraucht, ist das eine .... von Ressourcen.
2. Viele Tiere kann man fangen, wenn man sie mit Futter ....
3. Der Zustand, wenn man etwas sehr Anstrengendes gemacht hat und schlafen möchte: ....
4. Ein Reichtum an unterschiedlichen Arten, Meinungen, Formen oder anderem: ....
5. Wenn man von hellem Licht angestrahlt wird, dann ist man ....
6. Im Frühling bauen alle Vögel ein .... Dort legen sie Eier und kümmern sich dann um ihren ....

2 a Lesen Sie noch einmal den Flyer im Kursbuch Aufgabe 2a. Kreuzen Sie an: richtig oder falsch.

1. Licht aus erneuerbaren Energien ist für die Umwelt kein Problem.   richtig   falsch
2. Wegen der Lichtverschmutzung gibt es weniger Insekten.   richtig   falsch
3. Wenn es weniger Insekten gibt, geht es den Pflanzen besser.   richtig   falsch
4. Zugvögel finden ihren Weg nicht, weil die hellen Lichter sie verwirren.   richtig   falsch
5. Künstliches Licht bewirkt, dass die Natur eine zu kurze Winterpause hat.   richtig   falsch

b Korrigieren Sie die falschen Aussagen aus 2a.

3 a Welche Umschreibung passt? Kreuzen Sie an.

1. Das Licht ist an, also müsste jemand zu Hause sein.
   a Ich weiß, dass jemand zu Hause ist, weil das Licht an ist.
   b Ich denke, dass jemand zu Hause ist, weil das Licht an ist.

2. Man könnte ja auch überlegen, Bürogebäude nachts nicht zu beleuchten.
   a Ich schlage vor, die Beleuchtung in Bürogebäuden nachts auszuschalten.
   b Man muss die Beleuchtung in Bürogebäuden nachts ausschalten.

3. Wenn das Problem bekannt gewesen wäre, hätte man früher reagieren können.
   a Da man das Problem endlich erkannt hat, kann man frühzeitig reagieren.
   b Man hat das Problem nicht früher erkannt, deswegen konnte man nicht reagieren.

4. Ach, gäbe es doch nachts weniger künstliches Licht!
   a Künstliches Licht wird endlich reduziert.
   b Ich wünsche mir, dass das künstliche Licht reduziert wird.

5. Würden Sie das Licht ein bisschen dunkler machen?
   a Können Sie bitte das Licht dunkler machen?
   b Muss man das Licht hier dunkler machen?

b Was drücken die Sätze in 3a aus? Notieren Sie hinter den Sätzen 1 bis 5 in 3a: *höfliche Bitte, Wunsch, irreale Bedingung, Vorschlag* oder *Vermutung*.

11
MODUL 3

c Flüssig sprechen – Arbeiten Sie zu zweit. Sagen Sie einen Satz und reagieren Sie wie im Beispiel und wechseln Sie sich ab. oder Hören Sie die Satzanfänge und ergänzen Sie wie im Beispiel.

1. Wenn ich reich wäre,
2. Wenn ich viel Zeit hätte,
3. Wenn ich noch einmal ein Kind wäre,
4. Wenn ich Politiker/in wäre,
5. Wenn ich einen großen Garten hätte,
6. Wenn ich an einem See wohnen würde,

A Blumen und Bäume pflanzen / einen Pool kaufen
B Geld in den Umweltschutz investieren / eine Villa kaufen
C mich für mehr Grünflächen einsetzen / für Arbeitsplätze kämpfen
D in der Schule bei Umweltthemen besser aufpassen / weniger über Hausaufgaben schimpfen
E jeden Tag schwimmen gehen / ein Motorboot kaufen
F viele Naturfilme sehen / alle Folgen meiner Lieblingsserie sehen

> Wenn ich reich wäre, würde ich Geld in den Umweltschutz investieren.

> Echt? Ich würde eine Villa kaufen.

d Und was würden Sie tun? Schreiben Sie selbst Fortsetzungen zu den wenn-Sätzen (1–6) in 3c. Tauschen Sie dann mit einem Partner / einer Partnerin und kontrollieren Sie sich gegenseitig.

Wenn ich reich wäre, würde ich nicht mehr arbeiten.

4

a Konjunktiv II – Ergänzen Sie die Verben in der passenden Form.

Ich finde, du (1, fahren sollen) .... auch öfter mit dem Bus ins Büro ...., dann (2, treffen) .... wir uns öfter auf dem Weg .... Das (3, sein) .... doch nett. Vielleicht (4, leihen sollen) .... du dir für kurze Strecken auch mal ein Fahrrad .... und nicht immer einen E-Roller. Wie (5, sein) .... es, wenn du zum Einkaufen Taschen (6, mitnehmen) ....? Dann (7, kaufen müssen) .... du nicht immer Tüten .... An deiner Stelle (8, bestellen) .... ich nicht so oft Pizza .... Wir (9, kochen können) .... doch auch mal zusammen etwas Leckeres ....

> Mir ist das zu umständlich, immer an die Umwelt zu denken!

b Ergänzen Sie die Sätze im Konjunktiv II der Vergangenheit.

1. Oh nein, die Stromrechnung ist ja ganz schön hoch! Ich hätte viel Geld gespart, wenn
   ich Energiesparlampen gekauft hätte. .... (ich / Energiesparlampen kaufen)

2. Im Wald hinter unserem Dorf liegt alles voll Müll. Es wäre gut gewesen, wenn
   .... (wir / den Müll / schon einsammeln)

3. Jetzt sind wieder viel mehr Bienen auf meinem Balkon. Es hätte viel geholfen, wenn
   .... (ich / früher / Pflanzen / hinstellen)

4. Seit ich mit dem Rad ins Büro fahre, bin ich besser gelaunt. Es wäre schlau gewesen, wenn
   .... (ich / das / schon früher machen)

5 Lesen Sie die Texte 1–7. Wählen Sie: Ist die Person für eine Reduzierung der Beleuchtung in der Nacht? Ja oder Nein?

Lichter in der Nacht sind ein Problem für die Umwelt. Im Internet lesen Sie Kommentare zur Frage „Soll man in der Nacht die Beleuchtung reduzieren?"

Beispiel
0 Marta   ~~ja~~   nein

1 Jakob   ja   nein
2 Nida   ja   nein
3 Dimitri   ja   nein
4 Baris   ja   nein

5 Greta   ja   nein
6 Milan   ja   nein
7 Johannes ja   nein

Soll man in der Nacht die Beleuchtung reduzieren?

Beispiel
Sind wir nicht alle dafür verantwortlich, dass es unserer Umwelt besser geht? Und wenn ich mit so kleinen Dingen wie dem Ausschalten der Außenbeleuchtung an unserem Haus und auf der Terrasse dazu beitragen kann, dann mache ich das sehr gerne. *Marta, 38, Hannover*

1 Wie soll denn das gehen? Wenn wir nachts die Straßenbeleuchtung ausschalten, steigt auch die Unfallgefahr. Auf den Radwegen in meinem Viertel gibt es sowieso schon keine gute Beleuchtung. Wenn man die dann auch noch weglässt, ist es wirklich sehr gefährlich, dort zu fahren. Das muss man auch bedenken bei so einer Frage. *Jakob, 24, Oldenburg*

2 Ich verstehe zwar, dass man auch an die Vögel und Insekten denken muss. Aber es gibt doch wirklich wichtigere Probleme, oder? Wir müssen uns doch um ganz andere Fragen kümmern, zum Beispiel was wir gegen den Klimawandel tun können oder wie wir das ganze Plastik wieder aus den Meeren bekommen. Die Beleuchtung zu reduzieren, bringt doch wirklich nichts. *Nida, 42, Göttingen*

3 Gegenüber von meinem Haus steht eine Straßenlaterne, die so hell in mein Zimmer leuchtet, dass ich oft abends nicht einschlafen kann. Es wäre super, wenn die spätestens um 23 Uhr ausgeschaltet wäre. Dann würde ich besser schlafen und all die Tiere, die in meiner Straße leben, auch. *Dimitri, 48, Braunschweig*

4 Warum denn nicht? Ich würde das auf jeden Fall unterstützen. Es hilft den Tieren und Insekten, aber es spart auch eine Menge Energie. Das wäre also noch ein weiterer Punkt, der dafür sprechen würde. Wir verbrauchen so viel Energie, dass wir froh sein müssen, wenn wir irgendwo sparen können. *Baris, 22, Kassel*

5 Für mich geht Sicherheit vor. Dort, wo die Beleuchtung nachts wirklich gut ist, fühle ich mich viel sicherer. Ich arbeite in einem Restaurant und meine Schicht endet oft erst spät. Ich möchte dann nicht durch dunkle Straßen nach Hause gehen müssen, da fühle ich mich einfach nicht wohl. Das versteht eigentlich jeder, oder? *Greta, 19, Goslar*

6 Wenn man mal aufs Land fährt, dann sieht man ja, wie fantastisch so ein Sternenhimmel sein kann. Wer würde sich denn nicht darüber freuen, wenn wir in der Stadt nachts auch so einen Himmel bewundern könnten? Aber dafür müsste es viel dunkler sein. Man kann doch das Licht in Schaufenstern, Bürogebäuden und wenig befahrenen Straßen einfach ausmachen. Das tut echt niemandem weh. *Milan, 33, Paderborn*

7 Also, ich lebe ja in einer großen Stadt, weil ich es einfach mag, dass immer etwas los ist, auch in der Nacht. Ich kann und will mir gar nicht vorstellen, wie es hier ist, wenn alles dunkel und ruhig ist. Man kann doch wirklich auch andere Dinge für die Umwelt tun. Ich hätte da so einige Vorschläge. *Donato, 28, Berlin*

11
MODUL 4

UMWELTBÜCHER

1 Wer liest was gerne? Ergänzen Sie das passende Genre.

1. Mir ist schnell langweilig, deswegen brauche ich spannende Bücher. Am besten gefällt es mir, wenn ich beim Lesen selbst Detektiv spielen kann. _Krimis_

2. Ich lese, ehrlich gesagt, nicht so gerne lange Texte und außerdem faszinieren mich gut illustrierte Geschichten. ....

3. Ich beschäftige mich gerne mit einem bestimmten Thema und lese Bücher, in denen ich Fakten, Daten und Details erfahre. ....

4. Ich bin gern in der Natur und reise gerne. Wenn ich nicht selbst unterwegs sein kann, lese ich Geschichten von Entdeckern und ihren Erlebnissen. ....

5. Wenn ich ein konkretes Reiseziel habe, dann informiere ich mich vor und während der Reise immer gerne ausführlich über Land und Leute. ....

2 a Sie lesen ein Buch und finden es ... – Notieren Sie die Adjektive.

👍 gut

1. sannpend — _spannend_
2. lelsnesrewt — ....
3. uternahltasm — ....
4. kuwrzielig — ....
5. lusitg — ....

👎 nicht gut

6. lagnwilieg — ....
7. unioglsch — ....
8. kplomiziert — ....
9. äzh — ....
10. msüham — ....

b Ergänzen Sie die Buchbesprechung.

auf jeden Fall lesenswert • geht es um • aktueller Umweltkrimi • empfehlen • die Geschichte beginnt • sehr spannend • verwirrend

Das Buch „2,5 Grad – Morgen stirbt die Welt" von Noah Richter ist ein (1) .... In dem Buch (2) .... Verschwörungen und den Klimawandel. (3) .... in der Antarktis auf einer Forschungsstation. Aber dann passiert ein Unglück … Das Buch ist besonders am Anfang (4) ...., aber ich fand die vielen Informationen manchmal (5) .... Das Thema ist sehr aktuell, deshalb finde ich das Buch (6) .... Ich kann es wirklich (7) ...., auch weil man viel über mögliche Hintergründe des Klimawandels erfährt.

3

a Hören Sie die Einleitung zu einem Podcast-Gespräch und lesen Sie die Zusammenfassungen. Welche passt?

A In dem Gespräch mit zwei Naturliebhabern geht es um Erfahrungen und Probleme mit Menschen, die in der freien Natur campen.

B In dem Gespräch mit zwei Naturfreunden geht es um Erfahrungen und Möglichkeiten, im Freien zu übernachten.

b Hören Sie weiter und lesen Sie die Aussagen zum Gespräch. Kreuzen Sie an: richtig oder falsch?

1. Selena und Ezra wollen nicht, dass ihre Kinder Handys oder Computer nutzen.   richtig / falsch
2. Die Familie mag Abenteuer in der Natur.   richtig / falsch
3. In Deutschland darf man überall im Wald für eine Nacht zelten.   richtig / falsch
4. Die Moderatorin hat in ihrer Kindheit im Garten bei Oma und Opa gecampt.   richtig / falsch
5. Besonders die nächtlichen Geräusche sind für die Familie aufregend.   richtig / falsch
6. Eine unerwartete Begegnung mit einem wilden Tier ist der Familie noch immer gut in Erinnerung.   richtig / falsch

c Hören Sie noch einmal und machen Sie Notizen zu den folgenden Punkten. Vergleichen und ergänzen Sie dann Ihre Notizen zu zweit.

Warum im Freien zelten?	Was ist ein Trekkingplatz?	Welche Regeln gibt es?	Von welchem Erlebnis berichten die Personen?

4

Sie haben von einer Freundin folgende E-Mail erhalten. Antworten Sie auf die E-Mail.

Liebe/r …,

danke für deine Mail und die Einladung. Ich freue mich schon sehr darauf, dein Land kennenzulernen! Ich habe tolle Fotos von einem See gesehen, der bei euch in der Gegend ist. Du weißt ja, dass ich so gerne in der Natur bin. Können wir dorthin einen Ausflug machen? Ist das zu dieser Jahreszeit möglich und wie ist eigentlich das Wetter bei euch? Kann man in dem See baden? Fällt dir sonst noch etwas ein, was ich wissen oder mitbringen sollte?
Ich freue mich schon sehr! Bitte schreib mir bald, damit ich alles besorgen kann.

Herzliche Grüße
Tina

Antworten Sie auf die E-Mail. Schreiben Sie etwas zu allen vier Punkten:

- welche Ausflüge Sie mit Tina machen wollen
- wie das Klima ist
- welche Kleidung sie mitnehmen soll
- wie sie sich am besten auf den Besuch vorbereiten kann

Überlegen Sie sich vor dem Schreiben eine passende Reihenfolge der Punkte, einen passenden Betreff, eine passende Anrede, Einleitung und einen passenden Schluss.

11

SCHREIBEN · AUSSPRACHE

1 a [RICHTIG SCHREIBEN] **Einen Text abwechslungsreich formulieren – Lesen Sie den Text und überlegen Sie: Warum ist der Text nicht gut?**

Die Kreidefelsen von Rügen

Die Kreidefelsen von Rügen sind eine Naturattraktion in Deutschland. Rügen ist eine Insel. Die Insel ist im Nord-Osten von Deutschland. Die Kreidefelsen sind sehr schön und eine Naturattraktion. Die Felsen sind
5 weiß und die Bäume auf den Felsen sind grün. Das Meer ist türkisblau. Die Aussicht von dem Kreidefelsen mit dem Namen Königsstuhl ist schön. Man sieht auf das Meer und die anderen Kreidefelsen. Die Kreidefelsen liegen in einem Nationalpark auf der Insel Rügen. Der
10 Nationalpark ist der kleinste in Deutschland.

b Wie könnten Sie es anders sagen? Welche Umschreibung passt nicht? Streichen Sie durch.

1. die Kreidefelsen von Rügen: die weißen Felsen • der Sand • das steile Ufer • die helle Küste
2. schön: spektakulär • herrlich • wunderbar • alltäglich
3. die Naturattraktion: das Naturwunder • das Naturphänomen • das natürliche Bauwerk • das Meisterwerk der Natur

c Lesen Sie den Text in 1a noch einmal. Welche Nomen können Sie durch Pronomen (*er/es/sie*, Relativpronomen, ...) ersetzen? Notieren Sie.

Zeile 2: die Insel → sie

d Schreiben Sie den Text besser. Überlegen Sie, wie Sie die Sätze miteinander verbinden können. Notieren Sie passende Konnektoren, verwenden Sie außerdem Adjektive auch vor Nomen und vermeiden Sie Wortwiederholungen.

> **TIPP**
>
> **Texte gut formulieren**
> - Beginnen Sie nicht immer mit dem Subjekt.
> - Formulieren Sie mit Haupt- und Nebensätzen.
> - Stellen Sie Adjektive vor Nomen: *die Felsen sind weiß – die weißen Felsen*.
> - Nutzen Sie Pronomen und Synonyme.

2 a [AUSSPRACHE] **Umlaute *ö* und *ü*. Was hören Sie? Markieren Sie.**

2.39
1. musste – müsste   3. konnte – könnte   5. mochte – möchte
2. wurde – würde   4. schon – schön   6. der Bruder – die Brüder

2.40 **b Hören Sie jeweils beide Wörter aus 2a und sprechen Sie nach.**

2.41 **c Lesen Sie die Sätze laut und hören Sie zur Kontrolle.**

1. Die Möwen auf Rügen mögen es, über die Steilküste zu fliegen.
2. Natürlich übernachten Naturfreunde gern unter freiem Himmel.
3. Auf dem Turm des Kölner Doms ist man hoch über der Stadt Köln.

SELBSTEVALUATION

DAS KANN ICH NACH KAPITEL 11

😊 🙂 😐 🙁
                              KB   ÜB

💬 **einen Prozess beschreiben und bewerten**   M2 1b–d   2a, b
Erklären Sie die Herstellung eines T-Shirts. Gehen Sie auch auf Probleme ein.

✏️ **einen Forumsbeitrag verfassen**   M2 2d
In einem Forum vertritt jemand die Meinung, dass man Autofahren zu privaten Zwecken verbieten sollte. Reagieren Sie.

✏️ **Informationen zusammenfassen und strukturiert weitergeben**   K 1
2.42 🔊 Hören Sie die Nachricht und fassen Sie sie für andere kurz zusammen.

UND ICH KANN …

😊 🙂 😐 🙁
                              KB   ÜB

		KB	ÜB
📖	Erklärungen zu einem Sachthema verstehen.	M1 1b, c	
💬	über Ideen zum Klimaschutz sprechen.	2a	2b
🔊	verstehen, was einzelne Personen für die Umwelt tun.		2b
✏️	Tipps und Vorschläge formulieren oder einen Text über Umweltprobleme schreiben.		4
📖	Forumsbeiträge zu nachhaltiger Kleidung verstehen.	M2 2a–c	
💬	auf Aussagen zu Umweltthemen (kritisch) reagieren.		2b
📖	einen Flyer zum Thema Lichtverschmutzung verstehen.	M3 2	
🔊	ein Gespräch über die Bedeutung der Lichtverschmutzung verstehen.	3	
💬	über die persönliche Gewichtung von Argumenten und über Lösungsmöglichkeiten sprechen.	3b 4b, c	
📖	in verschiedenen Kommentaren die Meinungen der Personen zu einem Thema erkennen.		5
💬	über Genres und Buchcover sprechen.	M4 1, 2a	1
📖	Kurztexte und Kommentare über verschiedene Bücher verstehen.	2b	2b
💬 [M]	über ein Buch informieren und die eigene Meinung dazu äußern.	2c	1
💬	ein Buch oder einen Film empfehlen.	3	
🔊	ein Radiogespräch über Naturerlebnisse verstehen.		3
✏️	auf eine Mail eines Freundes / einer Freundin reagieren.		4
💬	eine Sprachnachricht hinterlassen.	K 2	

11

MODUL 1 — KLIMAWANDEL

der Klimawandel (Sg.) ....

die Dürre, -n ....

die Hitzewelle, -n ....

der Waldbrand, ¨-e ....

die Überschwemmung, -en ....

das Hochwasser (Sg.) ....

bezeichnen *(Der Begriff bezeichnet …)* ....

sich anpassen an (+Akk.) ....

etwas unternehmen gegen (+ Akk.) *(unternimmt, unternahm, hat unternommen)* ....

schmelzen *(schmilzt, schmolz, ist geschmolzen)* ....

in Gefahr sein ....

sich häufen ....

schuld sein an (+ Dat.) ....

vor allem ....

verursachen ....

sich verpflichten zu (+ Dat.) ....

(sich) verringern ....

voran|bringen *(bringt voran, brachte voran, hat voran gebracht)* ....

MODUL 2 — WAS ZIEHE ICH AN?

der Hauptbestandteil, -e ....

der Anbau (Sg.) ....

die Baumwolle (Sg.) ....

ein|setzen *(Viele Pestizide werden eingesetzt.)* ....

färben ....

bleichen ....

behandeln mit (+ Dat.) ....

benötigen ....

verbrauchen ....

katastrophal ....

ein schlechtes Gewissen haben ....

umweltverträglich ....

sich etwas leisten können ....

nachhaltig ....

die Einstellung, -en ....

MODUL 3 — GUTE NACHT!

schaden ....

die Lichtverschmutzung (Sg.) ....

leuchten ....

blenden *(Das Licht blendet mich.)* ....

die Verschwendung von Ressourcen ....

anlocken ....

die Vielfalt (Sg.) ....

das Insekt, -en ....

die Vermehrung (Sg.) ....

schwächen ....

WORTSCHATZ

die Ermüdung *(vor Ermüdung sterben)*

sterben (stirbt, starb, ist gestorben)

reduzieren

dramatisch

das Nest, -er

der Nachwuchs (Sg.)

verzichten auf (+ Akk.)

MODUL 4 UMWELTBÜCHER

der Roman, -e
(Ich lese gerne Abenteuerromane.)

der Erfahrungsbericht, -e

das Fachbuch, "-er

das Sachbuch, "-er

spannend

lesenswert

unterhaltsam

kurzweilig

unlogisch

mühsam

zäh

überzeugt sein

die Erkenntnis, -se
(erstaunliche Erkenntnisse)

die Liebeserklärung, -en

im Umgang mit (+ Dat.)

anschaulich

rauben
(die Freiheit rauben)

die Anleitung, -en

die Wildnis (Sg.)

das Nötigste (Sg.)
(nur das Nötigste mitnehmen)

die Überlebensstrategie, -en

Weitere Wörter, die für mich wichtig sind

Wortgedichte – Ergänzen Sie passende Wörter.

Ⓤ
Ⓜ
Ⓦildnis
Ⓔ
Ⓛ
Ⓣ

Ⓝ
Ⓐ
Ⓣ
Ⓤ
Ⓡ

12 ZUKUNFTSMUSIK

WORTSCHATZ WIEDERHOLEN UND ERARBEITEN

1 Zukunft – Finden Sie sieben Nomen (Singular- und Pluralformen) im Rätsel und ergänzen Sie die Sätze.

K	B	V	Z	U	X	Y	T	Z	Q	V	A	X	K	W	I	S	S	E	N	S	C	H	A	F	T
Y	T	U	Q	I	N	T	E	L	L	I	G	E	N	Z	D	J	C	D	Y	L	J	D	S	U	Q
A	S	J	D	J	P	F	F	Q	X	S	P	U	X	T	N	A	B	M	U	S	A	I	Y	P	Y
S	T	E	C	H	N	O	L	O	G	I	E	N	D	N	B	V	Y	V	D	C	M	J	T	I	T
D	X	S	C	B	V	C	F	Y	Q	O	A	P	F	O	R	T	S	C	H	R	I	T	T	E	X
F	J	P	M	N	C	M	P	D	J	N	P	D	I	X	T	Y	D	M	L	K	N	D	A	U	Q
H	E	R	A	U	S	F	O	R	D	E	R	U	N	G	Q	T	I	A	D	L	F	S	P	Y	X
Q	U	S	D	A	P	I	Q	Y	X	N	X	I	P	Q	E	N	T	W	I	C	K	L	U	N	G

1. Es gibt heute schon viele Vorstellungen und ...., wie wir vielleicht in Zukunft leben werden.

2. Die .... der Zukunft werden unser Leben stark verändern.

3. Die .... wird ganz neue Bereiche erforschen, z. B. in der Medizin.

4. Im Vordergrund steht dabei besonders die .... neuer Behandlungsmöglichkeiten und Medikamente.

5. Die Künstliche .... wird sich sehr schnell weiterentwickeln.

6. Es wird große .... in allen Bereichen unseres Lebens geben.

7. Allerdings stellt das für uns auch eine große .... dar, denn wir brauchen gut ausgebildete Menschen.

2 a Welches Verb passt? Kreuzen Sie an. Manchmal passen auch zwei Verben.

1. eine Vision
   - machen
   - haben
   - produzieren

2. Technologien
   - nutzen
   - herstellen
   - verbrauchen

2. Eine Wissenschaft
   - anwenden
   - geben
   - steigern

4. Experimente
   - durchführen
   - veranstalten
   - gewinnen

5. eine Entwicklung
   - voraussehen
   - durchführen
   - vorhersagen

6. eine Perspektive
   - machen
   - haben
   - einnehmen

b Wählen Sie drei Nomen aus 2a und schreiben Sie jeweils einen Satz.

3

a Veränderungen ausdrücken – Lesen Sie die Verben. Notieren Sie ↗ für eine steigende Tendenz und ↘ für eine sinkende Tendenz.

1. ansteigen   ↗
2. sich verringern
3. zunehmen
4. abnehmen
5. sich vergrößern
6. zulegen
7. fallen
8. sinken
9. anwachsen
10. sich verkleinern
11. sich reduzieren
12. sich erweitern
13. nachlassen
14. sich erhöhen
15. sich ausbreiten
16. zurückgehen

b Markieren Sie vier Bereiche, die sich in der Zukunft besonders verändern werden. Begründen Sie Ihre Wahl und nutzen Sie die Verben aus 3a.

die Umwelt • der Urlaub • die Technik • die Medizin • der Verkehr • das Einkaufen • die Kommunikation • der Computer • das Internet • die Ernährung • die Arbeitsplätze (Pl.) • der Wohnraum • die Bildung • die Energie • die Lebenserwartung

Die Umwelt wird sauberer, weil die Zahl der Autos abnehmen wird.

4

Beruf mit Perspektive – Lesen Sie den Text. Welches Wort passt? Unterstreichen Sie.

Wie wird man Astronaut oder Astronautin?

AstronautInnen blicken aus einer ganz anderen Perspektive auf unsere Erde. Sie (1) verbringen | verbrauchen viele Monate an Bord eines Raumschiffes, um unterschiedliche Forschungsprojekte (2) zu experimentieren | durchzuführen. Sie müssen technisch gut ausgebildet sein, denn sie sollen alle notwendigen Reparaturen an Bord selbst (3) vornehmen | rekonstruieren. Außerdem leben sie in völliger Schwerelosigkeit. Deshalb müssen sie sich körperlich fit (4) bleiben | halten. Dafür ist ein tägliches Sportprogramm (5) vorgeschrieben | verpflichtet. Wenn man Astronaut werden will, (6) studiert | absolviert man zuerst ein Studium in Biologie, Physik, Medizin oder Chemie. Sehr sinnvoll ist auch das spezialisierte Studium der Luft- und Raumfahrttechnik. Ungefähr die Hälfte aller Astronauten und Astronautinnen (7) bekommen | verfügen außerdem über einen Doktortitel. Mit einer Promotion (8) verbessert | verbreitert man also seine Chancen. Wenn man sich als AstronautIn bewirbt, wird man von der Europäischen Weltraumorganisation ESA in unterschiedlichen Auswahlverfahren (9) getestet | kontrolliert. Und wenn man erfolgreich ist, kann man die vierjährige Ausbildung beginnen.

5

Klick-Klack – Sprechen Sie zu zweit. Person A beginnt *(Klick)*, Person B reagiert *(Klack)*. Dann wechseln Sie. **oder** Hören Sie *(Klick)* und reagieren Sie *(Klack)*.

Klick

1. Hast du schon gehört, dass Tina ihre Promotion abgeschlossen hat?
2. Was willst du denn nach dem Jahr im Ausland machen?
3. Willst du wirklich kündigen? Denkst du nicht an deine Zukunft?
4. Ist der Umsatz der Firma wirklich gestiegen?
5. Kann man seinen Urlaub bereits im Weltraum verbringen?
6. Wolltest du nicht in eine größere Wohnung ziehen?

Klack

A Doch, natürlich! Ich habe auch schon einen neuen Job.
B Ja, etwas. Aber in Zukunft muss da noch ein bisschen mehr gehen.
C Nein, leider nicht. Das ist noch Zukunftsmusik.
D Ja, sie hat eine glänzende Zukunft vor sich.
E Ach, das ist in ferne Zukunft gerückt. Ich muss mich jetzt erst mal auf meine neue Stelle konzentrieren.
F Keine Ahnung, das wird die Zukunft schon zeigen. Meine Sprachkenntnisse sind dann aber bestimmt viel besser.

12 MODUL 1

DER GROSSE TRAUM DER MENSCHHEIT

1 Lesen Sie die beiden Texte im Kursbuch in Aufgabe 2b noch einmal. In welchem Text stehen die Aussagen? Kreuzen Sie an.

	Text A	Text B	Keiner von beiden
1. Das Interesse an Reisen in den Weltraum steigt immer mehr.	☐	☐	☐
2. In letzter Zeit hat man viele neue Informationen über den Mars gewonnen.	☐	☐	☐
3. Das erste Raumschiff zum Mars startet schon sehr bald.	☐	☐	☐
4. Die Entdeckung von Wasser auf dem Mars hat unter den Wissenschaftlern großes Aufsehen erregt.	☐	☐	☐
5. Die klimatischen Bedingungen auf dem Mars machen das Leben für Menschen dort unmöglich.	☐	☐	☐
6. Ein Tag auf dem Mars ist ähnlich lang wie ein Tag auf der Erde.	☐	☐	☐
7. Für die Versorgung der Menschen auf dem Mars gibt es noch keine Lösung.	☐	☐	☐
8. Viele Länder beteiligen sich an der Finanzierung der Reise zum Mars.	☐	☐	☐

2 a Lesen Sie den Text über die Internationale Raumstation ISS. Ergänzen Sie jeweils den fehlenden Teil des Konnektors.

Online Ü 2

Der Aufbau der ISS begann 1998. An diesem größten Raumfahrtprojekt sind nicht nur die USA, (1) .... Russland, Europa, Kanada und Japan beteiligt. Die Station umkreist die Erde zwar in rund 400 Kilometern Höhe, (2) .... man hat trotz dieser großen Entfernung einen fantastischen Blick auf die Erde. Die ISS ist so groß wie ein Fußballfeld: etwa 80 mal 100 Meter. Der Innenraum ist so groß wie zwei Passagierflugzeuge. Ihre Masse beträgt knapp 500 Tonnen. Trotz dieses enormen Gewichts hat die ISS weder Probleme, sich konstant in 400 km Höhe zu halten, (3) .... ist ihre Geschwindigkeit dadurch eingeschränkt. Sie fliegt nämlich ca. 27 500 km/h schnell und benötigt nur etwa 90 Minuten für eine Erdumrundung. An Bord der ISS befinden sich sowohl der Kommandant / die Kommandantin, (4) .... weitere fünf Crewmitglieder. In einem festen Rhythmus kehren jeweils drei RaumfahrerInnen nach einem halben Jahr zur Erde zurück. Denn je länger die Crewmitglieder auf der ISS arbeiten, (5) .... mehr negative Auswirkungen hat das auf ihre Gesundheit. Der Beruf eines Astronauten auf der ISS ist zwar einerseits sehr reizvoll, (6) .... setzt er eine sehr gute körperliche und psychische Gesundheit voraus. Diese braucht man auch an Bord der ISS. Denn nicht selten klagen AstronautInnen entweder über Schlaflosigkeit (7) .... über Kreislaufprobleme. Schuld daran ist die Schwerelosigkeit.

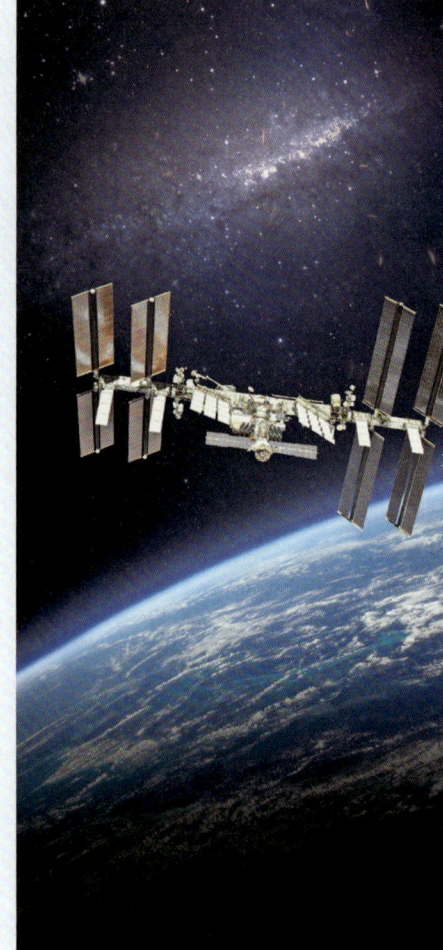

MODUL 1

b Verbinden Sie die Sätze mit den Konnektoren.

1. Astronauten und Astronautinnen studieren Astrophysik. Sie studieren Chemie. (entweder – oder)
2. Manche entscheiden sich schnell für ein bestimmtes Studienfach. Sie bereuen später ihre Wahl. (zwar – aber)
3. Manche wollen nach dem Abitur nicht sofort arbeiten. Sie wollen auch nicht sofort studieren. (weder – noch).
4. Viele wollen zuerst ihre Sprachkenntnisse verbessern. Und sie wollen Erfahrungen im Ausland sammeln. (sowohl – als auch)
5. Die Studierenden sollen im Studium Vorlesungen und Seminare besuchen. Viele müssen aber auch arbeiten, um ihren Lebensunterhalt zu verdienen. (einerseits – andererseits)
6. Die Studierenden schließen ihr Studium gut ab. Es ist sehr wahrscheinlich, dass sie einen guten Arbeitsplatz bekommen. (je – umso)

1. Astronauten und Astronautinnen studieren entweder Astrophysik oder Chemie.

c Lesen Sie die Dialoge. Formulieren Sie die Sätze in Klammern mit einem zweiteiligen Konnektor.

1. ● Wie findest du den neuen Science-Fiction von Frank Schätzing?
   ○ Richtig gut. (Er ist interessant. Er ist richtig spannend.)
   ● Ja, ein tolles Buch.

2. ● Also ich hätte jetzt großen Hunger.
   ○ Ich auch! (Wir können in die Mensa gehen. Wir können etwas zusammen kochen.)
   ● Ähm, dann lass uns etwas zusammen kochen.

3. ● Kommst du mit in die Vorlesung und danach ins Seminar?
   ○ (Ich gehe nicht in die Vorlesung und nicht ins Seminar.) Ich habe einen Termin bei Professorin Hofmann.
   ● Ach so. Da bin ich morgen.

4. ● Bist du endlich mit deiner Übersetzung fertig?
   ○ (Du fragst oft. Dann dauert es lange.)
   ● Gut, dann frag ich jetzt nicht mehr.

5. ● Wie war die Vorlesung bei dem neuen Professor?
   ○ (Die Vorlesung war sehr interessant. Er war sehr nervös.)
   ● Das wäre ich auch bei 200 Zuhörenden.

6. ● Kommst du mit ins Konzert?
   ○ Ach, ich weiß nicht. (Ich muss lernen. Ich kann mich nicht mehr konzentrieren.)
   ● Dann komm doch mit.
   ○ Gut, du hast mich überredet.

3 Sprichwörter – Schreiben Sie die Sätze mit je..., desto/umso...

1. Guter Rat ist wie Schnee: Er fällt leise. Er bleibt länger liegen.
2. Freundschaft ist wie ein Haus: Man arbeitet viel daran. Es wird sehr gut.
3. Alter ist wie eine Zahl: Sie wird hoch. Sie wird wertvoll.
4. Reichtum macht süchtig: Man hat viel. Man will viel.
5. Die Zeit rennt: Man wartet lange. Man hat wenig Zeit.
6. Das Alter hilft bei Entscheidungen: Du wirst alt. Die Entscheidungen fallen leicht.

1. Guter Rat ist wie Schnee: Je leiser er fällt, desto länger bleibt er liegen.

4 Schreiben Sie die Sätze zu Ende.

1. Je öfter ich über die Zukunft nachdenke, …
2. Nach dem Deutschkurs werde ich entweder studieren …
3. Ich spreche weder …
4. Einerseits möchte ich zuerst ein Praktikum machen, …
5. Ich möchte sowohl schnell Geld verdienen, …
6. Ich habe zwar schon viel gelernt, …

12 ALLES SO SMART

MODUL 2

1

a Zufrieden oder unzufrieden? – Was passt? Ordnen Sie zu.

A … kann ich empfehlen. • B … ich würde eher abraten. • C Mich hat positiv überrascht, dass … •
D … hat eine gute Qualität. • E … überzeugt mich nicht, weil … • F … ist leider nichts für mich. •
G Ich bin kritisch/skeptisch, ob/weil … • H … konnte ich leicht installieren/verstehen/aufbauen. •
I Ein (großer) Vorteil ist, dass … • J … funktioniert zwar ganz gut, aber … •
K … ist sehr nützlich, wenn … • L … hält nicht lange / ging schnell kaputt.

Produkte positiv bewerten	Produkte negativ bewerten

b Ergänzen Sie zwei weitere Redemittel in der Tabelle in 1a.

c Eine Kundenrezension – Lesen Sie die Textteile, die eine Kundin in ihrer Bewertung für eine Funkmaus verwendet hat. Welche Teile passen zusammen? Verbinden Sie.

1. Letzte Woche habe ich die Maus
2. Das Gerät konnte ich leicht
3. Ich bin Grafikerin und musste leider feststellen, dass
4. An einem Tag hatte ich
5. Und die Batterien waren schnell leer,
6. Schade, denn
7. Für die tägliche Arbeit im Beruf würde ich eher abraten,

A weshalb ich bezüglich des Energieverbrauchs skeptisch bin.
B ich finde das Design sehr schön und die Qualität ist sonst auch gut.
C für meinen neuen Laptop gekauft.
D die Arbeit mit der Maus nach einigen Stunden nicht mehr angenehm ist.
E aber für die Freizeit ist sie vielleicht okay.
F sogar leichte Schmerzen.
G installieren und alles hat sofort funktioniert.

2

Lesen Sie die beiden Rezensionen zur Lampe *Smot*. Welche Fragen beantworten die Texte? Welcher Text ist für eine Kaufentscheidung anderer Kunden hilfreicher?

★★★★

A Die Lampe *Smot* (smart + spot) kann ich empfehlen. Sie passt gut zu unserer Einrichtung im Wohnzimmer. Ich habe schon lange nach so einem Produkt gesucht. Die Lampe gibt es in verschiedenen Farben. Da ist für jeden etwas dabei. Ich bin sehr zufrieden und ich habe die Lampe schon vielen Freunden empfohlen. Im Moment überlege ich, ob ich noch weitere Lampen kaufe. Sie gefallen mir wirklich gut.

★★★★★

B Das Produkt *Smot* hat mich überzeugt. Es passt sein Licht automatisch an die Helligkeit im Zimmer an. Wenn es dunkler wird, leuchtet es heller. Wenn es sehr hell ist, geht es aus. Alles funktioniert ohne Probleme. Qualität und Design haben mich außerdem positiv überrascht. Ein weiterer Vorteil ist der niedrige Stromverbrauch. Was mir auch gut gefallen hat, waren der unkomplizierte Kauf und Versand der Lampe. Gerne wieder!

	Text A	Text B
1. Ist das Produkt nützlich für mich?		
2. Wie funktioniert das Produkt?		
3. Welche Vor- oder Nachteile gibt es?		
4. Wie zufrieden bin ich mit dem Produkt/Hersteller/Service?		
5. Kann ich das Produkt empfehlen?		

MODUL 2

3 a Was stellen die Personen vor? Lesen Sie die Nachrichten. Können Sie das Produkt erraten? Wie heißt es in Ihrer Sprache und auf Deutsch?

A Das Gerät ist praktisch, wenn man z. B. auf einer Reise Strom braucht. Es ist aus Plastik und ein bisschen Metall. Man lädt es auf und nimmt es mit. Dann hat man überall Strom, wenn der Akku im Handy oder Laptop leer ist.

B Ich fahre nicht gerne Fahrrad oder Bus. Trotzdem will ich für kurze Wege nicht das Auto nehmen. Mit diesem Gerät kann ich bequem fahren. Ich muss mich nicht anstrengen, weil es mit Strom fährt und ich so leicht von A nach B komme.

C Man kann es gut gebrauchen, wenn man einen Kuchen backt. Man braucht es, um alle Zutaten zu mischen. Viele Leute mögen es, weil man viel Kraft spart. Deshalb findet man es heute in fast jedem Haushalt.

b Beschreiben Sie einen Gegenstand wie in 3a in einer Nachricht auf Ihrem Handy. Senden Sie die Nachricht an drei andere Personen im Kurs, die Ihnen ein Foto als Lösung schicken.

4 Lesen Sie den Text und die Aufgaben 1 bis 3 dazu. Wählen Sie bei jeder Antwort die richtige Lösung a, b oder c.

Online Ü 3

SELBSTSTÄNDIG IM EIGENEN HEIM

Barbara Koops öffnet ihre Haustür über eine Kamera, die ihr Gesicht erkennt. Automatisch gehen Lichter an und die Wohnung ist angenehm warm. „Mein smartes Haus! Manche halten das für eine unnütze Spielerei. Für mich ist es eine echte Unterstützung.", sagt die ehemalige Architektin. „Ich kann nicht so gut laufen und brauche eine Gehhilfe. Deshalb habe ich die Hände nicht frei, aber ich kann trotzdem ganz einfach alle Türen öffnen und schließen." Frau Koops ist eine selbstbewusste Rentnerin und froh über diese neue Entwicklung. Am Anfang musste sie die neue Technik kennenlernen und jede Funktion verstehen, aber es hat sich gelohnt. Nach dem Tod ihres Mannes lebt sie alleine in ihrem Haus. Ihr altes Leben aufzugeben, kam für sie nicht in Frage. Trotzdem ist der Alltag nicht immer leicht. „Meine Freunde und meine Familie helfen mir oft. Aber ich kann sie ja nicht wegen jeder Kleinigkeit anrufen.", sagt die 75-Jährige, die gerne unabhängig ist. Deswegen hat sie technische Hilfen installiert, z.B. um die großen Fenster auf- und zuzumachen oder um die Position im Bett beim Sitzen und Liegen automatisch einzustellen. Andere Produkte sorgen für ihre Sicherheit. Dafür hat sie viele Geräte mit Spracherkennung. „Im Notfall kann ich auch ohne Handy Hilfe rufen." Datensicherheit ist für Barbara Koops kein Problem. Für sie überwiegen die Vorteile. „Vieles geht jetzt leichter. Ich fühle mich selbstständiger und sicherer. Dank der eingebauten Technik kann ich auch weiter hierbleiben."

1. In dem Text geht es um …
   a Menschen, die nicht alleine wohnen können.
   b die Unterstützung von Senioren durch smarte Technik.
   c Hilfe für alte Menschen durch ihre Angehörigen.

2. Frau Koops nutzt die neue Technik,…
   a obwohl sie nicht alle Details versteht.
   b weil sie zu wenig Unterstützung von anderen bekommt.
   c um ein selbstbestimmtes Leben zu führen.

3. Die 75-Jährige vertritt die Ansicht, dass …
   a ihre Daten sicher verarbeitet werden.
   b sie besser als vorher leben kann.
   c sie bald weitere technische Hilfen braucht.

12 MODUL 3

VON DER NATUR LERNEN

1 a Rund um die Bionik – Welche beiden Verben passen? Kreuzen Sie an.

1. Die Natur kann Lösungen für technische Probleme
   - [ ] finden.
   - [ ] bereitstellen.
   - [ ] liefern.

2. Konzepte aus der Natur werden in technische Ideen
   - [ ] übertragen.
   - [ ] gearbeitet.
   - [ ] umgesetzt.

3. In der Bionik werden natürliche Vorbilder
   - [ ] genutzt.
   - [ ] analysiert.
   - [ ] hergestellt.

4. Wer von der Natur lernen will, muss sie
   - [ ] erforschen.
   - [ ] verändern.
   - [ ] verstehen.

5. Wilhelm Barthlott hat den Lotus-Effekt
   - [ ] untersucht.
   - [ ] entdeckt.
   - [ ] erwartet.

6. Bionikerinnen und Bioniker versuchen, natürliche Vorbilder
   - [ ] nachzumachen.
   - [ ] zu imitieren.
   - [ ] vorzumachen.

7. Architektinnen und Architekten nutzen die Natur, um neue Gebäude zu
   - [ ] bauen.
   - [ ] kontrollieren.
   - [ ] konstruieren.

b Wie heißen die Nomen und Verben? Notieren Sie.

1. demonstrieren – die *Demonstration*
2. fliegen – der _____
3. besitzen – der _____
4. verpacken – die _____
5. suchen – die _____
6. dienen – der _____
7. _____ – der Hinweis
8. _____ – der Schutz
9. _____ – die Kommunikation
10. _____ – die Organisation
11. _____ – die Hilfe
12. _____ – der Entwurf

c Welche Aussagen passen zum Text im Kursbuch Aufgabe 1b? Kreuzen Sie an.

1. [ ] Leonardo da Vincis Kenntnisse über Vögel und Fledermäuse sind heute noch wichtig.
2. [ ] Die Lotuspflanze hat Blätter, die viel Wasser sammeln können.
3. [ ] Spinnennetze liefern Ideen für alternative Verpackungen.
4. [ ] Baumrinde ist zu leicht, um vor extremen Temperaturen zu schützen.
5. [ ] Heute sucht man nach Ideen, wie Plastikverpackungen recycelt werden können.
6. [ ] Auch für aktuelle Probleme im Straßenverkehr bietet die Natur Lösungen an.

d Verändern Sie die anderen Aussagen aus 1c so, dass sie zum Text passen.

2. *Die Lotuspflanze hat Blätter, auf denen sich kein Wasser sammelt.*

e Wählen Sie zwei Verben und zwei Nomen aus 1b und schreiben Sie damit je eine Aussage zum Thema Bionik.

MODUL 3

2

a Dialoge zwischen Forschenden – Lesen Sie die Dialoge. Welche Adjektive passen? Ordnen Sie zu.

abrufbar • akzentfrei • denkbar • fehlerlos • schmerzfrei • sorglos • unvorstellbar • vergleichbar • zweifelsfrei

1. ● Müssen wir die Natur noch weiter erforschen?
   ○ Aber sicher! Es gibt noch .... viele Geheimnisse in der Natur, die wir nicht kennen.

2. ● Kann man irgendwann auf dem Mars leben?
   ○ Naja … theoretisch ist das ...., aber es wird bestimmt nicht .... mit dem Leben auf der Erde sein.

3. ● Manche Menschen beherrschen über zehn Sprachen. Sie sprechen .... und ihre Grammatik ist nahezu ....
   ○ Stimmt, aber alle Statistiken zeigen ...., dass diese Menschen eine Minderheit sind.

4. ● Dr. Simoni hat jetzt einen Chip unter der Haut, damit seine Daten für ihn immer und überall .... sind. Er sagt, dass das Einsetzen des Chips unter der Haut absolut .... war.
   ○ Ist das so eine gute Idee? Ich finde, dass er viel zu .... mit seinen Daten umgeht.

b Finden und markieren Sie zwölf Adjektive in der Wortschlange.

Online Ü 4

GERÄUSCHVOLLKMHMACHTLOSUXKASGEFÜHLVOLLLKMSPROBLEMLOSVULHERZLOSXRSIDEENREICHP
WORTREICHNALSORGENVOLLLIMLAUTLOSRTZEINFLUSSREICHWLTUSPRACHLOSMRTWFANTASIELOSKU

c Welche Adjektive aus 2b drücken Gegensätze aus? Bilden Sie Paare.

geräuschvoll – lautlos ....

....

d -bar, -voll, -bereit, -reich, -sam – Was bedeuten die Adjektive? Umschreiben Sie. Die ersten Lösungen helfen.

1. ein verfügbares Gerät – ein sichtbares Zeichen
   ein Gerät, das ich benutzen/über das ich verfügen kann;

2. eine sinnvolle Beschäftigung – ein humorvoller Mensch
   eine Beschäftigung mit viel Sinn;

3. der einsatzbereite Krankenwagen – ein hilfsbereiter Nachbar
   ein Krankenwagen, den man (sofort) einsetzen kann;

4. hilfreiche Informationen – ein abwechslungsreiches Programm
   Informationen, mit denen man viele Hilfen bekommt;

5. erholsame Ferien – ein unterhaltsamer Film
   Ferien, in denen man sich erholen kann;

12 VOLL INTELLIGENT

MODUL 4

1 Was ist Künstliche Intelligenz? Wie heißen die Wörter? Notieren Sie.

1. Künstliche Intelligenz ist ein Teilgebiet der INFOARMIKT _____ .
2. Sie basiert auf digitaler TECHINK _____ .
3. Ihr Ziel ist es, immer INTELRETNEGIL _____ zu werden.
4. Künstliche Intelligenz erkennt in umfangreichen Datensätzen bestimmte MUSRTE _____ .
5. Daraus kann sie SCHLEÜSS _____ ziehen und konkrete Handlungen entwickeln.
6. Computer werden damit so programmiert, dass sie EIGENÄTSIGDN _____ lernen und arbeiten.
7. Je mehr das Programm lernen kann, desto mehr ERGEBEISSN _____ liefert es.
8. Künstliche Intelligenz hat viele AWNDENGNSUBGIEETE _____ .
9. Sie kann z. B. in der Medizin bei der ERKENNNGU _____ von Krankheiten helfen.

2 Künstliche Intelligenz in der Medizin – Lesen Sie die Sätze und ordnen Sie zu. Text A in Aufgabe 2b im Kursbuch hilft.

1. Wenn man als Arzt oder Ärztin arbeitet,
2. Ärzte und Ärztinnen untersuchen
3. Oft fehlen Fachärzte,
4. Künstliche Intelligenz kann Krankheiten
5. Das macht sie mit einer speziellen Technologie,
6. Eine solche Diagnose geht oft sehr schnell
7. Gerade bei lebenswichtigen Operationen ist

A genauso gut wie ein Mensch diagnostizieren.
B und braucht nur wenige Sekunden.
C Patienten und stellen Diagnosen.
D schnelles Handeln gefragt.
E hat man eine lange medizinische Ausbildung hinter sich.
F was lebensnotwendige Diagnosen verzögert.
G die Krankheitsmuster erkennt.

3 a Künstliche Intelligenz im Auto – Welche Beispiele werden in Text B in Aufgabe 2b im Kursbuch genannt. Kreuzen Sie an.

1. ☐ das Fahrzeug in der Fahrspur halten
2. ☐ den Verkehr erfassen
3. ☐ das Auto ohne Fahrer zum Ziel fahren
4. ☐ das Auto bei Gefahr abbremsen
5. ☐ das Auto mit dem Internet verbinden
6. ☐ die Umgebung kontrollieren
7. ☐ das Fahrzeug selbst betanken
8. ☐ selbstständige Fehleranalysen vornehmen
9. ☐ die nächste Werkstatt anfahren
10. ☐ selbstständig den Notruf tätigen

b **Schreiben Sie einen kleinen Text zum Thema *Das Auto der Zukunft*. Nutzen Sie die Ideen aus 3a.**

Mein Auto der Zukunft sollte ganz allein fahren können. ...

MODUL 4

4 Aus welchen Teilen bestehen die zusammengesetzten Nomen? Schreiben Sie wie im Beispiel.

der Fahrzeughersteller • die Videokamera • der Laserscanner • das Verkehrsgeschehen • der Verkehrsunfall • der Bildinhalt • der Finanzbereich • die Kontobewegung • der Kreditkartenbetrug • die Kundenwünsche • die Kundenzufriedenheit

> **TIPP**
> **Zusammengesetzte Wörter**
> Um zusammengesetzte Wörter besser zu verstehen und zu erklären, ist es hilfreich, das Wort in seine Bestandteile zu zerlegen.

1. der Fahrzeughersteller = das Fahrzeug + der Hersteller

5 Redemittel *Rückfragen stellen* – Ergänzen Sie die Redemittel.

1. ● Damit bin ich am Ende meines Kurzvortrags. Möchten Sie noch etwas f.............. ?
   ○ E.............., ich habe Ihr Beispiel nicht v............... . Können Sie das bitte noch einmal w............... ?
   ● Ja klar, sehr gerne. Also …
   ○ Vielen Dank.

2. ● Soll ich noch etwas e............... ?
   ○ Ja, bitte. Ich habe nicht verstanden, was dieses Wort b............... . Was m............... Sie damit?
   ● Also, darunter versteht man, dass …

6 a Sie hören gleich den ersten Teil eines kurzen Interviews mit Frau Dr. Strothmann zum Thema: *Wie könnte sich künstliche Intelligenz in Zukunft entwickeln?* Lesen Sie zuerst die Fragen und hören Sie dann den Text.

1. Welche beiden extremen Meinungen gibt es zum Thema *künstliche Intelligenz*?
2. Welche Gründe gibt es für diese Meinungen?

b Hören Sie nun den zweiten Teil des Interviews. Notieren Sie, welche beiden Anwendungsbereiche Frau Dr. Strothmann anspricht und welche Beispiele sie nennt.

Künstliche Intelligenz in der Zukunft		
Bereich	Vorhersagen machen (Prognostik)	
Beispiele		

SPRECHEN · SCHREIBEN · AUSSPRACHE

1 a [RICHTIG SPRECHEN] ... geht nicht – Sehen Sie die Fotos an und ergänzen Sie die Minidialoge.

installiert • drücken • aufladen • verbunden • angeschlossen

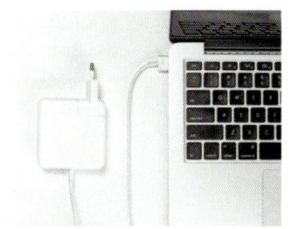
A

B
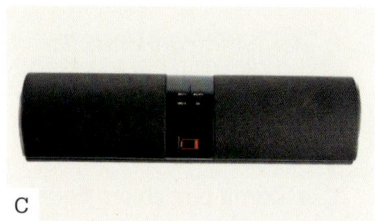
C

○ Komisch ... mein Computer geht nicht an!
● Ist dein Computer denn an den Strom ....?

○ Der Drucker funktioniert nicht. Ist der kaputt?
● Vielleicht musst du diesen Schalter ....

○ Die Box zeigt immer eine rote Batterie.
● Alles klar. Dann solltest du den Akku ....

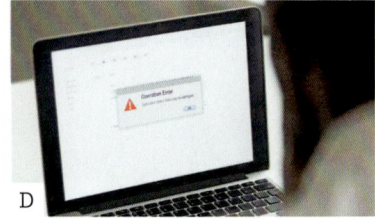
D

E

○ Sieh mal ... mit der Software stimmt etwas nicht. Da kommt immer eine Fehlermeldung.
● Hast du sie denn richtig ....?

○ Ich kann von meinem Laptop nichts ausdrucken!
● Sind Laptop und Drucker denn schon miteinander ....?

2.46 **b** Hören Sie die Mini-Dialoge und kontrollieren Sie Ihre Lösungen aus 1a. Sprechen Sie die Dialoge dann zu zweit. Fragen und antworten Sie abwechselnd.

2 [RICHTIG SCHREIBEN] Wörter zusammenziehen – Lesen Sie das Beispiel. Markieren Sie die Teile, die in beiden Wörtern gleich sind, und ziehen Sie dann die Wörter zusammen. Wählen Sie dann sechs Wortpaare und schreiben Sie Sätze wie im Beispiel.

einschalten und ausschalten: Mit dem Knopf kann man den Drucker ein- und ausschalten.

1. Windenergie und Solarenergie
2. Hinflug und Rückflug
3. aussteigen oder umsteigen
4. Forschungsfeld und Arbeitsfeld
5. Nussschalen und Eierschalen
6. Radarscanner und Laserscanner
7. Umweltschutz und Naturschutz
8. Ausbildung oder Weiterbildung
9. einbauen und ausbauen
10. Vorteile oder Nachteile

> **TIPP**
> Wörter zusammenziehen:
> einschalten und ausschalten →
> ein- schalten und ausschalten

3 a [AUSSPRACHE] Zweiteilige Konnektoren – Hören Sie die Sätze. Welche Wörter werden besonders betont? Markieren Sie.

2.47
1. Einerseits wollen wir plastikfrei leben, andererseits ist fast alles in Plastik verpackt.
2. Künstliche Intelligenz hilft in der Medizin nicht nur bei Diagnosen, sondern auch bei Operationen.
3. Spinnennetze gehen weder bei Wind kaputt, noch werden sie vom Regen zerstört.
4. Entweder studiere ich Raumfahrttechnik oder Mathematik.

2.48 **b** Hören Sie die Sätze aus 3a noch einmal und sprechen Sie nach. Achten Sie auf die Betonung.

SELBSTEVALUATION

DAS KANN ICH NACH KAPITEL 12

| | KB | ÜB |

✏️ **einen Gegenstand beschreiben** — M2 — 3
Wählen Sie einen Gegenstand auf den Fotos und beschreiben Sie ihn. Arbeiten Sie zu zweit. Tauschen Sie Ihre Texte und zeigen Sie auf das passende Foto.

💬 **ein Produkt präsentieren** — M2 — 3c
Von welchem Produkt sind Sie besonders überzeugt? Beschreiben Sie die Vorzüge von ihrem Produkt.

- Im Vergleich zu ähnlichen Produkten …
- Sie werden / Du wirst feststellen, dass …
- Das Beste / Besondere daran ist, dass …

✏️ **schwierige Begriffe erklären** — M4 — 2c — 4
Wählen Sie zwei Begriffe und schreiben Sie eine kurze Erklärung.
1. die Beschaffenheit, 2. lebensfeindlich, 3. die Leistungsfähigkeit

UND ICH KANN …

		KB	ÜB
📖	Kommentare zum Thema *Weltraumflug* verstehen und weitergeben.	M1 2b-c	1
✏️	eine E-Mail schreiben und darin um Informationen bitten.		4a
🔊	ein Gespräch zu einer Produktrecherche verstehen.	M2 1b-c	
📖✏️	eine Kundenrezension verstehen und schreiben.	2	1, 2
✏️	ein Werbeplakat für ein Produkt erstellen.		3b
💬	einen Gegenstand beschreiben.		3b
📖	einen Text über smarte Produkte für Senioren verstehen.		4
📖	einen Magazintext über eine Wissenschaft verstehen.	M3 1b-d	1c-d
💬	Beispiele zu Produkten recherchieren und vorstellen.	3	
✏️	Begriffe umschreiben.		2d
🔊	Erklärungen in einem Podcast verstehen.	M4 1b-c	
📖 [M]	Texte aus einem Wissenschaftsmagazin verstehen und für andere zusammenfassen.	2	
💬	Rückfragen zum richtigen Verstehen stellen.	2e	5
✏️	einen kurzen Text zum Thema *das Auto der Zukunft* schreiben.		3b
🔊	ein Interview zum Thema *Künstliche Intelligenz* verstehen.		6
💬	eine technische Anleitung mündlich formulieren.	K 1b, 2	1

12

MODUL 1 — DER GROSSE TRAUM DER MENSCHHEIT

- die Atmosphäre, -n
- der Treibstoff, -e
- die Quelle, -n
- das Sonnensystem, -e
- das Raumschiff, -e
- der Beweis, -e
- die Oberfläche, -n
- die Versorgung (Sg.) *(die Versorgung mit Lebensmitteln)*
- der Planet, -en
- lebensfeindlich
- überleben
- die Flugzeit, -en
- klären
- verschlingen (verschlingt, verschlang, hat verschlungen)
- die Leistungsfähigkeit (Sg.)
- nach|weisen (weist nach, wies nach, hat nachgewiesen)
- existieren
- besiedeln
- die Zukunftsmusik (Sg.)
- das Sonnenlicht (Sg.)

MODUL 2 — ALLES SO SMART

- smart *(Smarte Produkte sind online.)*
- die Kundenrezension, -en
- die Funktion, -en
- die Zufriedenheit
- die Nützlichkeit
- die App, -s
- installieren *(ein Programm installieren)*
- etw. empfehlen (empfiehlt, empfahl, hat empfohlen)
- privat *(private Daten)*
- das Fazit (Sg.)
- hilfreich
- die Netiquette (Sg.)
- stabil
- innovativ
- etw. fest|stellen

MODUL 3 — VON DER NATUR LERNEN

- die Eigenschaft, -en
- der Schutz vor (+ Dat.)
- etw. vor|machen *(Ich mache es vor und du machst es nach.)*
- etw. demonstrieren *(= zeigen/erklären)*
- einfallsreich
- das Konzept, -e
- etw. übertragen (überträgt, übertrug, hat übertragen)
- entwerfen (entwirft, entwarf, hat entworfen)
- wertvoll *(wertvolle Hinweise)*

WORTSCHATZ

das Phänomen, -e ....
künstlich ....
imitieren ....
die Konstruktion, -en ....
konstruieren ....
mühelos ....

zahlreich ....
inspirieren ....
das Vorbild, -er ....
der Stoß, "-e ....
erfolgreich ....
etw. verbessern ....

MODUL 4 — VOLL INTELLIGENT

die Intelligenz (Sg.) ....
die Definition, -en ....
programmieren ....
der Typ, -en ....
intellektuell ....
blitzschnell ....
die Diagnose, -n ....
zeitraubend ....
das Muster, - ....
der Eingriff, -e ....
die Komplikation, -en ....
selbstfahrend ....
der Sensor, -en ....

erfassen ....
der Assistent, -en *(die Fahrzeugassistenten)* ....
die Fahrspur, -en ....
der Verkehrsunfall, "-e ....
aus|werten ....
perfektionieren ....
die Sucherei (Sg.) ....
die Schätzung, -en ....
die Kontobewegung, -en ....
der Betrug (Sg.) ....
der Kundenwunsch, "-e ....
individuell ....

Weitere Wörter, die für mich wichtig sind
....
....

Arbeiten Sie zu dritt. Bilden Sie Wortketten zum Thema *Technik und Zukunft*.

der Plane**t** → der **T**reibstof**f** → **f**orsche**n**

ANHANG

Auswertung zum Reisetest in Kapitel 3	176
Auswertung zum Entscheidungstest in Kapitel 9	177
Unregelmäßige Verben	178
Quellenverzeichnis	184

AUSWERTUNG ZUM REISETEST Kapitel 3, Modul 2, Aufgabe 3.

Punkteverteilung

1a: 0 Punkte	2a: 2 Punkte	3a: 1 Punkt	4a: 2 Punkte	5a: 1 Punkt	6a: 0 Punkte
1b: 1 Punkt	2b: 1 Punkt	3b: 0 Punkte	4b: 0 Punkte	5b: 0 Punkte	6b: 1 Punkt
1c: 2 Punkte	2c: 1 Punkt	3c: 2 Punkte	4c: 1 Punkt	5c: 2 Punkte	6c: 2 Punkte
		3d: 2 Punkte			6d: 2 Punkte

1 BIS 3 PUNKTE: Umweltfreundlich reisen – noch kein Thema für Sie

Wenn Sie reisen, dann am liebsten günstig und bequem. Ihnen ist wichtig, dass Sie für Ihr Geld möglichst viel bekommen, und buchen gerne last minute eine Fernreise oder ein schönes Wellnesshotel. Für lange Reisen bevorzugen Sie das Auto oder das Flugzeug.
Im Urlaubsland machen Sie gerne Ausflüge, bleiben für das Essen aber lieber im Hotel. Sie wissen, dort bekommen Sie, was sie kennen und mögen. Sie machen sich kaum Gedanken darüber, dass Fliegen und Ausflüge viel CO_2 produzieren oder Hotels viel Energie und Wasser verbrauchen. Günstig und weit reisen passt leider nur selten mit einer sauberen Umwelt zusammen. Aber vielleicht muss es ja nicht immer ein Hotel oder das Flugzeug sein. Auch Sie können zum Umweltschutz beitragen.

4 BIS 6 PUNKTE: Umweltfreundlich reisen – Sie haben schon angefangen

Nicht nur beim Reisen, sondern auch in Ihrem Alltag denken Sie ab und zu daran, etwas für die Umwelt zu tun. Sie achten auf Ihren Stromverbrauch und fahren auch hin und wieder mit öffentlichen Verkehrsmitteln. Wenn Sie in den Urlaub fahren, nehmen Sie nicht unbedingt das Flugzeug. Das ist natürlich gut für einen reduzierten CO_2-Verbrauch.
Im Urlaub sind Sie neugierig und wollen viel Neues kennenlernen und erleben. Sie sehen sich viel an und treffen gerne Leute. Viel im Land zu reisen, heißt aber Energie verbrauchen. Ihre CO_2-Bilanz könnte besser sein. Vielleicht können Sie noch konsequenter Energie im Urlaub und im Alltag sparen. Das ist auch gut für Ihre Finanzen.

7 BIS 9 PUNKTE: Umweltfreundlich reisen – Sie kennen wichtige Schritte

Umweltschutz ist Ihnen wichtig, das ist klar. Sie achten auf Ihren Energieverbrauch, nicht nur aus finanziellen Gründen. Mit dem Flugzeug möchten Sie eigentlich nicht mehr verreisen und Sie sind bereit, neben dem Auto auch Alternativen wie die Bahn auszuprobieren. Da Sie gerne mit Land und Leuten Kontakt haben, kommt für Sie ein Hotel nicht in Frage. Auch ein Swimmingpool, der viel Wasser verbraucht, das es in dem Land eigentlich nicht gibt, finden Sie gar nicht gut. Sie sind auf einem sehr guten Weg, umweltfreundlich zu reisen. Machen Sie weiter!

10 BIS 12 PUNKTE: Umweltfreundlich reisen – Sie wissen Bescheid

Sie sind ein Profi, wenn es um das Thema „umweltfreundlich reisen" geht. Sie informieren sich, welche Reise die Umwelt am meisten schont. Sie sind auch bereit, Kompromisse einzugehen, zum Beispiel eine längere Zugreise statt einer Flugreise zu buchen. An Ihrem Urlaubsort essen Sie gerne typische Gerichte aus der Region und sind bereit, auch einmal ein Experiment zu wagen. Der Schutz von Umwelt und Natur liegt Ihnen am Herzen, auch im Alltag. Aber Achtung: Verlangen Sie nicht von anderen Menschen, dass sie so engagiert sind wie Sie. Seien Sie nicht zu kritisch, sondern freuen Sie sich über jedes Verhalten, das der Umwelt dient.

AUSWERTUNG ZUM ENTSCHEIDUNGSTEST
Kapitel 9, Einstieg, Aufgabe 1

Punkteverteilung

1a: 4 Punkte	2a: 2 Punkte	3a: 3 Punkte	4a: 2 Punkte	5a: 3 Punkte	6a: 2 Punkte
1b: 3 Punkte	2b: 4 Punkte	3b: 4 Punkte	4b: 3 Punkte	5b: 2 Punkte	6b: 4 Punkte
1c: 2 Punkte	2c: 3 Punkte	3c: 2 Punkte	4c: 4 Punkte	5c: 4 Punkte	6c: 3 Punkte

12 BIS 16 PUNKTE:

Sie sind ein Mensch, der Entscheidungen meist rational trifft. Sie überlegen sich sehr genau, welche Vor- und Nachteile eine Entscheidung hat, und bereuen diese fast nie. Mit Ihrer Herangehensweise kommen Sie meistens sehr gut zurecht, besonders wenn es um sachliche Themen geht. Wenn aber nicht nur Zahlen und Fakten für eine Entscheidung wichtig sind, sondern es z. B. um Zwischenmenschliches geht, kann es schwierig werden. Ihre Freundinnen und Freunde schätzen an Ihnen besonders Ihre Zuverlässigkeit und Ihre Fähigkeit, Themen sachlich und rational anzugehen.

17 BIS 20 PUNKTE:

Sie entscheiden mit Herz und Verstand. Sie hören auf Ihr Bauchgefühl, denken aber auch gut nach, bevor Sie eine Entscheidung treffen. Das ist nicht immer einfach und vor allem braucht es Zeit, um die sachlichen und emotionalen Argumente abzuwägen. Bei komplexen Entscheidungen kommen Sie so zu guten Ergebnissen, mit denen Sie gut leben können. Manchmal bedeutet das aber auch, dass Sie sich (zu) lange mit kleineren, eher unwichtigen Entscheidungen aufhalten. Ihre Freundinnen und Freunde schätzen Ihre einfühlsame Art und Ihre Fähigkeit, Themen und Probleme aus unterschiedlichen Perspektiven zu betrachten.

21 BIS 24 PUNKTE:

Sie hören auf Ihr Bauchgefühl und verlassen sich voll und ganz darauf. Auch wenn bei manchen Entscheidungen sachlich alle Argumente dafür sprechen: Ihr Bauchgefühl zählt für Sie mehr als alle sachlichen Argumente. So kommen Sie mit vielen Entscheidungen immer schnell und meistens auch gut zurecht. Aber bei komplexen Problemen oder Fragen kann es vorkommen, dass Sie zu schnell und unüberlegt entscheiden. Ihre Freundinnen und Freunde schätzen an Ihnen Ihre direkte und spontane Art. Sie wissen bei Ihnen immer, woran sie sind.

UNREGELMÄSSIGE VERBEN

Infinitiv	Präsens (3. Pers. Sg.)	Präteritum	Perfekt
auffallen	fällt auf	fiel auf	ist aufgefallen
aufstehen	steht auf	stand auf	ist aufgestanden
ausziehen	zieht aus	zog aus	ist ausgezogen
backen	bäckt/backt	backte	hat gebacken
sich befinden	befindet sich	befand sich	hat sich befunden
beginnen	beginnt	begann	hat begonnen
begreifen	begreift	begriff	hat begriffen
behalten	behält	behielt	hat behalten
beißen	beißt	biss	hat gebissen
bekommen	bekommt	bekam	hat bekommen
besitzen	besitzt	besaß	hat besessen
beweisen	beweist	bewies	hat bewiesen
sich bewerben	bewirbt sich	bewarb sich	hat sich beworben
sich beziehen auf	bezieht sich	bezog sich	hat sich bezogen
bieten	bietet	bot	hat geboten
bitten	bittet	bat	hat gebeten
bleiben	bleibt	blieb	ist geblieben
braten	brät	briet	hat gebraten
brechen	bricht	brach	hat gebrochen
brennen	brennt	brannte	hat gebrannt
bringen	bringt	brachte	hat gebracht
denken	denkt	dachte	hat gedacht
dürfen	darf	durfte	hat gedurft
einfallen	fällt ein	fiel ein	ist eingefallen
einladen	lädt ein	lud ein	hat eingeladen
einschlafen	schläft ein	schlief ein	ist eingeschlafen
einziehen	zieht ein	zog ein	ist eingezogen
empfangen	empfängt	empfing	hat empfangen
empfehlen	empfiehlt	empfahl	hat empfohlen
empfinden	empfindet	empfand	hat empfunden
entlassen	entlässt	entließ	hat entlassen
entscheiden	entscheidet	entschied	hat entschieden
sich entschließen	entschließt sich	entschloss sich	hat sich entschlossen
entstehen	entsteht	entstand	ist entstanden
erfahren	erfährt	erfuhr	hat erfahren
erfinden	erfindet	erfand	hat erfunden
erhalten	erhält	erhielt	hat erhalten
erkennen	erkennt	erkannte	hat erkannt

Infinitiv	Präsens (3. Pers. Sg.)	Präteritum	Perfekt
erscheinen	erscheint	erschien	ist erschienen
erschrecken	erschrickt	erschrak	ist erschrocken
erziehen	erzieht	erzog	hat erzogen
essen	isst	aß	hat gegessen
fahren	fährt	fuhr	ist gefahren
fallen	fällt	fiel	ist gefallen
fangen	fängt	fing	hat gefangen
finden	findet	fand	hat gefunden
fliegen	fliegt	flog	ist geflogen
fliehen	flieht	floh	ist geflohen
fließen	fließt	floss	ist geflossen
fressen	frisst	fraß	hat gefressen
frieren	friert	fror	hat gefroren
geben	gibt	gab	hat gegeben
gefallen	gefällt	gefiel	hat gefallen
gehen	geht	ging	ist gegangen
gelingen	gelingt	gelang	ist gelungen
gelten	gilt	galt	hat gegolten
genießen	genießt	genoss	hat genossen
geraten	gerät	geriet	ist geraten
geschehen	geschieht	geschah	ist geschehen
gewinnen	gewinnt	gewann	hat gewonnen
gießen	gießt	goss	hat gegossen
greifen	greift	griff	hat gegriffen
haben	hat	hatte	hat gehabt
halten	hält	hielt	hat gehalten
hängen	hängt	hing	hat gehangen
heben	hebt	hob	hat gehoben
heißen	heißt	hieß	hat geheißen
helfen	hilft	half	hat geholfen
hinweisen auf	weist hin	wies hin	hat hingewiesen
kennen	kennt	kannte	hat gekannt
klingen	klingt	klang	hat geklungen
können	kann	konnte	hat gekonnt
kommen	kommt	kam	ist gekommen
laden	lädt	lud	hat geladen
lassen	lässt	ließ	hat gelassen
laufen	läuft	lief	ist gelaufen
leiden	leidet	litt	hat gelitten
leihen	leiht	lieh	hat geliehen

Infinitiv	Präsens (3. Pers. Sg.)	Präteritum	Perfekt
lesen	liest	las	hat gelesen
liegen	liegt	lag	hat gelegen
lügen	lügt	log	hat gelogen
messen	misst	maß	hat gemessen
mögen	mag	mochte	hat gemocht
müssen	muss	musste	hat gemusst
nachweisen	weist nach	wies nach	hat nachgewiesen
nehmen	nimmt	nahm	hat genommen
nennen	nennt	nannte	hat genannt
raten	rät	riet	hat geraten
reiben	reibt	rieb	hat gerieben
reiten	reitet	ritt	ist geritten
rennen	rennt	rannte	ist gerannt
riechen	riecht	roch	hat gerochen
rufen	ruft	rief	hat gerufen
schaffen	schafft	schuf	hat geschaffen
scheinen	scheint	schien	hat geschienen
schieben	schiebt	schob	hat geschoben
schießen	schießt	schoss	hat geschossen
schlafen	schläft	schlief	hat geschlafen
schlagen	schlägt	schlug	hat geschlagen
schließen	schließt	schloss	hat geschlossen
schmelzen	schmilzt	schmolz	ist geschmolzen
schneiden	schneidet	schnitt	hat geschnitten
schreiben	schreibt	schrieb	hat geschrieben
schreien	schreit	schrie	hat geschrien
schweigen	schweigt	schwieg	hat geschwiegen
schwimmen	schwimmt	schwamm	ist geschwommen
sehen	sieht	sah	hat gesehen
sein	ist	war	ist gewesen
senden	sendet	sandte/sendete	hat gesandt/gesendet
singen	singt	sang	hat gesungen
sinken	sinkt	sank	ist gesunken
sitzen	sitzt	saß	hat gesessen
sollen	soll	sollte	hat gesollt
sprechen	spricht	sprach	hat gesprochen
springen	springt	sprang	ist gesprungen
stechen	sticht	stach	hat gestochen
stehen	steht	stand	hat gestanden
stehlen	stiehlt	stahl	hat gestohlen

Infinitiv	Präsens (3. Pers. Sg.)	Präteritum	Perfekt
steigen	steigt	stieg	ist gestiegen
sterben	stirbt	starb	ist gestorben
stoßen	stößt	stieß	hat gestoßen
streichen	streicht	strich	hat gestrichen
streiten	streitet	stritt	hat gestritten
teilnehmen	nimmt teil	nahm teil	hat teilgenommen
tragen	trägt	trug	hat getragen
treffen	trifft	traf	hat getroffen
treten	tritt	trat	hat/ist getreten
trinken	trinkt	trank	hat getrunken
tun	tut	tat	hat getan
übernehmen	übernimmt	übernahm	hat übernommen
übertreiben	übertreibt	übertrieb	hat übertrieben
sich unterhalten	unterhält sich	unterhielt sich	hat sich unterhalten
unterbrechen	unterbricht	unterbrach	hat unterbrochen
unternehmen	unternimmt	unternahm	hat unternommen
unterscheiden	unterscheidet	unterschied	hat unterschieden
verbieten	verbietet	verbot	hat verboten
verbinden	verbindet	verband	hat verbunden
verbringen	verbringt	verbrachte	hat verbracht
vergehen	vergeht	verging	ist vergangen
vergessen	vergisst	vergaß	hat vergessen
vergleichen	vergleicht	verglich	hat verglichen
sich verhalten	verhält sich	verhielt sich	hat sich verhalten
verlassen	verlässt	verließ	hat verlassen
verlieren	verliert	verlor	hat verloren
vermeiden	vermeidet	vermied	hat vermieden
verraten	verrät	verriet	hat verraten
verschieben	verschiebt	verschob	hat verschoben
verschlingen	verschlingt	verschlang	hat verschlungen
verschwinden	verschwindet	verschwand	ist verschwunden
versprechen	verspricht	versprach	hat versprochen
verstehen	versteht	verstand	hat verstanden
vertreiben	vertreibt	vertrieb	hat vertrieben
verzeihen	verzeiht	verzieh	hat verziehen
vorhaben	hat vor	hatte vor	hat vorgehabt
vorkommen	kommt vor	kam vor	ist vorgekommen
vorschlagen	schlägt vor	schlug vor	hat vorgeschlagen
vorschreiben	schreibt vor	schrieb vor	hat vorgeschrieben
vortragen	trägt vor	trug vor	hat vorgetragen
wachsen	wächst	wuchs	ist gewachsen

Infinitiv	Präsens (3. Pers. Sg.)	Präteritum	Perfekt
wahrnehmen	nimmt wahr	nahm wahr	hat wahrgenommen
waschen	wäscht	wusch	hat gewaschen
werben	wirbt	warb	hat geworben
werden	wird	wurde	ist geworden
werfen	wirft	warf	hat geworfen
wiegen	wiegt	wog	hat gewogen
wissen	weiß	wusste	hat gewusst
wollen	will	wollte	hat gewollt
ziehen	zieht	zog	hat gezogen
zerbrechen	zerbricht	zerbrach	ist zerbrochen
zugeben	gibt zu	gab zu	hat zugegeben
zurücknehmen	nimmt zurück	nahm zurück	hat zurückgenommen
zwingen	zwingt	zwang	hat gezwungen

VERBEN

QUELLENVERZEICHNIS

Audios

Sprecherinnen und Sprecher: Ulrike Arnold, Tobias Baum, Berenike Beschle, Margarita Brahms, Julia Cortis, Jonathan Hoppe, Carlotta Immler, Sofia Lainovic, Christof Lenner, Donato Miroballi, Chiara Penzel, Nina Pietschmann, Anja Straubhaar, Helge Sturmfels, Peter Veit, Julian Wenzel

Fotomodelle

Augusto Aguilar, Teresa Avila Rivera, Carolyn Brendel, Etienne Ewané Ewané, Rainer Geiger, Michel Junker, Angela Kilimann, Benno Kilimann, Christof Lenner, Annalisa Scarpa-Diewald, Helen Schmitz, Tanja Sieber

Bildnachweis

123RF.com, Nidderau: **41** (kzenon); **172.2** (jayzynism); **172.3** (se1982); @ Statista.com **87.1**; akg-images / Sammlung Berliner Verlag / Archiv **38**; Alamy, Abingdon, UK: **39.1** (volkerpreusser); DER Touristik Online GmbH **47**; Dieter Mayr, München: **72** (Dieter Mayr); **53**, **73.1**, **73.2**, **73.3**, **134.1**; Getty Images, München: **11.1** (Michael H); **19, 33, 47, 61, 75, 89, 19, 33, 47, 61, 75, 89** (cihanterlan); **12** (Lumi Images/Dario Secen); **22.2** (insta_photos); **25.1** (Charles Gullung); **27.2, 27.3, 57.2, 101, 150.1** (Morsa Images); **31** (CiydemImages); **42.1** (martin-dm); **46** (ollo); **56.2** (Stewart Cohen); **57.1** (Gregory_DUBUS); **57.3** (Ridofranz); **58.2** (ajr_images); **58.4** (Uwe Krejci); **64.3** (kali9); **68** (Cecilie_Arcurs); **78** (Matthias Ritzmann); **80** (Eva-Katalin); **82** (Klaus Vedfelt); **85** (Flashpop); **93** (SolStock); **100** (vgajic); **110.2** (Thomas Barwick); **111, 125, 150.3** (Tom Werner); **115.2** (Portra); **123.2** (stockfour); **126.1** (Oliver Rossi); **150.2** (peeterv); **163** (peepo); **168** (Colin Anderson Productions pty ltd); **172.7** (runeer); **172.5-6** (fizkes); **172.8, 172.8** (Nikolay Lapshin); imago images / Bernd Friedel **66.2**; INTERFOTO / Brigitte Friedrich **11.2**; Klett-Archiv, Stuttgart: **142.4** (Ekaterini Karamichali); Noah Richter: 2,5 Grad – Morgen stirbt die Welt © 2021 Ullstein Buchverlage GmbH, Berlin **156.3**; Shutterstock, New York: **1.1** (davooda); **9** (Macrovector); **14** (Lallanan); **15** (Viktoria Kurpas); **22.1, 51, 64.2, 113, 145.5** (Monkey Business Images); **22.3** (MarinaGrigorivna); **22.4** (GaudiLab); **22.5** (Kzenon); **22.6** (dotshock); **25.2** (Vereshchagin Dmitry); **25.3** (baranq); **26** (DimaBerlin); **27.1** (Kite_rin); **27.4** (WAYHOME studio); **28.1-3, 37.1-2, 56.1, 74.1, 110.1, 114.1-5.1** (Chaim Devine); **29.1** (Leremy); **29.2** (nikolae); **29.3** (Kolby Dzikrullah Ambiya); **29.4** (TazzyDesigns); **29.5** (safroni safroni); **29.6** (winner58); **29.7** (Kolonko); **39.2** (stifos); **43** (Sergiy Borakovskyy); **47.5** (Puckung); **47.6** (Krisztian); **47.12, 47.14-15** (Aisyah Az Zahra); **47.7** (Kristina Birukova); **47.8** (rwdd_studios); **47.9** (lana rinck); **47.10** (T. Lesia); **47.11** (Wiktoria Matynia); **47.13** (NoDemand); **50** (Trueffelpix); **52** (ESB Professional); **54** (Jack Frog); **55** (Wondervisuals); **58** (Antonio Gravante); **58.1** (pixelheadphoto digitalskillet); **58.3** (AlenD); **61.1, 61.2** (Prostock-studio); **64.1** (Zivica Kerkez); **64.4** (Andrei_R); **69.1** (Black or White); **69.2** (Lucky Creative); **70** (Vitalii Matokha); **75.1** (VGstockstudio); **75.2, 112.2, 167** (wavebreakmedia); **79.1** (MH Art); **79.2** (shockfactor.de); **81.1** (Yu_Zhdanova); **81.2** (Chendongshan); **86** (Josep Suria); **87.2** (Medbrat_23); **87.3** (Sloth Astronaut); **94** (Mooi Design); **96.1** (Ron Leishman); **97.2** (Rashad Ashur); **98** (SpeedKingz); **103.5** (Jean Andrian); **103.6** (Oleksandr_Delyk); **108** (Foxys Forest Manufacture); **109** (LanaSweet); **112.1** (LightField Studios); **114.6** (BublikHaus); **115.1, 126.2** (fizkes); **121.2-4.2** (Zurbanov Alexei); **121.1** (Det-anan); **122** (NLshop); **123.1** (Rido); **124** (koosen); **128.1** (ewaplesna); **128.2** (andrey_l); **128.3** (ROMSVETNIK); **128.4** (Khosro); **129** (Anton Watman); **134.2** (NDAB Creativity); **137** (G-Stock Studio); **139.1** (Vadim Nefedoff); **140.3, 141.3** (Budimir Jevtic); **140.1** (Luis Molinero); **140.2** (Cookie Studio); **142.1** (inxti); **142.2** (Alliance Images); **142.3** (FooTToo); **142.5** (Lubo Ivanko); **142.6** (r.classen); **142.7** (JOJOSTUDIO); **142.8** (Pressmaster); **151** (Joshua Resnick); **152.2, 159.2** (Trutta); **152.4, 159.5** (Avigator Fortuner); **152.4** (hifashion); **152.3, 159.3.4** (Mrs_ya); **152.1, 159.1** (Arkhipenko Olga); **152.6, 159.4** (kustomer); **153** (Olexandr Panchenko); **155** (Chz_mhOng); **156.1-2** (Yurlick); **157** (korsart); **158** (AndiPu); **162** (jamesteohart); **164** (Dima Zel); **169** (Guingm); **170.1** (Elnur); **170.2** (metamorworks); **171** (mentatdgt); **172.1** (Ivan_Shenets); **172.4** (Derariad); **173.1** (Manuel Findeis); **173.2** (Roman Arbuzov); **173.3** (ozanuysal); **173.4** (Marcelo Trad); Umsonstschrank Bogenhausen/Nazarethprojekt **96.2**; unbekannt **97.1**; © Anna Peschke **66.1**; © Claudia Franke, www.ICE-Fansite.de **17**; © Hans Herbig **37**; © Telefónica Deutschland **16**